戦争と民主主義の国際政治学

宮脇 昇

日本経済評論社

はじめに

　フランシス・フクヤマ『歴史の終わり』でも紹介されたように，1980 年代前半にはソ連の永続は信じて疑われなかった．その頃，核兵器や放射能にまつわる物語が世に出て，映画「ザ・デイ・アフター」がアメリカで公開され，NHK 特集「核戦争後の地球」が波紋を呼んだ．広島・長崎の惨禍にもかかわらず，核兵器は「使われない兵器」ではなく使用されうる兵器として世間で認識されつつあった．そのただ中の 1983 年に，私は中学生として，同輩たちと 2 つの未来予想の議論を闘わせていた．

　1 つの議論は，人類の寿命の長短である．一方で医薬や衛生の進歩は人類の寿命を伸ばす．他方で，化学物質や食品添加物の摂取量の増大により健康が蝕まれるため，結果として人類の寿命は短くなる．朋友いわく，40 代で人類は皆死ぬようになる．私も後者の立場に同意していた．2021 年の現在，私の予想は幸いにして外れたようである．

　もう 1 つの議論は核戦争であった．人類は，核戦争を防止できる勇気と知恵を持っているか，それとも愚かにも核戦争すなわち第三次世界大戦に突入してしまうか．当時の私は前者を支持していたが，楽観主義者の烙印を押された．現時点では，私の予想は正しかったといえよう．

　ただ，それは人類の行動と英知の結果なのか．広島・長崎を経て人類は過去の歴史を真摯に反省したのだろうか．否，米ソ冷戦時に約 7 万発にも及んだ核兵器を蓄積し，冷戦後の現在でさえも約 1 万発を有し，2021 年に核兵器禁止条約が発効されたにもかかわらず，核技術の革新が進む現状は，どのように説明することができるのか．残念ながら，人類が即時核廃絶の共通の意志を有していないことは明白である．

　人類に現状を変える勇気があるならば，世界を変えるために行動するこ

である．それは行動の自由と情報の浸透を条件として成就される．その条件を成立させるのは，基本的人権と法の支配を基礎とする（多元的）民主主義社会である．むろん，そのような単純な理解を否定する歴史に満ちていることも言を俟たない．それでも 2010 年代から「民主主義の後退」が論じられつつある中，民主的でなくなる世界に対する「うすら寒い」政治的肌感覚は，民主主義と戦争の間に何かしらの対立軸を想定させる．

戦争の可能性を減らすべく人類の知恵を向ける先は，歴史と理論を知ることである．高坂正堯（2014）は「歴史こそあらゆる教訓の限りない宝庫である」としつつ，人間が歴史から誤った教訓を導き出したことをもとに，人間存在とは何かという根源的な問い掛けを求めた．

理論については，今世紀に入ってから「イズムの終焉」などの議論にみられるように，国際政治学の学知は変化しつつある．しかし，実体のない観念的理論は空理となり，歴史の重みをおさえない理論は空論となる．数値やデータに基づく理論は客観的根拠をもたらすが，正当性や言説を示す論拠となるとは限らない．人間のいわゆる政治的肌感覚で国際政治をみるとき，そこに横たわる普遍性とともに，現在までの理論ではからめとれない幾多の事象があり，その多くは政治家や当事者などの人格や経験にかかわるものである．例えば，同じ言葉をプーチンとバイデンが発した場合，その意味や文脈は大きく異なるであろうし，カメラの先の表情や直感的なイメージが政策に与える力には多寡をうむ．それとて数値化することはできるだろうが，生身の人間の気迫を間主観的にとらえる感覚は，常に流転するものであり，普遍的な数値になじまない．そもそも数字が横で結論や予測を示したとしても，それに応えない人間が大勢いる．

筆者自身も含め，すべての生命は日々細胞や身体を更新し，ゆりかごから墓場まで一貫した精神が宿るわけではない．それゆえ，過去と未来の自身との対話の努力を放棄してはならない．歴史は史料によって塗り替えられるものであり，完成した歴史はない．歴史も将来も現存する史料とデータとの対話から導かれる．冷戦中期の日本の文化人は，ベルリンの壁の建設（1961

年）を「反ファッショ防壁」として正当化した（講座『世界の歴史』岩波書店）．勝てば官軍負ければ賊軍の発想は，古今東西にわたっている．私は自らの存在被拘束性のもと，限られた視角から歴史を拾う者である．

　幸いにして私は戦争を経験したことがない．しかし祖父の世代や小中学校の年配の先生は，苛酷な戦場から復員していた．戦争は二度とごめんだが，同時に，力で現状を変更しようとする「卑怯な」諸外国には力で対抗するしかないというのが，私の見知る世間の率直な戦争観であった．戦場帰りの祖父がニューギニアの先住民からもらった御守が，命のかけがえのなさを私に伝えている．

　私の世代は，世界には2つの民主主義があると習った世代である．いうまでもなく議会制（代議制，自由）民主主義と（社会主義の）人民民主主義である．双方とも民主主義の範疇で共存しているように見えた．1990年代に冷戦後の勝者は，後者から民主主義の名を剥奪し，民主主義は1つとなった．そして私は議会制民主主義を一有権者として経験してきた．ドイツ，チェコ，アメリカ，モンゴルという議会制民主主義国に住んだことは，民主主義の多様性を私の肌感覚に与えた．こうした経験や感覚は，時間と空間の交差に身を投じる中で培われるものである．小泉政権や民主党政権の誕生時に日本にいなかったことが私の日本政治観を形成させた．メディアに依拠した情報収集だけでは，人々の政治的高揚感と失望を会得できず，同時に渦中に身をおく危うさを感じた．

　自らを反省しつつ，カント，モーゲンソー，ラセットをはじめ，戦争と民主主義の関係に光をあててきた先達の国際政治学者の偉業と蓄積をもとに，本書を世に問いたい．本叢書の性格により，本書は，和書や新聞史料を中心に参照し，全般的に簡易な説明を心がける一方，いくつかの事例は詳述し読者の関心に応えようとした．二兎を追う者の宿命として読者諸氏のご叱正を覚悟している．

目　　次

II.　正義と力と民主主義

III.　冷戦と民主主義

IV.　世界民主主義と第二次冷戦

序
２つの民主主義と２つの冷戦

『戦争と平和』は，文豪トルストイの小説である．ナポレオン戦争時代の
ロシアは，帝国であり，貴族と農奴間の階級格差が大きい時代であった．同
書では，貴族社会も戦争に翻弄され，ナポレオン軍によるモスクワ占領時に
主人公ピエールが逮捕される．

ナポレオン戦争に正義があるとすれば，ナポレオン側であろうか，それと
もロシアのような被征服国側であろうか．後者は，自ら戦争を欲したもので
はないが徹底抗戦した．前者は，アメリカ独立に次ぐ民主主義革命としてフ
ランス革命の理念を結果的に広めた．諸国の古い王政を打倒することは，王
政による戦争の可能性を減らし，長期的には諸国民の平和をもたらす．そう
であるならば，労働者階級によって帝政が打倒されたソ連で制作された映画
『戦争と平和』では，ナポレオンこそ善であり，ロシア帝政は悪，階級の敵
として描かれるはずである．しかし実際のソ連映画では，ロシア軍は外敵の
侵入から祖国を守った英雄として描かれている．ここには，抗戦を美化する
ことでロシア＝ソ連の戦勝者としての正統性を喧伝する政治的意図と冷戦的
文脈が潜む．階級対立や格差の是正をうたう国においても，戦勝は，国家や
人民が欲した物語なのである．

フランスやアメリカは，いわば民主主義の祖国であろう．それらの国も建
国・革命以来戦争を続け，ある時は辛勝し，ある時は手痛く惨敗した．ナポ
レオン戦争と同時代の米英戦争は民主主義国間の戦争である（ただしラセッ
ト［1993=1996］はそれに条件を付す）．民主主義国の主権者は国民である．
国民が戦争を望むがゆえに民主主義国は参戦するのか，それとも別の理由に

よるものであろうか.

　戦後日本では,1930年代以降の軍部独裁時代を暗黒化し,民主主義が抑えられていたために戦争を止められなかったという歴史観が強い.もちろん,治安維持法の制定以降,民主主義の弱体化が軍の勢力強化を促したことは言を俟たない.しかし戦争の原因には外交の失敗,経済的封じ込め,資源獲得,技術革新等の諸要因がある.そうでなければ,イギリスのような安定的な民主主義国が,たとえ領土奪回のためとはいえ,フォークランド紛争(1982年)でアルゼンチンと戦う理由を見出すことはできない.また好戦的プロパガンダを繰り返す北朝鮮が,朝鮮戦争以来60年以上にわたり再度大規模な戦火を交えなかった歴史のように,非民主主義国が戦争を容易にはおこさない理由を探し出す意味もない.

　それでは民主主義や非民主主義といった体制の違いは,戦争とは無関係であろうか.ラセット(1993=1996)は『パクス・デモクラティア』の中で,命題A「民主主義国間は戦争しない」,命題B「民主主義国と非民主主義国,非民主主義国同士は戦争がおきやすい」という2つの命題を示した(→第6章).このうち,歴史的に命題Aは,ナゴルノ・カラバフ紛争(2020年)等の例外(ただし反証でもある)を除き,妥当性が高いと考えられる.しかし命題Bについては多くの反証がある.例えば小規模な戦闘や大きな危機はあったとしても米ソ冷戦,中ソ対立は結果的に大戦争に至らず,昨今の米露・中露関係も同様である.その意味することは,ラセットが提示した2つの仮説,すなわち命題Aには政治構造と政治文化以外に要因があり,また命題Bについては,民主主義という政体に関する議論の余地があることに他ならない.

　むろん民主主義は制度的限界を有し,万能ではない.熟議が平和志向とは限らないし,インターネットのフィルター・バブルによって言説政治は対立的である.それでも総力戦以降の戦争が国民に大きな負担を強い,生命財産を失わせるものである以上,政治体制なかんずく民主主義と戦争の関係を問う意義は,永遠になくならないのである.

　本書はこの問いに対して，国際政治学の学理をあてる．戦争と平和を対象
としてきた国際政治学こそが，その先頭に立ってこの問いに果敢に挑むべき
であると私は考える．国際政治学の学問体系は，法律学や政治学（狭義）と
比較するならば恐ろしく分散的であり，学派間の隔たりは哲学に比するほど
広く，また社会学と並ぶほど細分化されている．それが国際関係論と名を変
え，ある角度ではグローバル社会論，別の角度では国際公共政策となる．そ
のような学問の乱立の中で国際政治学は戦争と平和を強く意識したディシプ
リンである．そこに民主主義の問いを含むため，本書は国家中心モデルの伝
統的な国際政治学の書の限界をわずかだけ超える．同時に本書では国際法学，
比較政治学，政治思想の観点からの説明は最低限にとどめている．

　本書の前半の第Ⅰ部，第Ⅱ部では，民主主義という用語を議会制民主主義
（代議制民主主義）について用い，実態としてそれは自由民主主義である．
それは，自由で，公正で，複数立候補が認められ，定期的に選挙が行われる
民主主義である．ここに，社会主義体制で，共産主義政党の指導のもと，候
補者に対する信任投票によって正統性を得る人民民主主義は含まない．

　しかし第Ⅲ部では「冷戦民主主義」という用語を用いて，議会制民主主義
と人民民主主義の双方を同じ民主主義として理解する．両者とも，専制，ナ
チズム，軍政を排した民主主義体制であることに変わりはない．第Ⅲ部で詳
述するように20世紀の冷戦期（1947年から1989年までの米ソ対立）は，
議会制民主主義も自ら制限を加え共産主義の政治的進出を防ごうとした．人
民民主主義も，階級の敵（西側を含む）との闘争を内在化しており冷戦下で
自制した民主主義として理解できる．2つの民主主義の共通点は，陣営間の
対立を続けつつ核戦争の大惨害を回避するため，恐怖の均衡のもとで世界大
戦を開戦しなかったことにある．それはむろん積極的な平和志向ではなく消
極的選択によるが，ギャディス（1987）のいう「長い平和」は，東西両陣営
とも，専制でも軍政でもない冷戦民主主義であったことが前提であった．

　第Ⅳ部では，冷戦後の1990年代に欧米の民主主義が冷戦の勝者として世
界の民主化を推進したことから，議会制民主主義が世界化（世界民主主義と

本書は呼ぶ）を進め，ラセット的な世界が登場したと理解する．ただしそれ
は長くは続かず，2001年の対テロ戦争，2003年のイラク戦争，2014年のク
リミア占領を契機に再度世界は米露・米中冷戦に突入した．本書ではこれを
第二次冷戦と呼ぶ（1989年までの冷戦は「第一次冷戦」と呼ぶべきであるが，
読者の便を図り単に「冷戦」とする）．世界民主主義は再度，二項対立を軸
に進む冷戦民主主義となり，イデオロギー対立の代わりにアメリカ対中露の
政治的・経済的・軍事的対決を国内政治に埋め込む．中国や日本など北東ア
ジアは，冷戦の構図が軟化したとはいえ20世紀から継続しているため，戦
後一貫して冷戦民主主義である．

　冷戦民主主義がなぜ世界大戦に突入しなかったのか，冷戦後の世界民主主
義が戦争をなぜ繰り返したのか，その回答は，冷戦を主に規定した核戦略，
同盟，民主主義体制の関係にあると考える．本書のこのような性格のため，
本書が扱う事例は，冷戦が本格化した1940〜1950年代，冷戦と冷戦の間の
時期（本書では「冷戦間期」）で制度化が進んだ1990年代に多く集まってい
る．そのため，21世紀とりわけ第二次冷戦以降の記述が相対的に寡少となっ
たことをご海容願いたい．

I. 戦争と国際政治

第1章
国際政治，主権国家，戦争

1. 国際政治とは何か

(1) 国際政治学

　国際政治学は，政治学の中でも国家と国家の関係をとりだした学問である．国際政治学は，戦争と平和を主題としてきた．実際に，今世紀に入ってからだけでも 2001 年からの対テロ戦争，2003 年のイラク戦争，2008 年のジョージア（グルジア）戦争，2014 年のクリミア・東ウクライナ占領，そしてシリア内戦は 2011 年から続いている．アジアでも，朝鮮半島の緊張が続く．また，近年急速に国境を越えた個人や企業の活動が進んだため，貧富の格差が広がり，米中貿易戦争のように経済摩擦が争点化されている．このような軍事的・政治経済的問題を理解する学問が国際政治学である．

　国際政治学とは，言い換えれば，国際政治現象および非政治現象の政治的意味合いを認識の対象とする学問である．政治学の一分野であると同時に国際関係論（本叢書・杉浦功一『変化する世界をどうとらえるか』を参照）としての意味合いももつ．国際政治学の登場は，イギリスの E. H. カーなどの時代，すなわち 1930 年代にさかのぼる．第一次世界大戦と第二次世界大戦の戦間期（inter-war period）である『危機の 20 年』に代表されるように，外交史や国際法学では戦争の勃発を防止しえなかった過程を十分に明らかにできなかったことがその出発点である．

　つまり，国際政治学は，戦争を防ぐ方法を考えてきた学問である．戦争を

防ぐことができるという前提にたてば，すでに幾つかの方法が議論され，制度化されてきた．それらをこれから１つずつとりあげる際に，関連する理論的枠組みや歴史を追い，あわせて国際政治の特徴を概観する．

(2)　国内政治と国際政治

　国内政治と国際政治（domestic politics and international politics）の違いは，どこにあるのか．それは「主権」（次節）をめぐるシステムの違いにある．

　「主権」を有する国家間の政治（＝権力による公的な価値配分）現象が国際政治である．国家間の対立は軍事力の存在を前提に解決されるため，国際政治は，ホッブスのいう「自然状態」，無秩序状態（anarchy）にあたる．国家は，実力によって保障されたところの政治支配の権力機構をもった組織であって，共同体ではない．また，ビリヤード・モデルと呼ばれるように，国家（ビリヤードの玉）は統一のとれた，目的意識をもった意思決定単位である．

　国際政治は権力政治とは限らない（初瀬 2000）．その理由として，

　①複数の強国が存在し，１つの大国の意思のみには左右されない

　②国際法がルールとして定着し，ほぼ遵守されている

　③国境横断的関係（transnational relation）が見られる

　留学，異文化交流，テロリズムは③の最たる例である．transnational relation では「悪」も国境を越える．ヘルズ・エンジェルスとバンディドスの暴走族抗争もトランスナショナル化し，北欧等で抗争していた．また日本に本拠をもつオウム真理教の布教もトランスナショナルであった（特にロシア，スリランカで盛んであった）．

　ゆえに，国際政治は権力関係にのみ支配された政治システムではない．

　一方で，国内政治は，次の３つを特徴とする．

　①唯一の主権

　②統一的秩序

　③権力の集中と中央権力の存在（軍事力の独占）

　さて，国家に人格（personality）のような主格を与え，例えば「アメリカ
は……と考えている」，「中国は……を恐れている」という表現をすることが
多い．国家に限らず企業等の組織にもそれはあてはまる．もちろん国家に法
人のような格は想定される（国内政治では中央・地方政府が法人格かどうか
という法的議論がある）ものの，性格は有さない．ただし歴史的・地理的拘
束から逃れにくく，組織としての継続性や民族・文化的な観点から国家を人
格のようにイメージ化することは十分可能である．

(3)　「力」（権力）とは何か

　国内政治においては，権力実体説と権力関係説がある．国際政治において
も，力（パワー）概念は多義的である（パワーの要素については第 7 章で詳
述する）．

①権力実体説的理解

　軍事力，経済力，ソフトパワーなど国力をその実体に応じて分類すること
ができる．力には絶対的な量があり，戦車，紙幣のように可視化されうる．

②権力関係説的理解

　モーゲンソー（2013）は，「例えば国際政治でも国内政治でも，相手の眼
に映じた権力のイメージは，たとえそれが現実の権力を正確に映していない
場合でも，それ自体権力関係を決定する要因となる．権力の経済的基盤や軍
事力自体が不変でも，威信の損減が権力にとってしばしば致命的に作用する
のはここに由来している」と述べている[1]．リースマンの『孤独なる群衆』
を紹介した丸山（1957）は，「ここでの問題は権力というものが鍵をかけて
しまっておく物品ではなくて，現に広く人格相互間の期待と態度に依存して
いるということである．経営者が自ら弱味と依存性を感じるならば，たとえ
どんなに経済的資力を持っていても，彼らは（組合に対して）現実に弱く，
また依存しているのだ」[2]と権力が「関係」によって左右される相対的なも

のであることを看破している.

（4） 指導者の権力と個性

　指導者個性は実体的権力差を拡縮する力である．ストロング・マンといわれる強烈なリーダーシップや毅然性（広田 2016）も国際政治の「力」の源泉である．例えば強い意志を体現できる独裁は，権力を高めることができる．ロシア，中国，北朝鮮はその典型例である．むろん３つの国を並べることにあまり意味はない．ロシアでは大統領は選挙で選ばれ，選挙妨害があるにせよ対抗馬が出馬する．中国ではそのような選挙はなく，ソ連で見られた「党の国家化」に基づき共産党による統治体系が確立し人民民主主義独裁（中華人民共和国憲法第１条）が確立されている．党は前衛であり，党の主席は党を正しく導く義務がある．その義務においては，民主主義諸国が政治におおむね可謬性を認めているのに対して，無謬性に基づくものである．そこに独裁の強さと弱さがある．誤った政策決定に気づいたときに，指導者がその誤りを政治的に認める場合，共産党が集団指導体制であれば責任者の交代で済むが，スターリン独裁のように権力が集中すると誤謬の承認は体制批判になりかねず，誤謬の存在を抹消しようとする．民主主義諸国がもし誤った戦争をおこし敗北すれば，政治家が責任をとる．非民主主義諸国がもし同様な戦争に加わり敗北すれば，体制自体が崩壊する危険がある．

　むろんそれは敗北や占領の程度による．1991 年の湾岸戦争でフセイン政権は空爆こそ徹底的に受け，占領したクウェートは奪回されたものの，陸上では多国籍軍の進撃は止まり占領された地域はわずかであった．そのためフセイン政権は延命し，アメリカもイラクに対イランのバランサーの役割を再び期待したかに見えた．しかしフセイン政権とアメリカとの決定的対立は緩和することなく，2003 年にイラク戦争となった．開戦の理由とされた大量破壊兵器の開発の証拠はイラク戦争後も発見されず，戦争の実際の動機は，フセインの強い反米感情をブッシュ政権が恐れた（あるいは恐れたように見せた）ことにあったといわれる．こうした強烈な指導者個性は，力を信奉す

る指導者として相手国に恐怖を与える．例えばプーチンは，外国勢力がロシアに侵攻したら，「歯をへし折る」と語った（表 12-2 参照）．

法治国家ならぬ「力治国家」[3]においては，力は正義である．例えば 19 世紀イギリスのパーマストンは，（帝政の）「ロシア政府の方針とやり方は，常に他国政府の無関心や確固たる国家意志の欠如によって侵略が許容される限り速やかに，かつ遠方まで侵略を押し進める」として力の原理が基底にある国家の行動原理を明らかにする[4]．

指導者個性以外でも，経済力，ソフトパワーもまた関係論的理解が可能である．力を持つ国と持たない国との関係は一定ではなく可変的である．円による貿易決済は，日本周辺では行われているが，欧米ではほとんどドルあるいはユーロ決済である．いわゆる J-POP は北東・東南アジアでは神通力があるがアメリカではそれほどではない．

(5)　安全保障のジレンマと相互不信

ウォルツ（2010）は，戦争原因のレベルを人間，国家，国際構造の 3 つに分類した．本書では主に国家，国際構造のレベルについて説明する．

安全保障のジレンマ（Security Dilemma）は，国家間の不信が軍拡を進める様相を理論的に証明する．ある国家が自国を守るために軍事力を増強すればするほど，他の国家にとっては脅威になり，その安全保障上の利益を守ろうとして軍事力に訴えようとする．したがって，国家が実際に防衛目的だけで軍備を備えていても，自助のシステムでは敵の意図が最悪の場合を想定して軍拡は進む[5]．

「仮想敵国」とは，国家間の相互不信に基づく発想からきている．例えば自衛隊にとっては，甲：ロシア（ソ連），乙：中国，丙：北朝鮮，と分類されていた．特に陸自は，「甲」という最新鋭世界最強部隊に備え，隊員の 3 分の 1 にあたる 5 万を超える人員と地対艦ミサイルなどの半分を北海道に配備していた．それでも，もしソ連軍の日本侵攻の場合には，「北海道の部隊がつぶれて，やっと止められることを想定した配置だった」[6]という．

2. 西欧国家体系

　国家間のシステム（体系）は近代西欧で形成され，西欧国際政治体系，ウェストファリア・システムとも称される体系である（以下，西欧国家体系）．三十年戦争終結時のウェストファリア（ヴェストファーレン）条約が締結された 1648 年から現在に至るまで，国際政治は次のように特徴づけられている．

(1)　3つの特徴

　シューマン（1958=1973）によると西欧国家体系には 3 つの特徴がある．第 1 に，封建勢力に対する抗議概念として発生した主権である．フランスのボーダンの『国家論』では，主権とは国家の絶対的・永続的権力を指す．国家主権とは最高かつ，絶対不可分の排他的な権利であり，例えば国内管轄権（内政不干渉の原則），条約締結権，独立権（他国の支配を受けない），平等権（主権平等の原則）を含む．

　主権は，最高かつ不可分である．民主主義国では主権在民であっても，主権を「僭称」してはならない．例えば戦争を起こすことができるのは，国民ではなく国家のみである．私人が外国との戦争の陰謀を行うと日本では刑法 93 条で罰せられる（ただし自首すると刑が免除される）．

　第 2 に，キリスト教世界の普遍秩序のルールとして形成された国際法である．グロティウス（国際法の父ともいわれる）によって支持され，現在に至る．グロティウスは，「戦争と平和の法」（1625 年）により，30 年戦争の混乱を通じて正戦をめぐる問題を提起した．また彼の「自由海論」は，当時，オランダ対スペイン・ポルトガルの貿易競争がありオランダのブルジョアジーの利益を代弁したものである．当時の国際法理論では，先占（occupation）によって領有権が確立していった．すなわち，教皇の権威のもと，ポルトガルとスペインの世界分割（1493 年）により「発見」したものが土地

を領有していたが，グロティウスは，占有をともなう先占の原則を主張した．すなわち，「足をふみいれる」必要が領土所得の条件となりハードルを上げたのである．むろんそこには，「無主地」の思想という問題点が潜んでおり，西欧国家体系が植民地主義を正当化するシステムとなっていた．

　第3に，勢力均衡（balance of power）の可能性である．「いかなる1国も，絶対的な優勢をたもって他国を支配する地位をもたせないような事態の調整」（バッテル）[7]により，「諸国の平和」を達成しようとした．イギリス外交は，ヘンリー8世以降勢力均衡政策を続け，アメリカもハミルトンの対仏中立や二度の世界大戦で初期段階の弱者側に加勢してきた（モーゲンソー1951=2021）．20世紀後半になり，E.ハース（1953）は，勢力均衡の分類を次のように行った[8]．

①均衡，覇権，支配といったパワーの配分（記述）

②自己がとる政策の正当化（イデオロギー）

③国家行動やその帰結についての原理，法則（分析概念）

④問題解決の方式（処方）

それでは勢力均衡は自動的に生じるのか．次の2つの分類が回答となる．

①自由意思としての勢力均衡：ウィーン会議のような安定追求路線に示され，現実主義者，例えば1970年代のキッシンジャーのソ連を牽制するための米中和解の動きが一例である．

②システムとしての勢力均衡：ウォルツが示すように競争から必然的に生じるものである．

　勢力均衡の問題点は，歴史的に，各国が勢力均衡で平和を維持したことは少ないことである（軍事力は常に不均衡である）．技術的に，相手方の戦力を正確に測ることは難しいため，均衡を確実にするためには優越をめざすほかなく，必然的に軍拡が発生する[9]．勢力均衡論では，理想の国際秩序は存在せず，現実の外交関係以上のものではない．

(2)　西欧国家体系の発展と変化

　植民地の拡大と独立，主権の矮小化，国際機構の発展により，unit veto system（総国家拒否権システム）からの脱却がなされ，国際政治のモデルであった次の3つ（西欧国家体系における3つの歴史的前提[10]）が難しくなっている．

　①国民国家体系（第2章参照）でもあること

　②植民地を対象に地理的拡大を進めること

　③国民の同質性を作り出すこと

　西欧国家体系の特徴は規範面で変化した．まず，国家が主権を維持するためには，国民と国際社会の双方から正統性を認められねばならず，その正統性の論拠は歴史的に変遷してきた[11]．

　第1期：ウェストファリア～ナポレオン戦争のころであり，宗教の選択が主権の正統性であった．国際関係は国王の管轄である．

　第2期：ウィーン体制期であり，王政が主権の正統性であった．しかし国家は国王の私有物ではなくなる．

　第3期：ウィーン体制崩壊から第二次世界大戦勃発までは，ナショナリズムと民族自決が国家主権の正統性とされる．

　第4期：第二次世界大戦後の冷戦期は，イデオロギーや開発が国家主権の正統性である．

　第5期：冷戦後は，人権が国家主権の正統性となり，したがって，人権問題で内政干渉をしても主権国家体系の衰退を意味するのではない[12]．

　しかし21世紀においては，第Ⅳ部でみるように民主主義諸国の政治的後退がみられ，人権侵害と国家主権との関係は再び変わりつつある[13]．

　注
1)　モーゲンソー（2013）（原彬久監訳）『国際政治』岩波文庫．
2)　丸山（1957），466頁．
3)　杉田（2007）の紹介による．30頁．
4)　同．

5)　Jervis（1978）および『国際政治経済辞典』.

6)　『毎日新聞』1997 年 5 月 27 日，Viotti and Kauppi（1993）『国際関係論』（第 2 版）彩流社，74 頁.

7)　de Vattel（1820）*Droit des Gens*, bk III, ch. ii, sec. 47.

8)　あわせて次の論稿を参照．木下郁夫「ガバナンス概念と国際関係研究」『早稲田政治公法研究』，1996 年，176 頁.

9)　加藤周一「状況の皮肉」『朝日新聞』2000 年 10 月 25 日.

10)　山本吉宣（1989）41 頁以降，有賀（1989）ほかを参照.

11)　Samuel Barkin（1998）"The Evolution of the Constitution of Sovereignty and the of Emergence Human Rights Norms," *Millenium*, 27（2）, pp.229-252.

12)　吉川（2007）.

13)　ウェルシュ（2017），33 頁.

第2章
民族は戦争の主体となるか

1. 民族国家と戦争

(1) 民族国家（国民国家）の独立

　世界で現在使われている「言語」は7139種類，文字は約50種類，国家の数は約200とされる[1]．しかしどの言語集団でも nation（国民，民族）となれるわけではない．一般には次の2つのレベルが規定される．

　①客観的条件：地理，歴史，経済

　②主観的条件：意識，忠誠心

　著者は，講義で Independence Day という課題を出してきた．これはあくまで思考訓練ながらも，四国や京都（市），あるいは日本の任意の大小の地域・地方が日本から独立する経緯とその憲法，国旗，首都，通貨，対米・対日政策，日本復帰主義者への対応を具体的に想像して執筆させるものである．独立には政治的，経済的コストがかかる．法制度から通貨・中央銀行・貿易に到るまですべての行政がリセットされ独立のコストは大きい．

　それにもかかわらず実際に，北海道独立，九州独立，沖縄独立の研究はある．むろん日本における独立運動はわずかなものであるが，世界の多くの地域で独立運動が未だ盛んである．スペインのバスク，カタルーニャ，カナダのケベック，アメリカのプエルトリコ，イギリスのスコットランドなど枚挙にいとまがない．これらは，ナショナリズムの基礎となる独自言語や宗教などの文化を有し，歴史観が中央政府と異なっている．そこにはナショナリズ

ムがある．もし独立できれば，東ティモール，南スーダンなどに続き21世紀の新しい民族国家となる．

　かつて民族国家の中には，国境外の同じ民族を同胞として位置づけ，同胞を「救う」ために領土拡張を行い，戦争が勃発したこともあった．民族国家の行きつく先は，戦争なのだろうか．戦争以外でも，スポーツ，経済，ワクチンなどをめぐる競争でナショナリズムは制御されないのだろうか．

(2)　民族国家の定義

　ドイッチュ（1970）は民族国家（国民国家）を次のように定義した．「もしあるエスニック集団（あるいは民族＝a people）が，その構成員の習慣の遵守を監視するために執行能力を得ようとすれば，その民族は政治化される．このように政治化された民族は，ナショナリティと呼ばれることがある．もしこの民族の一部の構成員が，1つの主権国家を統制する場合には，これをネーションあるいは国民国家とよぶ」[2]．

　B.アンダーソン（1983=1997）は国民が，次のときに「存在する」と考えている．「共同体の相当数のメンバーが，自分たちは国民を形成していると想像するとき，あるいは，自分たちが国民を形成しているかのように行動するとき」（『想像の共同体』）である．

　このような定義が示されたのには背景がある．アンダーソンはオランダから独立したインドネシアを事例とした．共同体の意味としての「インドネシア」という言葉ができたのは1900年ごろである．その発明はオランダの植民地経営の根幹たる郵便制度による．1949年の独立後，家族主義が国政に導入され共同体意識を強めた．初代のスカルノ大統領は「父」であり，1965年から独裁体制を敷いたスハルトは「おやじ」（パパッ），民主化後のメガワティ大統領は「おふくろ」（イブ）と呼ばれた[3]．

(3)　国民統合

　国家は機能目的の結社であり国家形成に際して統合を行う．統合が成功す

ると，多民族であれ一民族であれ共通の政治枠組みとして強固な共同体となる．例えば南北戦争後のアメリカ，西南戦争後の日本，ドイツの統一がその例である．

逆に統合が失敗すれば分離要求が出ることがある．ケベックやスコットランド独立運動，バスク民族運動，マレーシアからのシンガポールの離脱やスーダンからの南スーダンの分離などは，統合失敗を意味していた．

ただし，統合に際して多元的要素は必ずしも障害ではない．なぜならベルギー（次節参照）や英仏両言語を連邦公用語とするカナダのような連邦国家にすることで一定程度の統合は担保されるためである[4]．

国民統合は近代国家をつくる．経済的統合は国民経済を生む．イギリスでさえ全国市場は重商主義的な国家の干渉によって創出された．文化的統合によって国民文化が形成される．経済と国語教育のために官僚制が必要となり，近代国家が制度化される[5]．

統治の正統性が欠如している国（特にアジア，アフリカで植民地時代の国境で形成された国家）では，ホルスティのいう「垂直正統性」（支配者と被支配者との間での統治の正統性）とともに領土内の民族や住民の「国民」意識による「水平正統性」がなければ，権力闘争は激化し分離独立へ向かう．したがって非欧州では民主制が平和をもたらすとは限らない（→第6章）．この正統性が失われるとき，軍事力による解決，すなわち戦争（内戦）の誘惑がおきる．

2.　ナショナリズムと戦争

(1)　ネーション・ファーストの時代

Nationの概念は，近代の産物である．以下，アンダーソンの研究をもとに説明する．

フランス革命前の中世には，宗教共同体と王国という2つの文化システムがあった．まず，宗教共同体は聖なる言語によって一体性を保っていた．教

皇権は太陽であり，皇帝権は月である．インノケンティウス3世のように教皇権が皇帝権より優位であった．「カノッサの屈辱」（1077年）においては，教皇グレゴリウス7世に破門された皇帝ハインリヒ4世が北イタリアのカノッサ城で雪中に赦しをこい，破門を解かれた．教皇権と皇帝権が逆転するのはフィリップ4世によって教皇（クレメンス5世）がアヴィニョン（フランス南部）に強制的に移転させられた「教皇のバビロン補囚」（14世紀）以降であった．

　イスラム教信者は別々の地方からメッカにやってきても一定程度の宗教上の意思疎通が可能である．それは古典アラビア語文字（表音ではなくて記号としての文字）で宗教が流布されていたためである．仏教の高僧もサンスクリット語（梵語）を同様に理解した．これは，数学記号の＋を世界各言語で呼称が異なるが誰もがこの記号を理解するのと同様である．

　中世では，聖なる言語と国民の言語は異なっていた．イギリスではラテン語が公式言語であり，初期英語以前の言葉は俗語であった．1500年以前の出版物の77％はラテン語であり，シェークスピア（16-17世紀）は当時の大陸ではほとんど知られていなかった英語を用いた．哲学者のパスカル（17世紀），デカルト（17世紀）の書簡のほとんどはラテン語である．

　ラテン語の地位は後に，外交言語，宮廷言語としてのフランス語に取って代わられた．今でも国際会議の席次がフランス語アルファベットによる場合もある（例えばOSCEではUnited StatesではなくEtats-Unisとして表記される）．序章でとりあげた『戦争と平和』はロシア語で記されたが，登場人物の主人公の名は貴族風にフランス語でピエールと呼ばれている．

　もう1つの共同体は王国である．欧州の王家のうちハプスブルクでは19世紀まで公式言語はラテン語であり，ロマノフ宮廷ではフランス語とドイツ語が用いられた．驚くべきことに，1904年の日露戦争で捕虜となったロシア軍の将校たちの多くは貴族出身であり，彼らはロシア語以外に英独仏語を嗜んでいた．彼らが本国に送った手紙はロシア語以外の言語でも記された[6]．ただし，これらの言語は便宜的に行政で用いられていた行政語にすぎず，帝

国は臣民には押しつけなかった.

　古典的な君主制国家は戦争と結婚によって拡大した. 帝国拡大のために「戦いは他のものに任せよ, 汝幸いなるオーストリアよ, 結婚せよ」はハプスブルクの訓である. 君主制国家の拡大に戦争は必要な手段であった. オーストリア皇帝は他の各地の王や領主を兼ねており, 後に解体され民族国家が生まれる版図を有していた[7].

　近代になると, 国民という「想像の共同体」が出版言語とともに登場する. これが「公定ナショナリズム」である. イギリスとフランスでは政治的枠組みが先行してそこにナショナリズムが収容され, ドイツとイタリアのような後発資本主義国ではナショナリズムが超国家主義へ転化した[8].

　植民地インドにおいてインド人エリートは, イギリス留学経験を経て祖国でイギリス風に生活する「よそ者」になる. オーストラリアやニュージーランドでさえも, 現地白人はイギリス本国人（スコットランド含む）より地位は下であり, オーストラリア人は総督になれなかった. 帝国は植民地の分離に備えて法的に併合し, フランスは未だに多くの「海外県」を有している.

　併合されなかった植民地は本国からの独立によって国家を形成したものの, nation は形成されにくかった. 国境が植民地主義的な分割線によるものであり民族的境界と一致しないため, 民族紛争すなわち戦争の種となり, 紛争予防のための第三者の介入も難しい. 例えば, アフリカのルワンダでは, ベルギーの植民地時代に少数者のツチ族が多数者のフツ族を抑圧支配（抑圧移譲）した. しかしその後フツが政権をとる. それに対して外国勢力がツチを支援し, 1994 年に大規模な内戦が起こった. 国連の介入は遅く, 50 万人のツチ族が死亡したとされる. 国連安全保障理事会は 2000 年 4 月になって対応の遅れをようやく認めた[9].

(2)　一国家多言語の安定例
①スイス

　1798 年にフランスのスイス占領によりヘルベチア共和国が樹立され, 直

接選挙権が導入された．1815年，スイスは神聖同盟によって中立と引換に
フランス語地域を得て多言語地域となり，後に連邦制となった．アンダーソ
ンによれば，スイスの後進性，すなわち相対的低発展のためナショナリズム
の到来は遅かった．国内のドイツ語化が進むことはフランス，イタリアとの
関係を悪化させ，中立の基盤を揺るがすため，1950年に政令で高級官僚は
二言語修得が必要となった（ただし下級官僚は1つでよかった）．これによ
り多言語会話ができるエリートと単言語大衆[10]という構図が続き，それがス
イスの中立を結果的に支えている．

②ベルギー[11]

　1830年にオランダ（＝プロテスタント）からカトリックが主流のベルギー
は独立した．その結果，北がフラマン系（オランダ語系，英語ではFlem-
ish），南がワロン系（フランス語系：英語ではFrench-Speaking）と言語圏
により分裂し，対立が深刻になる．1962年に公式に言語境界線が引かれる．
1970年代までは中央集権国家であったが，徐々に分権化を進め，93年に連
邦制となる．アントワープを首都とする北（Flanders），ナミュールを首都
とする南（Wallonia），そして憲法上の首都であるブリュッセル地域の3つの
区域となった．首都ブリュッセルは二言語主義である．住民はフランス語系
が多く，領域としてはもともとオランダ語系であった．通りの名称等は二言
語表示である．

　こうしてナショナリズムが弱い国家になったため，ベルギーと聞いて思い
出すものはビールやチョコレート（ゴディバ）以外にあまりないと評される
こともある．本来は戦場（ナポレオンの負けたワーテルロー），油絵の国で
あり，料理もおいしい．

(3)　言語紛争の戦争化

　共通言語が弱く複言語主義（multi-linguism）が制度化されない国では，言
語を争点とする民族紛争が起きやすい．

　例えば，少数民族の言語を公用語にしない，宗教的慣習を公立学校で否定する，民族間の経済格差や政治的資源の配分の不均等が拡大している，などの状況は紛争の種である．「1 民族 1 国家」という幻想を信じる人々にとって，複数の言語，複数の宗教，複数の歴史観を公に認めることは難しく，少数言語や少数宗教が否定される．それに反発する勢力が分離独立をめざすと国家の非平和的な分裂を招き，民族紛争の原因になりかねない．

　例えば，マケドニア（現国名は「北マケドニア」）の人口の約 3 分の 1 はアルバニア人である．旧ユーゴ最後の紛争ともいわれた（北）マケドニアの民族紛争（2001 年）において，アルバニア系政党の主たる要求は，アルバニア語を第二公用語とすること（議会でも当然用いられる），そして地域警察にアルバニア人を加えることであった．

　紛争の後，オフリド合意の締結により，NATO 軍がアルバニア人勢力のゲリラの武装解除を促進するために派遣された[12]．その合意では，アルバニア人勢力の武装解除と並行して議会は憲法改正をすることとされた．しかしマケドニア人保守派は，ゲリラが NATO に差し出す武器は 1 割程度で，あとは隠匿したままではないかと疑念をもった．そして 2001 年 8 月，NATO の 3500 人が派遣されはじめ（Opearation Essential Harvest），ゲリラ側は NATO に期待する一方，マケドニア保守派は疑念を抱いたままであった[13]．その後憲法改正によりアルバニア語は公用語化され，政治的安定が保たれている．

3.　エスニシティの紛争と解決法

　エスニシティとは民族集団のうち，国家レベルより下位の subnational レベルでの集団であり，アイデンティティ，所属意識，連帯感などを保つ人々を指す．例えばアメリカの黒人（アフリカ系）対白人（ヨーロッパ系）の構図においては，両者ともエスニック集団である．1992 年のロサンゼルス暴動は，エスニシティの発露の例である．

　エスニシティが社会的背景のもとで自己中心主義に陥ることを，エスノセントリズムと呼ぶ．国民国家の形成期の好例として，アメリカでは，"Let's All Be American Now"（第一次世界大戦時）という標語のもとに，"go-betweens"と呼ばれる子供たちがいた．親は英語を理解できず，子供が外部との間に入って英語の通訳をする．その結果，移民がアメリカ社会に統合され，エスニシティは無害化される．

　しかし，エスノセントリズムは差別・排外主義に転じることもある．例えば，"Japs Keep Out, You Are Not Wanted"（1914-24）という差別的標語がアメリカの排日運動で用いられた（これは差別表現であるが，本書では差別を根絶する立場からあえて掲載し，注意を喚起したい）．

　それではどうすればよいのか．三上了（2001）の紹介によると，C. カウフマンは，安全保障のジレンマを適用して次の処方箋を示した．

①権力分有（power sharing）

②国際管理（conservatorship）

③分割（partition）

　③について詳述しよう．いったん武力衝突が発生してしまえば，その流血の記憶はそう簡単に払拭することはできないため，統合的アイデンティティの再構築は当分不可能である．その状態で異民族が混住すれば，相互不信が増幅され，民族間対立は沈静化するどころか悪循環に陥る．したがって，民族間憎悪が強固な対立民族を物理的に引き離した方が事後処理策としては有効である．ただしそれは，民族浄化の肯定ではない．北アイルランド，パキスタンとインドのカシミール紛争，南北キプロスの紛争激化の事例は，分割が不徹底だったためである．

　これに対する反論としてサンバニスの統計的研究によると，分割は確かに内戦全体でみれば非再発と結びついているものの，民族との関係ではむしろ内戦の再発と高い相関を示しており，逆にイデオロギーとの関係では分割した方が高い安定をもたらすことが明らかにされた．

　そもそも現実的に無害な分割など可能なのだろうかという問いが残され

る[14]．現実に，例えば日本の「2 世帯住宅」は nice separation をうたい，玄関も浴室も分離している．しかしそれが可能なのは，2 世帯の共通利益と一定の相互信頼があるためである．共通利益と相互信頼のない状態下における空間の分断は，同性だが老若世代間の数的不均衡による「入院患者の相部屋」モデルのように，少数派の空間的保護に資するものの，「壁」に依存する状態をもたらす．

注

1)　Ethnologue のウェブページより（2021 年 9 月 9 日アクセス）．
2)　Deutsche（1970），p.110.
3)　『国際政治経済辞典』p.241 および日本比較政治学会大会における白石さや「国民国家と家族」報告資料（2002 年 6 月 23 日）．
4)　『国際政治経済辞典』242 頁．
5)　『世界民族問題辞典』424 頁．
6)　「ベンケンドルフの手紙」松山大学（編）（2004）『マツヤマの記憶』成文社，および宮脇（2005），200 頁．
7)　アンダーソン（1997），37-38 頁．
8)　この点については丸山（2015）．
9)　大中真「現在のナショナリズム」岩崎ほか（編）（2000），185-187 頁．
10)　アンダーソン（1997），224-225 頁．
11)　本節については，『世界民族問題事典』などを参照．
12)　IHT, August 2, 2001.
13)　IHT, August 23, 2001.
14)　以上，三上了「民族内戦処理案としての分割」『国際問題』2001 年 2 月，82-84 頁による．

第3章
戦争回避の方法とシステム

1. 戦争の危機と外交

(1) 世界史上最悪のキューバ危機

　危機においては，国益の具体的範囲が拡縮し，政策目標や選好順位が刻々と変化する．また死活的利益ですら不変とは限らない．ここに国益を客観的に定義することの難しさ，いいかえれば将来予測のための数値化に対する難易度の高さがある．

　戦記を読むと，戦争の「現場」，すなわち戦場がいかに悲惨なものかが分かる．退却や潜伏時はもちろん，進軍時でさえ自軍に死傷者を生み現地市民の生命財産を巻き添えにする．戦争の凄惨さが知られているからこそ，戦争は防止すべきものとされてきた．佐藤（1989），松岡（1992），柳沢（1985）などこれまで世に問われた解説をもとに戦争の危機について紹介しよう．

　1962年のキューバ危機は，第三次世界大戦となる核戦争の危機をはらんでいた．いかに危機は進み，いかに戦争が防止されたか．キューバ危機は以下のような米ソの相互誤認と利益の相反を増幅させ，時間的経過により悪化したものの，最終的には戦争は回避された．

①発　　見

　1962年8月29日，アメリカのU2偵察機が地対空ミサイル基地建設の写真を撮影した．

ソ連は,「キューバの兵器は防衛目的」「ソ連の核兵器は長距離攻撃力をもつため, ソ連の外におく必要なし」と弁明する. アメリカ大統領ジョン・F.ケネディは特別声明 (9月13日) を出し, アメリカが実力行使を行う場合の基準として

　①アメリカの安全にキューバの軍事力増強が脅威となる時

　②キューバがソ連のための攻撃用軍事基地となり攻撃用ミサイル発射能力をもった時

を挙げた. アメリカ議会では強硬論が台頭し, 上院は予備役召集権限を大統領に認めた (ケネディへの反発から, 当時の議会で彼の法案が通ったのは約2割だけといわれている).

ソ連は, 西ベルリン (第10章で詳述) とキューバの相殺をねらうが, アメリカは拒否する. それは「ソ連がキューバから引揚げる代償としてアメリカの海外基地を閉鎖する考えはない. キューバ問題とベルリン問題との関係でも同じ」(ラスク国務長官) との弁に象徴されている.

②状　　況

U2偵察機がキューバにおいてソ連のミサイル基地とミサイルの配備を発見した写真が, 10月16日にホワイトハウスに届けられた. これはソ連がアメリカの不意をついたことを示していた. ミサイルは中距離弾道弾であった. 実はソ連は戦術核 (巡航ミサイル:射程160kmと地対地ロケット:射程48km12基, 核爆弾12個) を10月4日と10月23日に分けてキューバに運び込んでいた. アメリカは地対地ロケットの存在は知っていたが, それは通常弾頭を積んでいると判断していた. この時点でもしアメリカがキューバに侵攻していたならば, 戦術核が使われた可能性もある[1].

③アメリカの選択肢

NSC (国家安全保障会議) による選択肢の検討が10月16日から始まった. キューバが発射台上でミサイルの準備を完了するために10日かかると推定

した．アメリカによる国連安保理への提訴という選択肢はソ連の妨害が予見され，西欧との協議は時間を要するのでここでは検討されていない．ケネディは西ベルリンを心配していたため，対キューバ措置として a) 空爆か b) 黙認か，の 2 つの選択肢で迷っていた．もし，アメリカがキューバを攻撃したら，ソ連は西ベルリンに侵攻するだろう．その場合，同盟国から「キューバごときのためにベルリンを捨てた」と批判される恐れがあるためである．

　一方，NSC の議論の中で選択肢が増えていく．

　a') 空軍攻撃を発展させてカストロ政権転覆も一挙に行う案が出された．ミサイルを確実に無力化はできるが，ソ連人，キューバ人が多数殺傷されるおそれもある．折衷案として，マクナマラ国防長官が c) 海上封鎖案を提案した．これは即時戦争突入を避けてソ連に再考の余地を与え，アメリカにも次の選択の余地がある．「強行案ほどソ連を刺激するような危険なものではなく，なおかつソ連の行動は認められないとするアメリカ側の意思の強さを誇示できる中間策」としてのカリブ海封鎖であった[2]．

　しかし，ソ連が西ベルリンを封鎖し，かつキューバに配備済のミサイルの撤去に応じない可能性がある．そこで d) 外交的解決論，すなわち国連を使ってキューバでミサイル撤去という案が出る．しかし，国連は両刃の剣である．アメリカの道義性をも検討されたら反論の余地は少ない．そこでケネディは，c) を選択した．

④海上封鎖

　10 月 22 日，ケネディは海上封鎖をテレビで宣言し，アメリカの強い決意を示した．その内容は，a) 船舶航行の遮断，b) 戦争準備，c) キューバから発射されたミサイルはソ連の対米攻撃とみなし，報復するという内容であり，「以上の決定がいかなる結果を生むか不明」としてソ連に再考を迫った．

　ソ連は 23 日，相互主義的にトルコのジュピター・ミサイルの撤去要求を示唆した．また，先制攻撃ではなく報復攻撃しか行わないことを強調した．

⑤臨戦体制

10月22日，国防総省は西ベルリンを含む世界の全軍に警戒体制命令を発する．23日夜，ケネディは封鎖宣言に署名（24日午前発効）し，兵員2万人，艦船40隻が現地へ向かう．キューバ側も全軍に動員令を発令し，ワルシャワ条約機構統合軍は応戦体制強化命令を出した．当時ソ連からキューバに向けて25隻のソ連商船が向かっており，アメリカはフロリダ沖に90隻の艦隊（空母8隻を含む）を集結させた．

24日，国連事務総長のウ・タントが中立国の支持を得て，米ソ首脳に調停を申し出る．その内容は，「今後2，3週間，アメリカは船舶の臨検をやめ，ソ連は武器輸送をそれぞれ自発的に停止する．その間に当事者で話し合いを行う」という「現状凍結」であった．これに対してフルシチョフは同意し，ケネディも配備済攻撃兵器の撤去を条件に同意した．

⑥転 換 点

ソ連が柔軟姿勢になったとみたアメリカでは，NSCでキューバ攻撃論が高まった．「この際，キューバに侵攻してミサイル基地を破壊すべきだ」という主張は，カリブ海地域での米軍の通常兵力の圧倒的優位のもとで，核戦争を回避して，かつキューバへの侵攻も可能という強気の内容であった．そして10月26日には「第1書簡」と呼ばれる，ウ・タント提案をソ連が修正した内容が駐米ソ連大使館からアメリカ側に渡された．

a）国連監視下でのソ連のミサイル撤去と再持込みをしないとの約束

b）アメリカのキューバ不侵攻約束

のワンセット案である．

ところが翌27日に，下記の内容で「第2書簡」がモスクワ放送（短波放送）で伝えられた．

a）アメリカはトルコのミサイル撤去とキューバ不侵攻を約束

b）ソ連はキューバのミサイル撤去とトルコへの不侵攻を約束

アメリカにとって明らかに第2書簡は，第1書簡よりハードルが高い．し

かし，ケネディはトルコ／キューバ取引を避けねばならない．そこへ，ソ連のキューバ駐留軍の独断により，U2 機がキューバ上空で撃墜された．アメリカは偵察飛行を妨害するならば対抗措置をとるとした．カストロは，領空侵犯軍用機は攻撃されることを覚悟せよと言い放った．そして，27 日土曜日の夜は運命の分かれ目であった．NSC では第 1 書簡に回答すべきか，第 2 書簡に回答すべきかで紛糾した．ポイントは以下の通りである．

- ・第 1 書簡がフルシチョフの真意であって，第 2 書簡はソ連内部の圧力によるものとの推定
- ・トルコのミサイルは古いので撤去可能だが，もしその場合はソ連は第 2 のトルコ（例えば西ベルリン）を要求する可能性がある．また，トルコで譲歩すると同盟国との信頼関係が揺らぐ

しかし，トルコを全く無視して回答することはソ連が受け入れまい．ロバート・ケネディにより，NSC では第 2 書簡に対してではなく，第 1 書簡に回答する方向で決着した．「キューバに侵略しない」ことを示し，かつトルコ問題については別途極秘に譲歩をソ連に示す，すなわち「この危機が去ってから」という条件付きで内密に行われることとなった．

U2 機事件については不問にされた．ただし，第 2 書簡提出後にもかかわらず，フルシチョフが第 1 書簡に対してこの段階で議論に応じるかどうかは不明であった．

⑦ソ連に伝わった情報

フルシチョフはモスクワ郊外の別荘に首脳 26 人を招集し，カストロからの「アメリカのキューバ攻撃が 24 時間から 72 時間以内に始まる」「帝国主義者に最初の核攻撃の機会を許してはならない」という書簡が紹介された．別荘の首脳会議に電話があり，「ケネディがモスクワ時間の午後 5 時（アメリカでは 10 月 28 日午前 9 時）に緊急テレビ演説をする」という情報に加え，ケネディが 28 日朝に教会に行くという報道が入電した．このことは，ケネディのキューバ攻撃の決意を意味するのではないかとソ連側では推測され

た[3].

⑧フルシチョフの決断

ソ連は国連監視のもとでミサイルを撤去することを決断した．ただし，アメリカがキューバを再び侵略しないという条件をつけた．通常の外交ルートではケネディ宛書簡の伝達は間に合わないと思われ，モスクワ放送でソ連は回答した．それを聞いたケネディは安堵したという．

以上がキューバ危機の概要である．さて，ソ連外交の観点からは，次のように政策目標が変化したことが分かる．もともとキューバにミサイルを配備する理由は次の2つであった[4]．

a）中南米の社会主義の拠点としてのキューバ防衛

b）ソ連のミサイル・ギャップをなくす

ミサイル・ギャップはソ連が核の少なさを隠すためにつくった神話でありカムフラージュだったのが，現実にはその対策としてアメリカの方が軍備を増強した．当時の核弾頭の数は，アメリカが5000に対してソ連は300であり，ICBMに至ってはアメリカが300に対してソ連は75（実戦配備されているのはわずか20）しかなかったといわれた．ゆえにキューバにミサイル基地を設置することが魅力的であった．もしキューバにミサイルが設置されれば，ソ連の第一撃能力は倍増する．

ソ連側がミサイル配備を狙った背景には，ケネディに対する見方の甘さがあった．1961年のベルリンの壁建設の際に，アメリカが何も行動しなかったことが「アメリカは既成事実に弱い」とのフルシチョフの信念を強めた．

他方でアメリカ側にも事情があった．折しもケネディは中間選挙の真っ最中であり，対ソ譲歩は致命的結果をもたらしかねない．つまり民主主義が戦争と危機に対する選択肢を増やしたといえる．

(2)　アリソンの3つのモデル

この危機の過程で著者が注目するのは次の3つである.

a) 危機で意思決定の時間が少ないにもかかわらず，選択肢が増えていった.

b) 相手が譲歩するか否かは，過去の経験や知見の類推を根拠として議論 された.

c) 好戦派に包囲されたものの，指導者は戦争回避に成功した.

この政策決定過程を分析したのがアリソンである. 以下, アリソン（1971）およびそれを解説した佐藤（1989）に基づいて3つのモデルを解説する[5].

①合理的選択理論

合理的選択理論, 別名「合理的アクター・モデル」は, 国家を視座の中心にすえる. まず, 合理的行動とは, 最小のコストで最大の利得を生むように思考した行動を意味する. 一般に, 個人, 集団, 国家などを単一の合理的なアクターと仮定し, 行為を合理的な選択とみる. そして, その仮定に基づいて特定のアクターの行動を説明する. 国際政治では国家を単一のアクターとしてみなし, 人間が国家の立場になって問題解決を促す. ここでは, 政策は合理的な計算に基づく選択であり, cost-benefit analysis を通じて better or best を選択する[6].

この理論の欠点は, 現実への適用可能性である. 十分な情報収集や情報処理能力の確保の困難さが指摘され, ①への批判としてアリソンは次の②, ③を提起した.

②組織過程モデル：政府内のグループに焦点

経営学の組織研究の成果を応用したもので, 政府を半ば自律的な組織の複合体と捉え, あらかじめ確立した SOP（標準作業手続）に基づいて各組織が行動し, それが外交政策に集約されると仮定する. その際, 各組織は政策課題を担当分野ごとに細分化し, 特定の優先順位や認知にしたがって当面の

不確実性を回避すべく対応するなどの傾向をもつ．ここでの外交政策は，政府の統一的で意識的な利害計算の産物ではなく，政府機構の機械的反応の結果と考えられている．このモデルは，危機などの非常時よりも日常的な外交案件，また政策の決定よりも実施に適合する．

③政治過程モデル（官僚政治モデル）：政府内の個人的アクターの動きに焦点

　このモデルは対外政策を，当該の問題に権限をもつ行政組織の長の間での綱引きの結果である，と考えるモデルである．官僚組織の長は，個人的な政策志向にかかわらず，基本的には各官僚組織の利益，機能を代表する立場をとり，他の官僚組織の長と綱引きを展開する（官僚組織の長の保持する政策志向は，所属組織によって決まる）．そして，異なる政策志向を保持する官僚組織の長の間の駆け引きの中で，ある政策を支持する連合が形成され支配的となり，その政策が一国の政策となる．その場合，支配的な連合の形成において大統領は大きな役割を果たす．アリソンの官僚政治モデルは，官僚組織の内部を取り扱うものであるが，広く議会や圧力団体を含んだモデルも考えられる．中堅官僚こそが情報と決定とを集約でき，事実上の政策決定中枢機能を有する．

　以上がアリソン（1971）の3つのモデルである．

（3）　認識過程モデル

　佐藤（1989）は，スタインブルーナー（1974）の理論を紹介し，「政策決定の第4モデル」として認識過程に焦点を当てる．

　政策決定者は必ずしも環境の変化を認識するとは限らず，また認識したとしても外からのインプットが自分のもつ信条体系（belief system）やイメージというレンズを通じて屈折した形でとらえられ，現実を正確にとらえるとは限らない．例えば，環境問題では「北極の氷が解けると海水面が上昇する」，ベトナム戦争では，「ベトナムが『共産化』すればインドシナ半島はドミノ式に共産化する」というものである．1938年のミュンヘン会議でヒト

ラーに譲歩した英仏に対し，翌年ヒトラーが破約して戦争を仕掛けたことへの過度な反省はミュンヘン症候群（syndrome）と呼ばれる．関連してスタインブルーナーは信条の観点から意思決定者を 3 つに分類した[7]．自己の信条が強い「理論的思考人」(theoretical thinker)，最後の会話に影響されがちな「未練の残る思考人」(uncommitted thinker)，決まった通りにしか決められない「型にはまった思考人」(grooved thinker) である．

(4)　「カストロの逆襲」ゲーミング

著者は大学の学部生を対象に 2002 年以降，カストロの逆襲というゲーミングを毎年実施してきた．キューバ危機を事例とし，目標と制約を秘密とする不完備情報ゲーム（第 6 節参照）である．プレイヤーによって核戦争が勃発することもあれば，史実のように海上封鎖で終わる場合もあり，危機対応がプレーヤー個人によって大きく左右されることが明らかになる．

2.　国家による外交交渉

(1)　外交関係の樹立

国家間の対立の激化も緩和も外交によってある程度は調節可能である．ここにコミュニケーションと相互利益の可能性を見出すことができる．むろん外交は万能ではない．外交の失敗により戦争に至った事例は少なくない．

国家の友好関係と対立の構築の過程を先に概観しよう．

国際法上，国家承認は一方的になされる．その効果は 2 国間のみに限定される．国交を結ぶ過程は一般的に次のようなものである．①非公式接触（第三国で），②定期的な接触，③国交正常化の予備交渉，④正常化の本交渉，⑤正常化合意，⑥大使の交換，である．一方，断交するときにはいずれかの一方的な宣告で国交断絶は成立する．断交しても双方の合意があれば（現在の米台関係，日台関係のように）利益代表部が開設されることもある．

外交関係に関するウィーン条約では，外交使節の派遣には事前に接受国側

の同意（アグレマン）を得なければならない（同条約4条）．接受国は派遣
国の外交官をペルソナ・ノン・グラータ（好ましからざる人物）として理由
を明示せずに国外退去を求めることができる．また外交官を召還することも
できる（同9条）．

(2) 外交政策の類型

一般的に主要な外交政策は，外交目標と対象との組み合わせにより，下記
のような分類が可能である[8]．

①現状維持政策：現在の国際秩序，ルール，領土，利益・国際的地位に満
足し，その現状を維持しようとする政策である．第二次世界大戦以降の場合，
維持されるべき現状としては，冷戦期の米ソの核支配，経済面ではWTO
（世界貿易機関）の貿易原則，IMF（国際通貨基金）資本主義の市場競争原
理，あるいは安全保障理事会における拒否権制度などがあげられる．また，
相互不可侵原則や領土保全の国際法規範は現状維持政策の産物であるといえ
よう．

②現状打破政策：現在の国際状況に不満をもち，これを自国に有利な方向
に修正・変更しようとする対外政策である．打破されるべき現状とは，経済
格差，冷戦期の米ソによる大国主義的支配，構造的暴力などがある．戦間期
の現状打破国は，打破に足る十分な軍事力をもつようになった新興大国（日
本，ドイツ）であった．また革命運動などのように国内的な文脈における現
状打破集団が国境を超えて「国際化」することもある．

③宥和政策：現状打破を意図する国家に対し，譲歩によってこれを宥める
対外政策である．第二次世界大戦前のイギリスがドイツの要求に屈伏し，小
国の犠牲の上に漸次の小康を求め，ついには根本的利益や国際正義を失う教
訓を示唆する（35頁のミュンヘン症候群は，その過度な教訓である）．

④建設的関与政策：「ムチ」の悪影響を避けるための援助政策．韓国の金大中政権の対北朝鮮外交（太陽政策），1990 年代からオバマ政権までのアメリカの対中外交（「総合的な相互関与」「包括的関与」）はこれに該当する．期待に反することがある場合でも，直ちに援助停止の条件とせず，こちらの期待を表明しつつも援助を供与し，長期的にその期待の実現を支援するという考えに基づく．例えば冷戦期の欧州では，「接近による変化」，朝鮮半島では「北風政策」ではなく「太陽政策」といえる[9]．

(3)　首脳会談

　首脳の訪問などの外交儀礼もまた全ての国家が行いうる最も簡便な外交カードである．サミット（主要国首脳会議）は，首脳会談の最たる例である．準備と成果で区分した首脳会議（会談）の 3 つのレベルは次の通りである．

(a) 事前に外相レベル以下で周到な用意が行われ，合意の儀式として共同宣言調印などのために行う首脳会議．国連や NATO の首脳会談の多くの合意はこのレベルである．

(b) 事前に相当な準備がなされるが，重要ないくつかの問題点の解決を首脳レベルに委ねるための首脳会議．会議参加国は会議を成功させたいという意欲があるため概して合意に達しやすい．2010 年代のプーチン・安倍会談の多くはこの例である．

(c) 事前の準備が不足しているが，首脳レベルの会談で問題解決の突破口を開こうとするための首脳会談．合意が得られる保証がなく，失敗の可能性も高い．2018 年と 2019 年のトランプ・金会談はその例である．

　また米露，中露，英露，仏露などホットラインのある国家間ではホットラインを用いて意思疎通をすることができる．キューバ危機ではホットラインがなく意思疎通に時間を要したため，翌 1963 年に米ソ間でホットラインが開設された．近年は電話会談の方式も多く利用されている．

3. 条約と国際関係

　戦争原因を合意形成で解決する場合，条約の締結は最も安定的な方法である．国際法上の原則として，条約の締結には当事者の全ての合意が必要である．例外として国連総会で採択された条約は多数決で採択されることとなっている．しかしその場合も当時国が批准をしないかぎり当該国には効力を有しない．条約は署名された後に，各国の批准，もしくは受諾手続きを経なければならない．条約の批准は多くの国家では議会によってなされる．批准されない条約は一般的に効力をもたない．

　条約の破棄は，各条約の規定による．例えば，日米安全保障条約では，いずれかの締約国による1年前の予告で破棄が発効する．

　条約からの脱退は，当事国が多数国間条約から離脱し，自国に関するかぎり条約当事国たる地位を終了することである．

　条約の改正は，一般に当事国間の同意により行われる．

　条約の終了は，次のようになされる（条約法条約第3節）．①条約規定による終了，②当事国の同意による終了（条約中に規定がなくても可能），③新条約の締結，④重大な条約違反，⑤後発的履行不能，⑥事情の根本的変化，などである．

　条約によって戦争を防止することは可能である．1928年の不戦条約により，「戦争の違法化」が進んでいる．国際法上は，個別的・集団的な自衛権の発動などを除いて「戦争」は違法である．むろん現実に戦争は生じており，国際法上は「侵略，武力紛争，軍事紛争，武力行使，武力攻撃，武力の威嚇」などの用語が戦争のかわりに用いられる．

　しかし条約が終了すれば平和は保証されない．ソ連による1945年の日ソ中立条約の破棄はその最たる例である．

　条約等の国際法に基づき，国家の国際責任が生じた結果，加害国は被害国に対して事後救済する義務を負う．一般国際法上認められた事後救済には，

有形的救済として原状回復，金銭賠償がある．また非有形的救済として陳謝，国旗への敬礼や特別使節の派遣などの象徴的な行為，犯人の逮捕処罰，関係国内機関の処分，象徴的な金額の金銭の支払，再発防止の確約など様々な方法が挙げられる．

　例えば，ロシアの領海内で平時に日本の商船を無断で沈没させた場合，日本はロシアに対して陳謝や賠償を求めることができる．しかしいずれかが戦時の場合はどうであろうか．ここに「復仇」が政治的復讐へと昇華する隙が生じる．国際法は戦争可能性を減らしているが，多くの間隙が残されている．

4.　軍事的措置および経済制裁

(1)　軍事的措置：戦争のための戦争

　戦争を防止するために他国が軍事介入や軍事支援をすることがある．言いかえれば戦争を始めないための，あるいは終わらせるための戦争である．もちろん意図的に謀られた「戦争のための戦争」もある．すなわち戦争の目的と手段の峻別は容易ではない．これらの措置を類型化しよう．

　①軍事介入：主体が一国か多国間か，介入地域は限定的か全面的か，目的は敵国の占領か単なる威嚇か，などの点で細かく類型化される．単発の国家テロも小規模な介入に該当する．

　②軍事援助：武器・兵員の供与にとどまる場合と軍事訓練などを含む場合がある．軍事援助には，通常，無償援助，有償援助，軍事教育訓練などの種類がある．

　③武器輸出：政府主導で火砲，弾薬からミサイルに至るまで軍事的装備品を国外に売却・移転する．

④その他：自国の軍拡（自力生産・開発か武器輸入か），自国の軍縮，軍備制限交渉など（対象となる兵器の範囲によって細分化される）

(2)　経済外交と経済制裁[10]

　経済外交には，貿易，金融・為替調整，対外直接投資，海外資源開発，在外資産の保全，対外援助などおよそ国家の経済活動にかかわる全ての対外交渉が含まれる．

　経済援助を影響力行使の手段として使う場合，援助を報奨（アメ）に使う場合と制裁（ムチ）に使う場合の2つがある．前者を積極的制裁（positive sanction），後者を消極的制裁（negative sanction）という．後者の場合には相手国の反発を招き，また効果も疑問な点が多い．特に経済援助の停止が長期化すると経済状況の悪化のため相手国民の生活を圧迫する結果にもなる．

①経済援助などの「アメ」

・MFN（最恵国待遇）供与

　最恵国待遇とは，当該国との貿易に関して相手国が最も有利な扱いを維持する取り決めである．

・内国民待遇（national treatment）の供与

　内国民待遇とは税金など，自国内における事業活動に関して，条約の他方の締約国の国家，私人ないし個人，船舶，貨物などに対して，自国のそれと同等に待遇すること．

・資金援助や投資

　資金援助や投資について，政府ベースでは無償協力（贈与），有償協力（例えば円借款），食糧等の物品の援助，などに分けられる．また二国間協力と国際機関経由の多国間協力に分類できる．一方，民間ベースでは海外直接投資などがある．

　特に政府間の長期資金の貸借を「借款」（loan）という．ODA（政府開発援助）として融資される部分のうち有償の資金援助も借款である．ODA で

は「グラント・エレメント」（贈与比率）が指標として用いられる．また利用の制限の有無によってタイド・ローン（ひもつき融資）とアンタイド・ローンに分けられる．タイドの場合，物品や役務の調達は原則として日本企業に限定している．具体的な資金の流れとしては以下の通りである．

　日本政府がフィリピンに無償資金援助を行った場合には，日本政府は日本国内の指定銀行に開設されたフィリピン政府名義の口座に払込を行う．したがって現金は日本国内にとどまっており，フィリピンに渡っていない．こうして贈与された資金の枠内で，日本の商社がフィリピンに日本製品を運び込むか，もしくは日本の建設会社がフィリピンで工事を行うのである．日本企業は船積みを済ませるか，建設工事を完了すれば，日本国内の銀行から代金の支払いを受けられる．したがって，かつてはこれほどカントリー・リスクの少ないビジネスはないといわれ，「ODA 産業」と呼ばれるように企業間で熾烈な受注合戦が行われていた．

②経済制裁などの「ムチ」

　経済制裁は，武力の発動たる軍事的制裁に次いで非軍事的措置のなかでも最も目に見える形でパワーが行使される制裁措置である．具体的には次のような手段がある．

・禁輸：輸出入の禁止であり，多国間で禁輸に合意した場合，抜け駆け防止が最大の問題点である．2017 年に国連安保理は北朝鮮の石炭等を全面禁輸とした．
・貿易障壁：自由貿易を阻害するもので，関税，非関税障壁（NTB：政府調達，補助金など）などの手段で国内産業を保護する．ただし，WTO や多くの FTA では NTB は撤廃されなければならないとされている．
・債務支払い要求：過去の債務を滞納する国に対してパリ・クラブ（債権国会議）などを利用して圧力をかける．例えば，債権国が債務国の IMF への未返済債務の返済を肩代わりすることによって，IMF から当該債務国

に融資を再開させる（1991 年に日本がベトナムに対して実施）．2020 年に G20 はコロナ禍に対応して債務支払猶予イニシアチブ（DSSI）を提唱している．

・債権の売却：例えば，日本や中国は巨額の外貨準備を抱えているがその多くはアメリカ国債で運用している．日本や中国がアメリカ国債を何らかの理由で売却すれば，連鎖的に NY 株価は急落し，世界的不況になる．

・武器輸出の停止

・技術協力の停止

・資金協力の停止

・その他の交流の停止：経済制裁の一環として人的交流の中止などもある．例えば，スポーツ交流の停止（国際試合の中止など），青年交流の停止（相互訪問などの中止），オリンピックなどの競技大会の参加ボイコット，外国人の入国制限，国内法に基づく外国人の追放（特に外国人ジャーナリストや NGO），民間航空機の乗り入れ禁止などの交通制限，である．

2 つの経済制裁の例を見てみよう．

a）アメリカの対ポーランド経済制裁（1981-87 年）

自主管理労組「連帯」への弾圧と戒厳令布告を行ったポーランドに対しアメリカは，対ポーランド農産物船積み停止，輸出信用供与の更新停止，アメリカの水域内でのポーランド漁船団の操業停止，LOT（ポーランド国営航空）のアメリカ乗り入れ停止，ポーランド向け高度技術の輸出規制強化の他の西側諸国への提唱，を行った．また同時に，レーガン政権はポーランドの IMF 加盟への反対の意思を表明した．

b）天安門事件（1989 年）に対するアメリカの経済制裁（1989-1994 年）

アメリカ議会上下両院は事件の翌々日，天安門事件について中国政府を厳しく非難するとともに，中国に対する輸銀融資の差し止めについて関係国との協議に入ることを政府に求める決議をそれぞれ本会議の全会一致で採択した[11]．

両決議ともブッシュ大統領が事件後にとった中国に対する4項目の制裁処置を支持しつつも，流血の事態が続く場合，①大使召還，②経済制裁の実施（高度技術提供の中止，対中取引に対する輸銀融資の差し止め），③約4万人にのぼる在米中国人留学生の無条件在留許可延長などを求めた．

c）制裁の解除条件

先述の対ポーランド制裁の場合，アメリカは①強制収容所に拘留されている人々の解放，②戒厳令の解除，③ポーランド国民の言論の自由と団結の自由の回復，の3つを経済制裁の解除条件とし，1987年に制裁は解除された．一方，天安門事件の場合は，貿易促進を優先したクリントン政権によってなし崩し的に解除された．

5.　国際システムと戦争

(1)　一極，二極，多極

戦争がおこりやすい国際環境について，体系に属する国家の力の分布，すなわち，国際体系の構造を重視したのが（国際）システム論である．一極（単極），二極（双極），多極（unipolar, bipolar, multipolar）の大きく3つに分けられる．

20世紀は多極→二極→一極（軍事面），多極（経済面）に変化した．この中でどのシステムが最も安定しているか，別言すれば，戦争が起こりにくいのはいずれであろうか．田中（1989），山本吉宣（1989）などの議論をもとに概観しよう．

①一極システム

1つの大国が覇権構造に基づき，覇権国として国際公共財を提供することによって世界は安定する（覇権の概念は第9章第2節で詳述）．しかし覇権国を抑える力は他にないため，大国による戦争は二極に比して起きやすい．

一極システムでは覇権国が世界経済体制を創設し，維持される．1990年

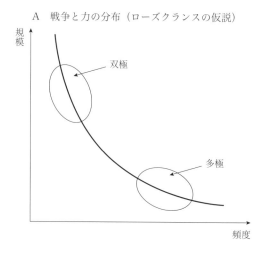

A　戦争と力の分布（ローズクランスの仮説）

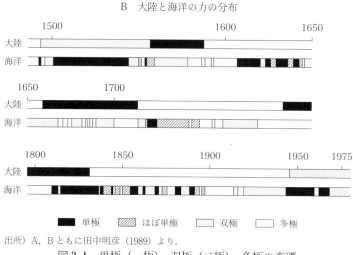

B　大陸と海洋の力の分布

出所）A，Bともに田中明彦（1989）より．

図3-1　単極（一極），双極（二極），多極の変遷

代のアメリカは，軍事的にも覇権を握っていた．当時「世界で一番有名な人」はアメリカ大統領であった．

　例えば，1996年の「世界におけるアメリカの順位」によると軍事支出，軍事基地数，軍事援助，戦闘機数，海軍艦艇数，核弾頭数，などは戦後長らく1位であったが，民主面では体重不足乳児出生率29位，医師1人あたりの人口39位，教員1人あたり生徒数39位であった[12]．

　1945年のアメリカは経済的には覇権を有していた．さらに1990年代後半の予想では，2001年のアメリカはITの分野でも覇権を有するとも考えられていた．イギリスの歴史学者P.ケネディは，「理論的にいえば，ITは数学やコンピュータのように中立的で，優れた科学者やコンピュータ会社を持った国は同じチャンスを持っているはずだが，実際にはアメリカに利益をもたらしている．つまり文化的にはITは中立ではない」と述べている[13]．この予想は的中したが2010年代になると米中でITをめぐる覇権競争が始まった．

②二極システム

　二大国（2つの親分国）が相互の均衡を保つことによって安定するのが二極（双極）システムである．米ソの冷戦は二極化であり，第二次世界大戦後に始まった．背景には多極のうち3つの大国たる英仏の植民地帝国の没落，ドイツの東西分割がある．そしてイデオロギーの対立，ブロックの対立，世界制覇の対立の3面で二極化が進んだ．

　二極システムの特徴は，

　①単純であるだけ予測性が高い

　②紛争が拡大すれば最終的な体系崩壊に至る大戦争となる（冷戦期には核兵器の存在がそれを確実にした）

　③同盟国（親分に対する子分国）の行動は体系全体に及ぼす影響が小さく，リーダーの統制力が大きいことで「long peace」（ギャディス 1987）と呼ばれる安定をもたらす（現実には1980年代後半から，ソ連ブロックの崩壊により二極体系は終わる）[14]

③多極システム

諸国家が柔軟な同盟を形成することによって安定し，主要国が政策協調を行う．

ナポレオン戦争以降の 19 世紀欧州は多極システムであり，すなわちイギリス，フランス，オーストリア，プロシア，ロシアの勢力均衡が作用し，安定した時代と言われる．しかし「極」といっても「子分国」がほとんどないため，分極化あるいは単なる無極であるともいえる．

20 世紀では，1950 年代からフランス，中国がそれぞれ親分国から離反したことにより多極化が進行した．その後，非同盟運動，日本・西独の勃興，米ソの衰退が多極化を促した．例えば非同盟運動による非同盟諸国首脳会議が 1961 年以来，インドのネルー，ユーゴスラビアのチトー，エジプトのナセルらの主導により開催されることとなった．具体的には，米ソのいずれにも属さない非同盟を掲げ，主権国家の平等，民族自決の原理が強調された．これらは脱冷戦化を進めることとなったが，1970 年代末以降，第三世界内部で南南問題が拡大し，求心力が低下した．また民族問題が各国内部で発生し，米ソの介入を生むこととなり，多極化は限定的になった．

他方では，1970 年代から軍事二極，政治三極（米中ソ），経済五極（日本，EC，北米，東側，南側）ともいわれ，bi-multipolar system という造語も出現した．冷戦終結後の 21 世紀初頭の状況は，uni-multipolar system という用語で説明されていた[15]．

6. 戦争回避のミクロ的方法

(1) シグナリング[16]

①不完備情報

戦争を回避する方法として，情報に着目しよう．以下，鈴木（2000）などをもとに説明する．ゲーム理論において，全てのプレイヤーがゲームについて完全な知識を有し，さらに全てのプレイヤーがルール（プレイヤーの集合，

目的，選択可能な行動，利得，進行を定める規定など）の知識獲得を相互に認識しあうゲームを完備情報ゲームと呼ぶ．その逆にプレイヤーがゲームのルールについて必ずしも完全な知識をもたない状況を不完備情報ゲームとして表す．国際政治では，国際交渉において各国が相手国の交渉目的や選好順序，利得などについて完全な知識を有することは少ない．

さて，不完備情報は戦争を促す原因の1つである．武力行使についての政治的意思や双方の軍事能力についての情報が不足しているためである．紛争当事国が納得できる外交解決策で合意して戦争を回避するためには，そのような合意可能な解決策の範囲を特定する必要がある．その際平和解決のほうが武力行使よりも全ての当事国にとって得かどうかは，次の3つの期待効用の要素に基づく．

a）戦争に伴うコスト，b）対立する争点の政治的価値，c）戦争の勝率

これらの3要素は，双方が完備情報下であれば武力行使に伴う期待効用として知ることができ，さらに平和解決が可能な合意案の範囲も特定でき，その結果戦争が理論上回避できる．

しかし，現実の国際政治は不完備情報下にある．特に軍事力は機密情報である．ゆえに不完備情報下で戦争を回避するためには，各国政府が自国の機密をシグナルとして伝達し完備情報化を進める必要がある[17]．

そのために制度化されたのがCBM（信頼醸成措置，後述）である．

②不完全情報

あるプレイヤーが手番の際に，そのゲームの履歴を完全には知らない状況を不完全情報と呼ぶ．

トランプの多くは，相手のプレイヤーの行動が不明の状況で意思決定をする．「囚人のジレンマ」や「チキン・ゲーム」のような同時手番のゲームも相手プレイヤーの行動を知らずに意思決定をせねばならないため，完備情報であるが不完全情報のゲームである[18]．対して，囲碁ではどのプレイヤーも意思決定を行う際に相手の意図は分からないがゲームの履歴を完全に知って

おり，完全情報のゲームである．外交文書の公開は，各国の行動を明らかにするため完全情報化として考えられる．

③誤認とシグナリング

　紛争はなんらかの誤認によっても起こる．戦争の勝敗の予測，意図などについて一方あるいは双方が誤った期待を有するときに紛争は起こりやすい[19]．

　不完備情報下では，Ａ国は敵対するＢ国の決意について不確実な情報しかもたない．Ａ国が何らかの要求をした場合，ＡはＢの反応について正確に予測できず，Ｂが受け入れ可能な要求をＡが提出することは容易ではない．一方でＡはＢの要求拒絶に対して戦争をも辞さぬ覚悟をＢに示唆して要求を受諾させようとする．他方，Ａの選好を知らないＢは欺かれまいとしてＡの脅しの信憑性を探ろうとし，瀬戸際政策を互いにとる．

　しかし国際社会のようなアナーキーの下では信憑性の確立は容易ではない．「張り子の虎」は，情報の不確実性を前提にした見せかけの威嚇の存在する余地を残す．したがって決意を相手に有効に示すシグナリングの行動をとる必要がある．情報漏れという大きな代償を伴うが，それゆえ決意を相手に伝達できる．

　しかし，シグナリングが有効ではない場合もある．それは，信憑性が当事国の指導者同士の主観的なものであり，双方の覚悟についての解釈の余地を当事者に残している場合である．同盟国や価値観の近い国の間の方が，情報ルートが多く，「覚悟」を共有しやすい．

（2）　軍事的 CBM（信頼醸成措置)[20]

　国家間の軍事的衝突の１つの原因は，相互の軍事的意図や能力の誤認にある．それゆえ意図や能力の情報交換，規制共有を通じて，完備情報化を進めて誤認を減らす必要がある．さらに平時における軍事交流による情報ルートを構築することで，偶発的な軍事衝突を回避する手段となりうるのが信頼・安全保障醸成措置（CSBM）である．例えば緊急時のホットライン，軍事予

算や軍事演習の相互公開，軍人の相互訪問，軍事活動の事前通告，大規模な軍事活動の制限，兵力引き離し，空中査察（オープン・スカイ）等が挙げられる．

　1962 年のキューバ危機の教訓は，米ソ間ホットライン協定にとどまらず，60 年代後半に仏ソ間・英ソ間の協定の締結につながった．国連でも 1978 年の第 1 回軍縮総会の報告書でホットラインの設置が提言された．

　多国間の CBM（信頼醸成措置）を一気呵成に制度化したのが，CSCE（欧州安保協力会議）である．当時欧州では大規模な通常戦力が対峙しており，安全保障を検討する必要があった．米加を含む東西欧州 35 カ国首脳が調印した 1975 年のヘルシンキ宣言では，2 万 5 千人超の兵力の移動は 21 日以上前に相互通告，軍事演習の相互視察の自発的受け入れが定められた．さらにストックホルム信頼安全醸成・軍縮会議（86 年）では，次年度の軍事活動計画の相互公開，兵力 4 万人超の移動は 2 年前通知という制限措置が導入された．また年 3 回まで査察受け入れの義務が課され，その際地図，カメラ，双眼鏡等の使用が可能となった．これらの包括的措置を単に信頼醸成にとどめず安全保障の醸成にもつなげるべきとの認識から，従来の CBM という呼称から CSBM として新たに定義された．

　冷戦後に採択されたウィーン文書 1990，ウィーン文書 1992，ウィーン文書 1994 のように信頼醸成措置は一層具体化した．これらの合意として，事前通告基準は 9 千人以上・戦車 250 両以上に，視察受け入れは兵力 1 万 3 千人に引き下げられ，査察では夜間可視装置の使用が可能になった．また軍事情報の年次交換として主要兵器・装備システムのデータ，前年度・次年度の軍事支出・予算の交換が規定され，そして軍事交流として空軍基地の訪問，首都間直接ネットワークの設置，年次履行評価会議の開催が決定した．CSCE の機構化（OSCE に改称）と並行して，FSC（安全保障協力フォーラム）が設けられて CBM についての議論が進み，また 1994 年には「安全保障の政治的・軍事的側面に関する行動規範」が採択された．99 年のイスタンブール OSCE 首脳会議では，国境の内側で頻発する国内紛争を地域の安

定に対する新たな脅威と位置づける欧州安全保障憲章が採択された. 汎欧州のCSBMの発展は, 冷戦後の欧州の通常兵力の軍縮（CFE条約）の進展と軌を一にし, CSBMの履行状況はきわめて良いと評価されていた.

しかしOSCEの大国ロシアは, 2012年のモンゴルのOSCE加盟にあたりCSBMの措置がアジア地域には適用されないことを再確認した. 加えて2014年以降のクリミア併合／占領やウクライナ東部の紛争勃発は, それまでのOSCEのCSBMが完全な方法ではないことを示唆する. CSBMがあったにもかかわらず現状が変更されたことは, CSBMへの懐疑, 特に重大な抜け穴の疑念を惹起する. 2015年にロシアがCFE条約から脱退したことも深刻なセットバックである.

21世紀に入り, 軍事的分野以外でもCICA（アジア信頼醸成協力会議）のように, 政治的信頼の強化を図る目的の制度化が模索されている. この種の社会的信頼醸成措置とは, 紛争予防にとって重要である. 近年の動きとして2013年, 米ロはサイバー・セキュリティに関して2国間でホットラインの設置で合意するなど, 大国間の信頼醸成措置は多分野化しつつある.

(3) 中立は戦争から逃れられるか

戦争を回避できないにせよ, 戦争地帯に身をおかねば安全であろうか. すなわち永世中立国スイスのような「中立」の有効性はあるのだろうか.

戦後日本では「東洋のスイス」をめざすべきという主張があった（→第11章）. しかし中立には失敗の歴史もある. 第一次世界大戦では当初中立であったアメリカやイタリアが世論の高まりにより参戦した. 第二次世界大戦では多くの中南米諸国が中立を宣言していたが, 戦争の終盤に入るとアメリカの圧力を受けて連合国側に付いて対ドイツ, 対日の宣戦布告を行った. 冷戦期に欧州の中立諸国は, N+Nグループを形成し, CSCEの合意形成に大きく寄与した. しかし同時にソ連に忖度するフィンランドを例とする「フィンランド化」という政治的造語に見られるように, ソ連からの政治的・軍事的圧力に脆弱であった. 冷戦後は, 中立国オーストリア, スウェーデン,

フィンランドが EU に加盟し，諸国の中立政策が変質しつつある．

　また中立国スウェーデンが 1950 年代に核開発計画を進めていたように，中立の維持には軍事力が必要である（一般的には武装中立と呼ばれる．）．冷戦時代，東西対立の間で中立を守ったスウェーデンは防衛力の強化と防衛産業の育成に力を注いできた．54 年には中立を守るためには核兵器が必要だと訴え，その開発研究には同国の民間企業も参加したとされる[21]．

　中立は，短期的方法というよりは長期的な方策として初めて有効になりうる．永世中立国スイスの中立性は，条約によって他国の承認を得て保障されている．

　また必ずしも中立は戦場化の危険を妨げない．日露戦争の陸戦の主戦場は中立国の清国であった．フランスとドイツの間に位置するベルギーは，第一次世界大戦で中立を宣言し，その後 1930 年代にも中立を宣言したが，戦場化は回避できず，第二次世界大戦ではドイツと戦い占領された．すなわち中立は，戦時においては戦場となる危険がある．さらに冷戦期においては大国の従属政策の対象となり，冷戦後の大国間対立が小さい時代には必要性が薄れていった．

注

1)　『読売新聞』1998 年 5 月 5 日．
2)　阿南東也「米ソ冷戦の発生・展開・終焉」長谷川雄一・高杉忠明（編）(1998)，34 頁．
3)　阿南東也 (1992)『十月の悪夢』日本放送出版協会より．テレビ演説の予定は全くなかった．誰が誤報を流したのかは不明である．
4)　『フルシチョフ回想録』495-513 頁．
5)　佐藤英夫 (1989)『対外政策』東大出版会なども参考にした．
6)　同，43 頁．
7)　同，54 頁，および Steinbruner (1974), ch.2. なお 3 分類の和訳は，佐藤訳とは異なる．
8)　以下，『国際政治経済辞典』160-161 頁，634 頁等を参照．
9)　例えば，太陽政策については，文正仁 (2018) 山本武彦・宮脇昇編訳『太陽政策』志學社．

10)　本項は『国際政治経済辞典』147，150，275，284，302，470頁および下村恭民ほか（1999），山本武彦（2020）第4巻，205頁などを参考にした．

11)　『毎日新聞』1989年6月7日．

12)　「ポスト冷戦時代の軍事化世界の軍事支出と社会支出」『軍縮問題資料』1997年3月，58-71頁．

13)　Paul Kennedy のインタビューより（『朝日新聞』2000年11月15日）．

14)　吉川（2007）および『国際政治経済辞典』．

15)　吉村「新冷戦の構造的分析」『政策科学』29巻1号，2021年なども参照．

16)　本項は鈴木基史（2000）に加え，『国際政治事典』419，539，855-856頁などを参照．

17)　同，539頁．

18)　同，855頁

19)　以下，同，419頁．

20)　坪内淳「CSCE における CBM の確立と発展」『早稲田政治公法研究』1994年，宮脇「CSBM」『平和と安全保障を考える事典』および『国際政治経済辞典』388頁より．

21)　スウェーデンは1950年代半ばには潜在的な核保有能力を持っていたが，1970年に核拡散防止条約（NPT）を批准し，計画を完全に中止した．

第4章
戦争の原因としての経済

1. 戦争と経済

(1) 社会主義経済は戦争を欲しないのか

かつてマルクス主義史観においては市場獲得や資本輸出のため帝国主義間の戦争は必然であるという「科学的」理解がなされた．それは20世紀前半までの戦争を説明するのに用いられた命題であった．しかし，これには続きがある．レーニンは労働者独裁による社会主義国家を樹立した．労働者階級は民族概念に拘束されないとされ，社会主義国間では民族主義よりも国際主義が尊重されるため，社会主義国間の戦争は根絶されると主張した．それゆえ世界で革命が起きれば，軍隊も廃止されるとしたのである[1].

しかし帝国主義国家は依然として残ったため予言と現実は異なった．同じ社会主義国同士の中国とソ連は，1950年代の蜜月時代を経てスターリン批判やキューバ危機への対応等を契機にイデオロギー論争を激化させた．両国の対立は1969年にはダマンスキー島（珍宝島）における武力衝突に発展した．またベトナム戦争に勝利し南北を統一した社会主義のベトナムは，隣国のカンボジアの急進的社会主義政権であったポル・ポト政権が大虐殺を続けたことを理由に1978年にカンボジアに軍事侵攻し，それに対して中国がベトナムに軍事侵攻した（中越戦争）．これらは中国とソ連，ベトナムとカンボジア・中国という民族的対立に基づくものではなく，基本的には各国の共産党の主導権争いであった．冷戦終焉期に，ソ連，ユーゴスラビア，チェコ

スロバキアという社会主義の連邦制はいずれも民族共和国に分解し，そして
アゼルバイジャンとアルメニアは，独立前の 1980 年代，つまり社会主義時
代からナゴルノ・カラバフをめぐる対立を続け，独立後すぐに戦争となった．
労働者階級の国同士も戦争に無縁ではなかった．ましてや，第二次大戦のソ
連，（朝鮮戦争において人民義勇軍として参戦した）中国のように，敵が
ファシズムやアメリカ（帝国主義）であれば戦争はなおのことであった．

(2)　経済力の差と相互依存

　GNP でアメリカがイギリスを抜いたのは 1870 年代である[2]．米英戦争は
そのはるか前の 1810 年代に勃発していた．ドイツがイギリスに経済的に肉
薄したことが第一次世界大戦の要因となったともいわれる．その一方で
1980 年代の日米経済摩擦や 2010 年代の米中摩擦は戦争に至っていない．そ
の背景には国家の経済的役割の縮小があげられる．経済交流の増大は国家の
自律性（autonomy）を低下させるという命題がある．クーパーはまず，国家
の自律性と国家主権を区別した．クーパーによると，自律性とは「他国の経
済目標とは大きく異なる可能性のある自国の国内経済政策の目標を策定した
り実行したりする能力」であり，経済的相互依存が深化すると国家が独自の
経済目標を捉えにくくなるとする．古城（1998）は相互依存の深化がもたら
す最も重要な影響として，政府の自律的な行動を著しく浸食する点をモース
の議論をふまえて提起した[3]．

　この現実を理解するために相互依存論，レジーム論，ガバナンス論などの
理論が考えられてきた．相互依存とは，国家間にみられる，政策や現象など
の高度な関連性（広義）を指す．一般に相互依存は従来の利益や目標よりも
優先的な利益を生む．例えば米中間の貿易拡大は，相互依存の共通利益をも
たらす．ところが経済以外の問題，例えば人権問題が相互依存の深化により
解決するわけではなく，人権外交より相互依存利益が優先される．例えばア
メリカ議会は 2000 年 5 月に対中 MFN（第 3 章参照）を恒久化する法案を
可決した．そこで，果たして相互依存は道義的なのか，という問いが生まれ

る.

相互依存について詳しく考察しよう.

相互依存には，5 つの背景がある[4].

①互いに他国への効果を意図しない政策（国内政策）が他国に影響を及ぼ
　す

②特に，①は経済に関わる公共政策の分野で顕著である.

③戦後，国際経済の自由化により相互浸透が進む.

④国際政治と国内政治の相互連関

⑤従来の国際政治の解決方法では解決できない問題の登場

相互依存論の示した世界の特徴は，次の 4 点に集約される.

①国家にとって，「相互依存＝繁栄」あるいは「主権＝自由」というジレ
　ンマがある（イギリスの Brexit はその最たる例である）.

②パワーが軍事力のみならず経済力にも規定される.

③国益概念の拡大，交渉チャンネルが各省庁，各政党などに多元化する.

④グローバル企業や NGO の役割が高まり国家中心モデルでは限界がある.

その上で相互依存の深化は国家間協調を促進するという命題は残る.

コヘインとナイ（1977=2012）は，相互依存論の指標として脆弱性と敏感
性を挙げた. すなわち，脆弱性とは，相互依存が切断された時に被る被害の
大きさであり，情報，石油，食糧の断絶は国家の安全を脅かす. 敏感性は相
互反応の程度のことであり，アメリカの成長率が下がると日本からアメリカ
への輸出が減少し，日本の成長率が下がるといったような因果関係を示す.
これらをコヘイン・ナイは構造的相互依存として概念化した.

相互依存の世界では「ロー・ポリティクス」すなわち人権，環境などが重
要である. 過去の例では，海賊，奴隷，希少生物，植民地などが国際法の強
行規範になったように，協力による規範の強化は期待される. 古典的現実主
義（第 7 章で詳述）と相互依存論の対比をまとめたものが表 4-1 である.

表 4-1　相互依存論と古典的現実主義の国際政治観の違い

	古典的現実主義	相互依存論
戦争の可能性	前提 国力としての軍事力を最重要視	減少 軍事力の比重の相対的低下
国益	明確 ハイ・ポリティクスとロー・ポリティクスの序列化	曖昧化
外交	一元的外交＝外務省の独占	外務省以外の官庁の参入による外交の多元化

出典：山本吉宣ほか（編）（1989：215-216）をもとに著者作成.

(3)　経済摩擦と戦争可能性

日本の学校給食にオレンジ・ジュースがつくようになったのは 1972 年，対米貿易黒字削減のための太平正芳外相の発案といわれる．日米貿易摩擦は牛肉・オレンジの市場開放，その次のコメの市場部分開放や SII（日米構造協議），規制緩和対話が続き大規模小売店舗法改正に至った（2000 年に大規模小売店舗立地法施行）．その後，SSC（日米高級事務レベル協議）へとつながっている．

1990 年代の両国の主張は次のとおりである．アメリカの対日要求は，各種許認可の期間が長すぎる，NTT への接続料金がアメリカより 2〜5 倍高い，大規模小売店舗立地法で自治体の裁量権に対する懸念などであった．逆に日本の対米要求は，一方的な制裁措置たる反ダンピング措置の運用改善，アメリカ製部品を使った製品を第三国に輸出する際にアメリカ政府の許可を義務付ける「再輸出規制」の問題，現地部品の調達比率を明記する「自動車ラベリング法」の問題，メートル法への移行などであり，日米対話の協議結果は 99 年 5 月の日米首脳会談で点検されるはずであったが[5]，交渉はまとまらなかった．こうした経済摩擦が戦争に至らないのはなぜか．この問いに対するヒントは，パットナム（1988）の 2 レベル・ゲームにある．これは，国内政治と国際政治の 2 つのレベルにおいて民主国家では，国内世論を気にしながら対外交渉もしなければならない，と説明される．

　パットナムの 2 レベル・ゲーム自体は戦争原因を探るものではない．しかし，国家の経済的対立が軍事的対立に昇華せずにすむ 1 つの要因が相互の民主主義と議論と情報の流通にある，という理解を導出しうる．このパットナムの議論を援用すると，日本の民主的政治は「外圧」を効果的に用いて国内改革を成し遂げようとすることに特徴がある．

　その逆に意図的に政府が外圧の存在を隠す「かくれ外圧」もある．例えば司法制度改革は実はアメリカの外圧を起点としていた．弁護士の高見澤昭治は，1999 年 6 月 2 日付の米国政府による「意見表明」という文書が日本の司法制度改革審議会に対して提出されたことに注目する[6]．これによれば財界あるいは政府・自民党の改革提案の背景にはアメリカ政府の意向がある．

　「米国政府は，司法制度改革審議会に対しここに謹んで以下の意見を提出いたします．米国は，日本経済を再活性化し司法制度の基盤を整備するため日本が努力する中で，貴審議会の職務は極めて重要なものであると確信します」．「それは，日本を国際ビジネス・金融センターとして発展させていくうえで不可欠なものだからです」．これが米国政府から日本の政府の審議会に対して「あらゆる可能な方策を」しかも「強く勧奨します」という表現で求めた文書である．

　その結果，2004 年以降日本ではロー・スクールの設置をはじめ司法改革が進んだが，それをアメリカの圧力を一因とするものだとはあまり考えない．この思考停止に「かくれ外圧」が日米間で浸透しやすい間隙がある．

2.　国際公共財と相互依存

(1)　国際公共財の特徴

国際公共財とは次の 2 つの指標を国際的に満たす財である．

　（イ）グループのメンバーが自由にそれを使える：非排他性

　（ロ）あるメンバーがそれを使っても，他のメンバーのその「財」に対する利用価値を低下させない：非競争性

表 4-2　公共財と他の財

		競争	
		あり	なし
排除	可能	私的な財	図書館の本 映画館
	不可能	道路の混雑 現象	公共財

出典：山本吉宣（1989：131）をもとに一部修正.

　相互依存は公共財の提供を促し，国際公共財は相互依存を深める．ただし公共財提供者も利得を得る．WTO を提供したアメリカはどうだろうか．1990 年代からオバマ政権までのアメリカは強力に自由貿易／規制緩和を要求するが，1980 年代は貿易の公正さを主張して，local contents（部分品などの地元＝国内調達率規制）を求めていた．そこに一貫性はない．

　公共財は，アクセス技術の平等を前提とするが現実には不平等である．例えばインターネットのサイトにおける言語の多くは英語である（ただし，インターネットに占める英語の割合は 1996 年の約 85 ％から 2020 年には約 26 ％に減少）[7]．また公共財の費用負担も平等ではない．例えば国内の電力インフラを公共財と考えよう．原発事故の環境破壊をみれば，「地域エゴ」は原発電力消費地のほうであって，原発立地地域ではない．

（2）　相互依存は「敵」に有利か不利か

　冷戦期，東西貿易の拡大について 2 つの学派があった．

　①貿易が拡大すると，西側の技術が一方的に東に流れる．結果として，東は経済成長し，軍事技術も向上する．さらに東側国内の体制改革圧力を弱める．東側は強化され，西側は戦争に負けるだろう．現実にはココム等により西側の技術流出は抑えられた．

　②貿易が拡大すれば，東側を西側に組み込ませることになる．やがては東側でも消費主義の関心や経済発展の呪縛に繋がると同時に世界市場の安定化

を志向させることになり，東側は弱体化する[8]．

　現実はおおむね②であり，相互依存は友敵関係を緩和したが，管理貿易のため東側の経済発展は東欧革命を待たねばならなかった．

(3)　国際制度や統合は戦争可能性を減らすか

　機能主義，新機能主義，地域統合論などの理論は，制度が戦争可能性を減らすことを主張した．加えて，問題領域ごとのレジームの効用を考えたのが国際レジーム論である．その背景として，国益が複雑にからみあう相互依存状態では，純粋な国益追求が困難になった国家が次善を承知で他国との交渉により国際的な協力関係をつくっていることが挙げられる．レジームの定義は，「所与の問題領域で，アクターの期待が収斂する原則，規範，ルール，政策決定手続き，の総体」（クラズナー　1983）が一般的であり，広範な国家間の協力関係をとらえる枠組みとして 1970 年代から用いられるようになった．既存の国際機構論が主権国家と超国家機構との緊張関係に着目し，地域統合が EU や ASEAN 以外では現実に挫折したのと対比される．

　レジームの形成をめぐっては 4 つのアプローチがある（宮脇 2003：59）．

　①問題構造アプローチ：conflict about values と conflict about means の二類型の紛争（対立）によって強度が異なる

　②パワー構造アプローチ：覇権安定論（第 9 章）との関連で用いられる

　③状況構造アプローチ：ゲーム理論（第 5 章）を用いる

　④認知的アプローチ：認識の共同体など知識に焦点をあてる

　②のアプローチに基づき，非覇権国際レジームの特質に焦点をあてると，次の表 4-3 のようになる．

　レジームは形成→安定→衰退と変化し，永遠のものではない．しかし覇権国が関わることで長く続く．例えば IEA（国際エネルギー機関）を中心とする西側のエネルギー国際レジームは，1973 年のオイルショックを受けて 74 年 11 月 OECD によって設立された．各国が協調して石油備蓄，石油輸入依存度の低下を掲げ，日本で石油火力発電所の新設が 1998 年まで禁止さ

表 4-3　非覇権国際レジームの特質

	覇権システム・ 覇権補完型レジーム	非覇権レジーム
レジーム形成	覇権の維持と強制	危機への対応の変更
意思決定	パワー格差の最大化と覇権国	パワーの平等と参加国の選好と合意
利益の状態	覇権国と非覇権国の不均衡	参加国間の均衡
国際公共財の提供	覇権国の独占	参加国の共同分担
アクターの種類	国家	非国家行為体も参加
ルールの質	ルールの強制	ルールの相対化
協調のパターン	権力型協力ゲーム	非権力型協力ゲーム

出典：浦野（1995：28）.

れ，石炭火力，原子力，LNG 火力へと多様化が進んだ．

　レジームは問題領域ごとに総称化される．例えば国際海洋レジーム，国際人権レジーム，武器輸出管理レジーム，国際環境レジームである．レジーム論の批判点としては，国内要因の軽視，安全保障のようなハイ・ポリティクス領域での事例の少なさ，そしてそもそも国家間の関係性が問題領域ごとに限られることが挙げられる．そして 1990 年代からはローズノー（1992）のGovernance without Government[9]に代表される，政府なきガバナンスを目標とする，グローバル・ガバナンス理論へと多くが移行した．

注
1)　レーニン（2011）．トロツキーは常備軍の廃止を主張したが革命を守るための軍隊として軍は残されたばかりか逆に拡大した．長谷川毅「ロシア革命 70 周年とソ連の軍事政策」『ソ連・東欧学会年報』16 号，1987 年，2 頁．
2)　https://www.jcer.or.jp/j-column/column-saito/20181120.html（2021 年 7 月 10 日アクセス）.
3)　以上，古城佳子「国際政治経済学の動向（上）」『国際問題』，1998 年 3 月をもとにした．
4)　以下は，コヘインおよびナイ（1997），山本吉宣ほか（編）（1989）『講座 国際政治』1 巻第 7 章，『国際政治経済辞典』377-378 頁などを参考にした．

5)　『読売新聞』1999 年 3 月 3 日および経団連「経団連くりっぷ」No.102（1999 年
　　5 月 27 日）.

6)　以下，本多勝一「高見澤昭治氏に聞く」『週刊金曜日』2001 年 3 月 2 日.

7)　https://www.statista.com より（2021 年 7 月 7 日アクセス）

8)　吉川元「ヘルシンキ・プロセスの進展」『広島平和科学』1986 年，53 頁.

9)　James Rosenau（1992）*Governance without Government*, Cambridge Univ.
　　Press.

第5章
戦争の手段としての兵器

1. 石器から大量破壊兵器への進化

(1) 非核兵器

戦争が忌み嫌われているならば，戦争の手段も進化しないはずである．しかし現実には戦争手段である兵器は時代とともに進化を遂げた．あえて言えば，時代が兵器を作るのと同時に，兵器が新しい時代を開いてきた．兵器にはこの相互作用に基づく軍民両用技術としての特徴がある．モーゲンソー (1951)，加藤 (1993) などをもとに通史的に用語を整理しよう．

①兵器：弾頭＋プラットフォーム＋インフラ

②破壊力強度：1人が扱える破壊力

この2つを軸に兵器の発展をみよう．原始まで遡ると兵器は，素手→石→棍棒→刀剣→火薬→核分裂へと進化し破壊力を増した．特に大砲の発明によって刀剣や弓矢から兵器の威力は急増した．

BC（生物・化学）兵器の歴史は古い．ペストをまき散らした大砲さえ使われたこともある．1510年，ポルトガル軍はマラバル海岸のゴアを占領した際には，敵の捕虜を殺して作った人体の「弾」を沿岸都市の上にふらせ，敵を恐怖状態に陥れて制圧に成功した[1]．

一般的に新技術を有した方が戦争に勝利することが多い．ただしV2ロケットのドイツ，ゼロ戦の日本，鉄条網のロシアなどのように新技術が必ずしも勝利を導かないこともある．核兵器の登場のような軍事技術の極限化が

2つのことをもたらす.

a）国民国家の機能不全，すなわち国民を守るために国民を人質にする戦略は，何のための国家かという問いが生じる

b）情報工学をはじめとする最先端技術を応用すれば戦場で発生する全ての事態を把握でき，損害を最小限に抑えて勝利を得ることができるようになる（「人に優しい戦争化」）

「人に優しい戦争化」に対する反論として，「軍事上の革命」（RMA: Revolution in Military Affairs）は技術中心主義的考えであり，戦争につきものとされる不確実性を払拭できない．湾岸戦争で米軍が勝利したのは技術やデータ集積のみならず将兵の練度，データの解析と予測能力によるものである一方で，技術優位の米軍がベトナムで失敗したことも想起せねばならない[2]．山本武彦（1989）によれば，技術要因仮説として軍拡の責任は科学者にもあり，核兵器のように科学者が R&D から技術変化をもたらすこともある．

かつては 2 次元での戦争（城壁＝国境）であったが，航空技術による戦争の 3 次元化により今は城壁を作っても空爆される．さらに，GPS を使えば精密誘導攻撃が可能である．第一次チェチェン内戦（1994～1996 年）での司令官ドゥダーエフの戦死（1996 年 4 月）は，携帯電話の使用中に逆探知に基づくミサイル誘導の攻撃を受けたことによる．

ここで用語を現代的に再整理しよう.

①'兵器（狭義）：核兵器の登場により破壊力の強度・総量において物理的暴力が極限化した

③戦闘空間：航空機，ミサイル，潜水艦により 3 次元空間が全て戦闘可能になった

④インフラ：グローバルな C^3I 化（command 指揮，control 統制，communication 通信，intelligence 情報）による精密化がみられた

C^3I 化の背景には核兵器の脅威によって戦略が勝利戦略から抑止戦略へ転換したことが挙げられる．続いて C^4I 化（command, control, communications, computers, intelligence）となり，現在はドローンの運用のように AI 化が進

んでいる．ここで注目されるのは，「人道的な」兵器の登場，すなわち軍民
の峻別と被害の最小化の傾向である．1990 年代後半，イギリスが強力な新
型爆弾の開発に着手した．このことは，軍事大国が実際に使えない核兵器や
生物兵器の代替として殺傷能力の高い通常兵器の開発を目指しているとして
人権団体から批判を受けた．新型爆弾は歩兵が携行して肩掛け式で発射し，
数百メートルの距離から敵の陣取る建物に爆弾を命中させ，3 階建てまでの
住宅ならば全壊させることができる．この爆弾はロシア軍がチェチェン紛争
で使った気化爆弾を参考にしているという．気化爆弾は揮発性の高い燃料の
爆発で生じる熱波に威力がある．さらに爆発によって周辺の酸素を一挙に奪
うため，建物などに隠れた敵兵を窒息死させる．イギリスが開発する新型爆
弾は気化爆弾を改良して熱波と衝撃波を組み合わせたものだという．

　1990 年代のボスニア・ヘルツェゴビナやコソボなどの地域紛争では建物
に隠れた兵士同士の激しい銃撃や砲撃が展開された．一般市民の居住する建
物を避けて敵兵の隠れた建物だけを狙える効果的な兵器の開発が各国の軍事
関係者の間で求められており，イギリスが開発を目指した爆弾も同じ発想に
基づいている[3]．

(2)　核ミサイルの登場と核戦略の「進化」[4]

　1980 年代のソ連の核ミサイル SS21 は数千トンの破壊力があり，物理的に
目標を破壊するには威力は過大であった．加藤朗（1993, 1997）によれば核
砲弾は最低 5，6 人で動かせるため，1 人あたり数千トンの破壊力である．

　その核兵器は，ミサイルと弾頭の 2 面から考えられる．ミサイルは推進装
置部に弾頭をつける兵器である．実際には核弾頭＋運搬手段＋発射台＋再突
入手段（大気圏への）をもって初めて核ミサイルとして有効になる．ミサイ
ルは ICBM（大陸間弾道弾），SLBM（海上発射弾道ミサイル）に大別され，
戦略爆撃機とあわせて三本柱となる（表 5-1 参照）．

　核ミサイルは射程によって戦略ミサイル：5500km 以上，中距離：500〜
5500km，戦術核：〜500km と分類される．

表5-1　戦略核戦力の分布（1990年）

	ICBM	SLBM	爆撃機
アメリカ	25	56	19
ソ連	59	33	8

出典:『ミリタリー・バランス　1990-1991』より筆者作成.

　戦略ミサイルはICBM，SLBM，戦略爆撃機搭載ミサイル，陸海空発射の巡航ミサイル（GLCM，SLCM，ALCM），に加えてINF（中距離核戦力）などが挙げられる.

　さらに弾頭の精密化が次のように進んだ.

　MRV：単純に多弾頭に分離するmultiple re-entry vehicle（複数弾頭）

　MIRV：分かれた弾頭が異なる目標に誘導するmultiple independently targetable re-entry vehicle（個別目標誘導型複数弾頭）

　MARV：分かれた弾頭が回避運動など自ら独立した機動性をもつmaneuverable re-enrty vehicle（複数機動型個別誘導弾頭）

　長距離攻撃兵器では "Fire and Forget（発射したら忘れろ）"，"Launch and Leave（発射したら放っておけ）" などの言葉に表れているように，兵士の行動は後背化する.

(3)　ミサイル時代の特徴[5]

　ミサイルの進化により軍事価値観の逆転が生じた．単なる攻撃力重視の時代から，現代では精密かつ有効な攻撃を求めるようになった.

　①戦略・戦術の一体化

　例えば，巡航ミサイル「トマホーク」は従来の対ソ戦略で完成されたものであったが，湾岸戦争では戦術的限定戦にて使用され，戦略と戦術の区別が少なくなった．また21世紀のロシアでは情報戦を含めた戦争以外の手段による戦争目的の達成が企図されハイブリッド戦争と呼ばれる.

②情報依存性

破壊力そのものより，探知，識別，追跡，誘導といった情報機能が重視される．21 世紀の AI 時代に GPS 利用によりピンポイント攻撃が一層精密化されている．

③効率的攻撃

目標を破壊せずとも，無力化させることで目的を達成しうる．例えば，攻撃により敵艦船を沈めずとも，スクリューを破壊して動けなくすれば敵の戦力は無力化される．

(4)　盾 と 矛

ミサイルが矛だとすれば盾は MD（ミサイル防衛）である．1990 年代後半に TMD（戦域ミサイル防衛）とアメリカ本土を防衛する NMD の 2 つの構想があり，あわせて MD と呼ぶ．

TMD について概観しよう．

①海上のイージス艦（Aegis destroyer）から発射したミサイルで敵ミサイルを大気圏外の高高度で迎撃[6]

②大気圏に再突入する弾道弾迎撃用の高高度広域ミサイル防衛（THAAD）

③下層用地上発射の改良型パトリオット（PAC3）

④下層用海上防空システム

アメリカは台湾に TMD 配備計画を有していた．歴史をさかのぼると，1982 年に台湾への武器輸出を段階的に削減し最終的には停止するというコミュニケを米中間で交わした．しかしコミュニケには具体的な停止期間を明記せず，「台湾問題の平和的解決を前提としている」とアメリカは解釈した[7]．またアメリカ議会は 79 年，台湾への防衛支援をうたった「台湾関係法」を成立させている．台湾への TMD 実践配備方針は 99 年にほぼ確定した．当時の予測では，中国側が中短距離ミサイルと巡航ミサイルを増強し 2005 年までに台湾を攻撃封鎖する能力を有するが，台湾も防衛態勢確立へ向けて動く[8]とされていた．

TMD に対する中国の反発は，次のようなものであった[9]．

① TMD は，中国の戦略的抑止力の信頼性と効果に大きな影響を与える

②中国の通常軍備の地域的信頼性と効果に影響を及ぼす

③ TMD 関連技術の対日供与は日本の攻撃用弾道ミサイル計画に潜在的に貢献する

④宇宙空間の軍事化につながる

⑤東アジアにおきうる軍拡競争に火をつける

迎撃ミサイルの配備箇所を制限する ABM 条約（1972 年）に違反しない TMD の範囲について米露が合意（1997 年 9 月）したのは以下の内容だった[10]．

・ICBM の基本性能（秒速 5km 以上，射程 3500km 以上）の弾道ミサイルに対する試験発射をしない

・地上，空中発射の TMD は秒速 4.5km 以上のものは現段階で開発を計画しない

・複数弾頭の弾道ミサイルや戦略弾道ミサイルに対する TMD は，現段階で開発を計画しない

TMD の配備予定が遅くなったため，ロシアも安心したと思われた[11]．ところが NMD 構想が現れたことで先の米ロ合意は霧消した．NMD とは，アメリカ本土を射程に入れた北朝鮮のミサイル開発に対抗し ABM を配備する計画のことである．

第 1 期にはアラスカのアッツ島近くの島に ICBM の侵入探知追跡システム（レーダー）を設置し 40 基の迎撃ミサイルを，第 2 期にはカリフォルニアに 40 基を配備した．つまり合計 80 基の迎撃ミサイルが侵入するミサイル弾頭を破壊することになる．アメリカの公式見解では，ロシアの 1000 を超す ICBM 戦力には対抗できない．同時に，中国が保有した当時 20 基前後の単弾頭式 ICBM は無力化されることとなる．しかしその後中国は，対米抑止力を維持するためにミサイル数を増やし（2020 年には約 100 基），多弾頭化を進めた．2000 年 1 月以降のアメリカの 3 回目までの迎撃実験は 1 回成

功し，2回失敗していた．ABM条約では基地設置は双方1カ所ずつに制限されていたが，後のMDでは複数の基地設置が計画・設置された．ロシアはアメリカから条約改正を求められるも反対した．

　もしNMDの開発が始まれば，ロシアは中国とのミサイル防衛技術協力を行う予定だった．またロシアは北朝鮮とNMD阻止で緊密協力に合意した[12]（2000年2月）．ロシアは米ロ首脳会談にて，ミサイル警戒センターの設置とNMDの全欧州の共有を提案した．ロシアのねらいはNMD技術の取得と米欧分断である．（NMDはアメリカ一国のもののため）．

　中国は，ミサイル脅威を理由にMD構想を進めるアメリカについて，「泥棒が『泥棒を捕まえろ』と叫ぶようなもの」と批判した[13]．上記のプーチンの提案は，誰が開発費用を払うかという問題さえクリアしていなかった．2001年ブッシュ政権以降BMD（弾道ミサイル防衛）推進に拍車がかかった．ベラルーシは，不拡散体制を前提にSS-21を廃棄させたアメリカがMDを推進するのは裏切りだと批判した．

　1980年代に時代を戻すと，レーガンはSDI（戦略防衛構想）の技術をソ連と共有しようと提案したことがある．後にパウエルはこう述懐している．「ソ連は，この申し出を絶対に信じなかった．われわれの計画立案者の多くも，レーガンが本気で言っているとは考えなかった．（中略）ソビエトは自分もまた安全だと感じたときに初めて，進んで核という剣の長さをつめる気になるだろうと大統領は推論した．これが，この人の夢想家たる所以だった．しかしゴルバチョフは，超高性能の盾よりも，ミサイルをつくるほうが金はかからないという立場を取った．（中略）その議論は，経済力のバランスを考慮にいれていなかった．SDIかさらに多くのミサイルか，いずれを取ろうと，アメリカにはその金があった．一方，ロシアは，経済的に打撃を受けていた」[14]．

　2001年当時7000発の長距離ミサイルを保持していたロシアに対してNMDの効果は限定的だが，中国は約20基の核ミサイル（長距離）しかなかった．加えて，日本と台湾にTMDの配備交渉がなされた[15]．

アメリカは，数十発を迎撃できる MD 問題での中国の支持をとりつける ために（当初の MD のねらいはイラクや北朝鮮を対象としていなかった），中国の核軍拡を黙認する路線へ転換した．さらに，アメリカ議会で批准延期 による CTBT 死文化を念頭に，中国に核実験の権利を認めることさえ示した[16]．

米ソが結んだ ABM 制限条約は，陸上固定型の迎撃網を 1 カ所のみ建設することを認め，海上発射や空中発射の迎撃システムの「開発，実験，配備」を禁じていた．米国は 2001 年 12 月に同条約からの脱退を宣言，従来は不可能だった実験や配備ができるようになった．それでも迎撃命中率は 100 ％ではないため，相互核抑止は残り，矛が盾に勝っている[17]．

2. 技術軍拡論

(1) 技術の国産化と軍民両用技術

①国 産 化

兵器は戦争に欠かせない．そのため近代化以降，兵器は海外の先進国の技術を基盤に工廠で国産化されるようになった．特に，国際的に孤立したときには，自力開発が必要である．

台湾の戦闘機開発を例に挙げる．1985 年以降，アメリカが対中配慮から F16 を提供しなくなったことを契機に国産戦闘機の開発に乗り出し 94 年には「経国」号が誕生・配備された．1992 年に初めて公開された台湾の「国防報告書」によると，空軍の主力戦闘機は旧式の F104 が 44 機，同様の F5E が 257 機であった．ただしアメリカから F16 を導入できたことから，F5E のフィリピン売却も検討されたが実現されていない[18]．1965〜90 年の 25 年間で台湾の兵器配備の形態は大きく変化した．すなわち 1965 年には完成品輸入が 100 ％であったのに対し，90 年には完成品輸入は 20 ％，ライセンス生産が 30 ％，現地生産が 50 ％を占めた[19]．

②両用技術

　軍事技術が戦争を進化させているならば，技術革新を止めるべきだろうか．技術は汎用性が高く，国産化された軍事技術は民間への転用がなされやすい．山本武彦（1989）は，それを軍民転換（spin off）と呼び，その逆を民軍転換（spin on）と呼ぶ．このように軍用，民用の双方に使われる技術を両用技術という．例えば，電子レンジに使われる電波吸収財のフェライトがレーダー波吸収剤として転用され，ステルス戦闘機の素材技術に使われたのも民軍転換の一例である．例えばトランジスタの発明（1948 年）の際にベル研究所は，軍部に事前に漏らすと「非公開」になる可能性があったので隠そうとしていたものの，その後軍事利用されていった．

　ソ連では Tu-95 爆撃機の胴体を太くして Tu-114 旅客機をつくったが，その胴体上部に大型の円盤状レーダーを装備して早期警戒機 Tu-126 に転用した[20]．いわば軍民軍転換である．

　アメリカの AWACS（早期警戒管制機）の E767 型は，ボーイング 767 型機をベースに円盤をつけただけである．日本でもソニーの 2000 年発売の「プレステ 2」がレーダー誘導等で海外での軍事転用の可能性があるとして外国為替法の輸出規制品に指定された（CPU のもつ映像データ記憶能力がミサイル誘導装置へ使用されるおそれ）．これまで，北朝鮮の潜水艦で漁業用器具の使用，イランへの光学機器，中国への小型モーターの輸出など外為法をかいくぐる技術流出が日本から続いている．

　なお，電子レンジや超小型胃カメラ（2001 年）はイスラエルの軍事技術に由来する．ここに科学者の責任論が出される余地がある．新兵器のアイデアは，軍部ではなく科学者が出す[21]．映画「ターミネーター」では 1997 年に核戦争が勃発する設定であり，シナリオでは科学者がロボット兵器を開発したことに戦争が起因している．

　技術決定論の弱点は技術的なブレークスルー（technological-breakthrough）はいつも幻想であるという点だ．なぜなら，いつの時代も最終兵器（ultimate weapons）として新技術が開発されてきたため，技術競争が終わるわけでは

ないのである.

(2) 武器移転・市場

国防力を増加するために各国家で武器輸出の多角化が進んでいる[22].

1) アメリカ

1998年の世界の武器取引額は558億ドルとアメリカだけで輸出額の5割を占め, フランス, イギリス, ロシアの順で続いていたが2019年のアメリカのシェアは36％に低下している[23]. 輸入地域は台湾, サウジアラビアの順(中東, アジア)で地域紛争の激化が予想された. 一方で先進国の軍事産業の生産・雇用の維持に貢献し, 開発コストも回収される. さらに巨額の外貨収入で貿易収支が改善される.

2) ロシア

プーチン政権以降ロシアの兵器輸出は急ピッチで進んだ. 中国, インドの2大輸出相手国のほか, 旧同盟国への輸出再開の動きが目立っている[24]. ロシアの1990年代の兵器輸出高は20-25億ドルと伸び悩んでいたが, プーチン政権の誕生で急速に立て直しが始まった. 2000年の輸出高は約36億ドルに達した. また, 旧ソ連の兵器輸出は年間約200億ドルといわれたが実際の現金収入は25億ドル前後で, 現金収入に関する限り兵器輸出はソ連時代を追い越し, 近年は世界シェア2位となった. これらの輸出を足がかりに, 次世代兵器の開発に乗り出す方針へと進む.

3) 中国[25]

天安門事件や中国のスパコンの軍事転用疑惑の発覚により, アメリカによる米中原子力協力協定の凍結解除は, 1998年にずれこんだ. 中国政府が米中会談(97年)でイランやパキスタンに核開発関連技術を移転しないことを確約した. しかし中国の保障に疑念を抱く議会共和党によって反発が高

まった一方で，原発大手業者は中国市場を求めていた．当時，核不拡散問題でアメリカは中国の協力が不可欠であった[26]．

　中国は武器輸出規制を本格的に開始し，米中首脳会談により管理条令を施行した．輸出目的を輸出相手国の自衛に限定し，使用を世界や地域の平和・安定を脅かさない行動に限定し，輸出品目は政府の事前審査と承認を必要とした[27]．

4）日本の武器輸出の歴史と日米共同開発

　戦後日本は武器を輸出していた．しかし日本は 1967 年に佐藤内閣が武器輸出三原則を定め，その後 1976 年に三木内閣が新三原則を定めてその他の地域への輸出を自粛し，さらには武器製造関連設備も禁止対象にした．途上国が技術を有するとさらに武器輸出が拡がるため，日本は EC12 カ国と共同で国連で「通常兵器移転登録制度」を提案し 1991 年に採択された．

　しかし今世紀からは政策が大きく転換した．2013 年に安倍内閣で，米国等の 9 カ国によって当時の最新鋭戦闘機 F-35 に使用される日本製部品の輸出を，武器輸出三原則の例外とする緩和の決定がなされた[28]．2014 年には同三原則は，防衛装備移転三原則となった．それ以前から武器輸出三原則の例外とされた FSX（現在の F2）は 1988 年から日米で共同開発され，2000 年に配備された．FSX には以下のような特徴がある．

　・ブラックボックス（目標識別装置のプログラミング含む）は日本には開けられない仕組みになっている

　・史上最高額の戦闘機といわれながら欠陥が多い（主翼のヒビなど）

　例外化の限界をふまえ，2014 年の防衛装備移転三原則への移行により，日本は兵器の国際共同開発に大きく道を開いた．

3.　なぜ軍備管理・軍縮は軍拡を封じ込めないのか

　国家間の相互不信があることは第 1 章ですでに述べた．この不信は，歴史

的に形成されたのか，それとも主権国家体系に構造的なものであろうか．

(1) 歴史的要因

不信の記憶が action-reaction を無限にする．それを山本武彦（1989）は外発的要因として論じる．例えば，一方が核兵器の開発に成功すると，必ず他方による同種兵器の開発が生じる．

以下がその例である．

1945 年，アメリカの原爆開発→ 1949 年，ソ連の原爆開発

1957 年，ソ連のスプートニク打ち上げ→米ソのミサイル開発競争

1960 年代アメリカのミサイル増大→ソ連の ABM 配備→アメリカの MIRV 化

この記憶の連鎖は，安全保障のジレンマをもたらし，相互不信を助長する．

(2) 構造的要因[29)]

複数のアクター間での戦略的状況を対象とするゲーム理論は，定和ゲーム（ゼロサムゲーム）と変動和ゲーム（ノンゼロサムゲーム）に分けられる．

ノンゼロサムゲームの例としては，囚人のジレンマ，チキン・ゲーム，サボテン・ゲームが挙げられる．囚人のジレンマとはアクターが個々に合理的に行動しても，社会全体としては最適な結果が得られず，全てのアクターが損をする状態である．具体的には，共謀した A・B が捕われた後，別々に取調べを受ける状況下で発生し，そのルールは以下の通りである．

・相手が罪を告白したとき，①自分も告白すると懲役 8 年

　　　　　　　　　　　　②自分が告白しないと懲役 10 年

・相手が告白しないとき，③自分が告白すると懲役 1 年

　　　　　　　　　　　　④自分も告白しないと懲役 2 年

このルール上，相手の選択にかかわらず自分は告白したほうが有利となっているので，両者が合理的に動くと結果的に双方とも告白することになる．しかし実際は，双方が告白しなければ 2 年で刑期を終えるはずであった．両

図5-2　囚人のジレンマ

		囚人 B	
		黙秘	自白
囚人A	黙秘	2年 / 2年	1年 / 10年
	自白	10年 / 1年	8年 / 8年

図5-3　米ソの軍縮交渉

		ソ連	
		X 軍縮	Y 軍拡
アメリカ	X 軍縮	3点 / 3点	4点 / 1点
	Y 軍拡	1点 / 4点	2点 / 2点

出典:『国際政治経済辞典』および山本吉宣ほか（編）(1989：333) を一部修正.

者が相互にコミュニケーションをとれないことが失敗（不信）の原因である.

　米ソの軍拡競争はなぜ止まらないかというラパポート (1972) の問いに対しては, 囚人のジレンマをもとに答えが導かれる. 抑止理論が平和を保証しえず良心を重視すべき, との主張につながる.

　山本吉宣ほか (1989) の紹介によると, 軍縮を X, 軍拡を Y とおき, 自国（自分）→敵国（敵）の順でこの記号を並べることで両者の軍縮・軍拡を表す（例えば自分は軍縮して敵は軍拡する状態は XY）. 双方にとって相手の選択を考慮しなければ Y が好ましいが, YY よりは XX が良いとすれば, アメリカにとって望ましい組み合わせの順位は以下のようになる.

　自分だけ軍拡（YX）＞両方とも軍縮（XX）＞両方とも軍拡（YY）＞自分だけ軍縮（XY）

　順に得点を 4点, 3点, 2点, 1点とした場合, 各状況における両国の獲得点数は図 5-3 のようになる.

　右上の場合はアメリカにとって最悪, ソ連にとって最善であるため, 合意は平和を保証しえない. 一般に右下の場合はナッシュの均衡（解）と呼ばれる. すなわち双方のアクターが合意を無視すれば, 双方が「手詰まり」に至り自分だけが選択肢を変えても利得を増大できず, 相手も同じことがいえる. 左上のパレート最適では, 米ソ双方にとって XX が社会的な合理解として他の 3 つの選択よりもよい.

　囚人のジレンマに類似して「共有地の悲劇」が国際政治ではみられる．放牧地で各人が家畜に存分の牧草を食ませれば，牧草は枯渇する．しかも，放牧地は共有地であるので，自分だけが自制しても他のアクターが自制しなければ効果はない．この解決には，アクター同士が自制しあう取り決めが必要である．しかし，共有地である以上，取り決めに参加せず自制しない権利もある．取り決めに参加しないインセンティブのほうが高いのである．

　それでは，どのような時に協力関係はみられるのであろうか．もし相互依存のアクター同士ならば，「政府なきガバナンス」も可能であろうか．

(3)　内発的要因とテクノ・ナショナリズム

　抑止戦略にせよあるいは勝利戦略にせよ，戦略を実行する組織が必要である．常備軍の形成はこれを可能にした．それを山本武彦（2014）は内発的要因と呼ぶ．国内の政治的・経済的要因が技術軍拡をもたらす．例えば MIRV は ABM 配備と関係なく先行していた．なぜなら軍産複合体，すなわち，軍部と軍需産業の癒着による軍拡という構図があったためである[30]．

　アメリカでは，多国籍企業化したコングロマリットが自国に有利な国際秩序を維持するために，政権，軍部，学界，労働界を巻き込む「利害の複合体」が形成される．ステルス B2 は 1 機約 10 億ドルの費用がかかり巨大利益となる[31]．一方でソ連では肥大化した軍，産業，重工業が共産党政治局に統合されていた．

　このモデルはアメリカのみに適用可能だろうか．例えば日本では川崎重工，SUBARU，三菱重工などの企業が防衛産業として有名である．ここにテクノ・ナショナリズムの失敗例をみてみよう．ロシアはスホイ 27（最新鋭戦闘機）を 1997 年に中国に 22 機売却した．その際，日本も食指が動いた．すなわち，脱アメリカをめざす航空自衛隊と航空宇宙産業のテクノ・ナショナリズム連合があったともいう．しかしそれは，モスクワでの体験搭乗以上には進展せず実現には至らなかった[32]．

注

1)　『毎日新聞』1997 年 5 月 10 日.

2)　三浦一郎「テクノロジー，RMA，そして未来の戦争」『国際問題』1999 年 4 月，66 頁.

3)　しかし，赤十字国際委員会（ICRC）など人権団体は「過剰な危害を加える新兵器の開発を禁止するべきだ」と通常兵器の開発競争に反対している．イギリスの新型爆弾についても各人権団体から批判の声が上がっているが，英国防省は「兵器の規制を定めたジュネーブ条約などの国際協定に違反していない」と反論した．「歩兵が発射…数百メートル先の 3 階建て住宅，全壊──強力新型爆弾，英国が開発着手」『毎日新聞』2001 年 1 月 6 日，あわせて加藤朗（1997）.

4)　本項と次項は，『国際政治経済辞典』92，131-132，614 頁による.

5)　同 131-132 頁.

6)　イージス艦とは，高性能対空防空システム（イージスシステム，イージスとはギリシャ神話にでてくる盾のこと）を搭載した海軍の軍艦で目標の探知から目標の脅威度・武器の選択などの情報処理，攻撃ミサイル誘導などを自動的に処理できる攻撃能力をもつ.

7)　『愛媛新聞』1998 年 6 月 12 日.

8)　『読売新聞』1999 年 3 月 1 日.

9)　山本武彦「クリントン政権の対中国政策と国内政治──「建設的関与」から「建設的曖昧性」へ」『国際問題』，2000 年 2 月.

10)　「次期交渉に道筋，ロシアの安保懸念除く──米露，START2 の期限延長に合意」『毎日新聞』，1997 年 9 月 28 日.

11)　『四國新聞』2000 年 5 月 3 日.

12)　『愛媛新聞』2000 年 2 月 28 日，29 日.

13)　『愛媛新聞』2000 年 7 月 28 日.

14)　コリン・パウエル（2001）『マイ・アメリカン・ジャーニー』角川文庫．SDI については本書第 9 章で詳述.

15)　IHT, 11-12 August, 2001.

16)　「米，中国の核軍拡を黙認　ミサイル防衛の理解求め伝達へ」『朝日新聞』2001 年 9 月 3 日.

17)　アメリカの GMD（地上発射ミッドコース防衛）では，北朝鮮の ICBM を 97 ％の確率で無力化できるとも言われる.

18)　*Defense News*, April 27, 1992.「台湾，弾性外交に展望　米との新関係強調」『朝日新聞』，1992 年 9 月 4 日.

19)　*Arms Industry Limited Weekly*（May 22,1993）台湾のミサイルの場合，1981 年に中山科学技術院が「天弓」1 を開発し始める．この「天弓」にはアメリカのパトリオットおよびホークミサイルの技術が移転していた．類似の例としてブラジルの兵器国産化については，澤田眞治「ブラジルにおける兵器生産──開発・

　　輸出・民主化」『平和研究』19 号，1995 年.

20)　『初めて明かす　ソ連軍の脅威——写真集』ベストセラーズ，161 頁.

21)　ウィーラマントリ（1987），67 頁. および山本武彦（1989），264 頁.

22)　ウィーラマントリ（1987），70 頁より.

23)　1997 年の世界の武器輸出総額は約 4600 万ドル，45 ％がアメリカ. その次にイギリス，フランス，ロシア，イスラエルと続いた. *Le Monde*, 24 octobre, 1998. 近年のデータは SIPRI による. 以下同じ.

24)　「ロシアの兵器輸出，世界へ急増——国策に浮上，相手国も心待ち」『毎日新聞』，2001 年 6 月 12 日.

25)　本節については，山本武彦（編）（1997）151 頁ほかを参照.

26)　「核技術移転中止，中国の履行を確認——米政府，原発企業の進出容認へ」『毎日新聞』，1998 年 1 月 17 日. なお米中原子力協定は，オバマ政権下で改定され 30 年間延長された.

27)　「中国，武器輸出など規制——来年 1 月に管理条例施行」『毎日新聞』，1997 年 10 月 31 日.

28)　「F35　武器 3 原則の例外　部品輸出容認　官房長官が談話」『読売新聞』2013 年 3 月 1 日，「対米武器輸出の解禁協議　「3 原則」に逆行　世論の反発必至——日米両政府方針」『毎日新聞』，1997 年 12 月 7 日. なお次の FSX については坪内淳「冷戦後の国際システムと経済安全保障」山本武彦編（1997）所収，が詳しい. 本項は鈴木（2000），山本吉宣（1989），『国際政治経済辞典』158，304-305 頁.

29)　本項は『国際政治経済辞典』304-305 頁，山本吉宣（1989），山本吉宣ほか（編）（1989）『講座　国際政治』1 巻第 11 章，木下郁夫「ガバナンス概念と国際関係研究——統制メカニズムについて（1・2）」『早稲田政治公法研究』53 号・55 号，1996-97 年，などを参考にした.

30)　進藤榮一（2017）『アメリカ帝国の終焉　勃興するアジアと多極化世界』，講談社.

31)　例えば SDI では，肥大化した軍需企業は，ロビー活動にたけ，選挙区（特にカリフォルニア州，ペンシルバニア州）に防衛生産工場を抱える議員に対して大きな影響力をもっているから，計画推進に弾みとなる. 国家の安全保障には関係ないとする意見もあった.

32)　「[98 政治の風景] 第 2 部　「安保」深海流／5　スホイ 27 と日本の『技術立国論』」『毎日新聞』1998 年 5 月 23 日.

II. 正義と力と民主主義

第6章
理想主義者の闘い

1. 地球連邦や世界連邦への困難な道程

　国際政治の特徴がよく表れている「機動戦士ガンダム」は，世界的に有名な宇宙物語である．1979年に創作されたガンダム世界の「歴史年表」によると，1999年に地球連邦が形成され，2009年に地球連邦軍が結成されたとある[1]．むろん現実には未だ地球連邦が形成されるどころか，国連ですら大国からの批判に右往左往している．世界連邦を作る動きは，18世紀からあり，第二次世界大戦で多大な犠牲を生んだことを反省し多くの西欧諸国や日本で平和運動として盛んになった．日本では，国際法学者の田畑茂二郎をはじめ，賀川豊彦等の活躍があった[2]．

　しかしその動きは東西冷戦によって一気に消沈してしまった．冷戦は，1950年の朝鮮戦争によって顕在化した．戦火に家を追われ命を落とす光景が，大戦終焉からわずか5年で地上に再現してしまったのである．それほどまでに戦争とは容易に始まりやすい現象なのだろうか．この問いに対する1つの答えは「軍」にある．戦争のために組織された軍隊がある限り，戦争はなくならない．なぜならば軍隊が戦争を起こすためである．上述の「ガンダム」の世界年表では，「軍」の統合が政府の統合よりも10年遅かったという設定となっている．ここに政軍関係（→第13章）の難しさが表れている．

　それでは軍隊をなくすことは可能であろうか．理論的に述べるならば，それは可能である．それぞれの主権国家が軍を廃止すればよいだけである．し

かし実際にはその道は容易ではない．そもそも，世界平和のために軍隊を廃
止すべきなのか．ここに正義を重視する理想主義者と力を重視する現実主義
者との応答が始まるのである．

2. 集団的安全保障の限界

　現実主義者が好む同盟は，その外部に存在する脅威に協力して対抗するた
めのシステムである．逆に理想主義者が大いに言及する集団的安全保障は，
潜在的な対立関係にある国家をも含めて，全ての国家が参加する体制をつく
り，参加国が力を結集し体制内の不特定の構成国による侵略行為に対処す
る[3]．つまり，これは不特定の脅威を内部化することによって侵略を抑止し，
相互に安全を保障しようというシステムであり，最後の手段として軍事的，
非軍事的な強制措置を含む[4]．集団的安全保障は，勢力均衡原理に基づく同
盟を克服すべく登場した．国連憲章第7章は普遍的な集団安保を規定する．
安全保障理事会は，非軍事的措置（41条）では不充分な時に軍事的措置を
可能とする（42条）．その際に全ての加盟国が特別協定で兵力を提供し（43
条），軍事参謀委員会設置（47条）を定めその兵力の指揮権の「問題は後に
解決する」とした．
　しかし実際に冷戦期に生じたのは，NATOのような「地域的集団安保」
とでも呼ぶべき組織であった．国連憲章51条では集団的自衛権規定として
「この憲章のいかなる規定も，加盟国に対して武力攻撃が発生したとき，安
保理が必要な措置をとるまでの間，個別的または集団的自衛の固有の権利を
害するものではない」と定める．また国連憲章第8章は地域的取り決めとし
て国連の目的と原則に一致する条件で地域紛争防止のための組織化を認めた．
　例えば，NATOの理念は仮想敵国を想定せず，安全保障は公共財である
という考えである．現実には，その機能は同盟体制であり，敵対する陣営
（例えば，冷戦期のワルシャワ条約機構）との勢力均衡をもたらす「集団的
防衛機構」と化していた．

　ここに批判すべき点は，集団的安全保障の原理自体に問題がないのか，あるいは正戦論を導くものではないかという点である[5]．

　集団的安全保障と集団的自衛権の法的関係については，国際法の観点から2つの説が議論されている[6]．

　a）両者は矛盾・対立するという学説．集団的安保が対内的指向性をもつのに対して集団的自衛権は対外的．前者は侵略行為の発生如何の認定およびいかなる行動がとられるべきかに関する決定が制度化されているのに対して，後者ではそれが各国に委ねられている．両者は全く異なる．

　b）集団的自衛権を，集団安保を補完するあるいは代替するものとして捉える説．平和に対する脅威の存在ととられるべき措置を安保理が決定するまでの間に，各加盟国が行動する必要性がある．あるいは冷戦期における国連の集団的安保体制の麻痺を与件として，その結果生じる欠落を集団的自衛権の行使によって，事実上充足することを期待する．

　1990年代に多く読まれたかわぐちかいじ著『沈黙の艦隊』（絶対不敗の新型原潜をテーマとする）のモデルの限界は民族紛争で如実に生じる．このモデル（集団的安全保障）では，主人公の軍隊は国家の軍隊ではなく世界の軍隊となるため，国家間の戦争はなくなるはずとした．確かに国家間の戦争は理論的にはなくなる（例えば，北朝鮮とアメリカなど）．しかし，国家ではない軍隊（例えば，分離独立運動の軍隊）は，「沈黙の艦隊」に敵対することになり，戦争は続くのである．

3.　新しい理想主義：ラセットの民主的平和論と非民主的平和

（1）　ラセットの命題

　ラセットの「民主的平和」（以下，DP）論は，戦争を統計的に処理する手法を用いて，民主主義と平和の関係を明らかにしようとした．その意味でこれは理想主義者カントの系譜に位置付けることができる[7]．民主化と平和との関係は理想主義者にとって永遠の課題であった[8]．

　ラセット（1993=1996）は『パクス・デモクラティア』の中で2つの命題と2つの仮説を示した．以下，長くなるがそれらを引用する．

　①文化／規範的なモデル

　命題 A）民主国家間の戦争は稀である

　一　他の国々との関係において，政策決定者たち（その数が少なくても多くても）は，彼らの国の国内政治過程において発達しその特徴となっている規範と同様の，紛争解決の規範に従おうとする．

　二　彼らは，他の国々の政策決定者たちも同様に，それらの国の国内政治過程において発達しその特徴となっている規範と同様の，紛争解決の規範に従うと予期する．

A 民主的な国々の間で武力紛争がまれである理由は，

　三　民主的な国々のなかでは，政策決定者たちは，相手の権利と存続を尊重して，紛争を妥協と非暴力によって解決することができると期待している．

　四　そのため，民主的な国々は，他の民主国家との関係でも平和的な紛争解決の規範に従うし，また他の民主国家も自国との関係でそうすると期待する．

　五　民主国家が安定すればするほど，他の民主国家に対する行動にはより民主的な規範が働くようになるし，また他の民主国家は，その国の国際的な行動を民主的な規範が支配するとより期待するようになる．

　六　民主的な国々の間で武力紛争が実際に起こるとすれば，少なくとも一方の民主国家は政治的に不安定である可能性が高い．

　命題 B）非民主国間や民主国・非民主国間で武力紛争が頻繁に起こる

B 非民主的な国々の間や民主国家と非民主国家の間で，武力紛争がより頻繁に起こる理由は，

　七　非民主的な国々の国内政治過程では，政策決定者たちは，紛争解決のために武力や武力行使の威嚇を用いるし，また相手がそのような手段を用いると予測したりするだろう．

　八　そのため，非民主的な国々は他の国々との紛争で武力や武力行使の威嚇を用いるだろうし，また他の国々は，そのような紛争において非民主国家が武力や武力行使の威嚇を用いると予期するだろう．

　九　民主的な規範は，非民主的な規範よりも，譲歩を強いるために付け入れられやすい．このように付け入れられるのを防ぐために，民主的な国々は，非民主的な国々に対応するのに非民主的な規範を用いるだろう．

②構造／制度的モデル

　命題A）民主国家間の戦争は稀である．

A　民主的な国々の間で武力紛争がまれである理由は，

　一　民主的な国々では，抑制と均衡，権力の分立，そして広範な支持を得るために公開の議論が必要であるといった拘束があるため，大規模な武力行使の決定には時間がかかるだろうし，またそのような決定がなされる可能性も低い．

　二　他の国々の指導者は，民主的な国々の指導者がそのように拘束されていることに気づく．

　三　その結果，民主的な国々の指導者は，他の民主国家との紛争に際して，国際紛争を解決するプロセスが機能するだけの時間があると期待するし，また奇襲攻撃を恐れなくていい．

　命題B）非民主国間や民主国・非民主国間で武力紛争が頻繁に起こる

B　非民主的な国々の間や民主的な国々と非民主的な国々の間で武力紛争が頻繁に起こる理由は，

　四　非民主的な国々の指導者は，民主的な国々の指導者ほど拘束され

ていないので，より容易に，迅速に，秘密裏に，大規模な武力行使を始めることができる．

　五　非民主的な国々と紛争状態にある国々（民主国家であれ非民主国家であれ）の指導者は，奇襲攻撃を受ける危険を犯すよりは，自ら武力行使を始めるだろう．

　六　非民主的な国々の指導者は，民主的な国々の指導者が拘束を受けていることを見越して，対立的争点で民主国家がより大きく譲歩するように圧力をかけるだろう．

　七　民主的な国々は，要求どおりに大きく譲歩するよりは，非民主的な国々に対して大規模な武力行使を始めるだろう．

　ラセットは，上記の議論の前提として，1815 年以降に発生した死者 1000 人以上の戦争のうち，3 年以上民主政治が続いた政府の間で戦われた戦争で，なおかつ独立戦争でも内戦でもないものを戦争と定義した．

　DP 論は現実主義に対する挑戦であった．なぜなら現実主義では，国際関係における国家の行動は，政治体制によっては変わらないと想定するためである．

(2)　反　　論

　DP 論への批判点は次のように想定される．

　方法論の観点からは，民主主義国という分類をどこまで広げるのかが問われる．仮に民主主義国の間に戦争がなかったとしても，民主主義国であるがゆえにお互いに戦わなかったという因果関係を示すとは限らない．他にも冷戦後の民族紛争には対応できるか，すなわち国民国家体系を前提としていることへの批判がある．吉川ほか（1999）や当時の学術的議論を総合すると次の 7 つが批判点として提示された．

　①民主主義の数が母集団の数に比べて少ないため民主主義国間の武力紛争

が少ないとしても，その数は統計的に有意ではない．

　②内戦やゲリラ戦が考慮されていない．

　③人口レベルの分析ではない．例えば，国家の数で民主国が増えてはいるが，人口比では減っている

　④戦後の DP が成立している状態とは冷戦の二極システムの結果にすぎない．

　⑤一国民主主義の消極的平和論を基礎とし，構造的暴力を無視している（→第 7 章）．

　⑥民主化移行期にある国は，移行前の国よりも対外的により攻撃的になる．変革を容易に遂行するために権力独占が志向され，好戦的なナショナリズムに訴えることがある．

　⑦統治の正統性が欠如している民主主義国（アジア，アフリカの人工国家）では，ホルスティのいう「垂直正統性」（支配者と被支配者との間での統治の正統性）とともに，領土内の民族や住民が一体感をもてる「水平正統性」がなければ，権力闘争は激化し分離独立へ到る．したがって非欧州では民主制が平和をもたらすとは限らない[9]．

　以上に加えて「勝者が全てをとる（Winner Takes All）」民主主義に代わって，それぞれの地域の「最適」民主主義があるはずだと，アフリカ研究の小田英郎は批判する[10]．また土佐は，グローバル・デモクラシー論を掲げ，民主主義と平和の脱領域化をめざすべきであると主張した[11]．

　これらの議論の背景には，民主主義への性善説的理解，すなわち民は集合することにより正しく歩む，あるいは自らが民の一員として平和を主張することにより，国際政治はいずれ「平和化」しうるという理解が通底している．例えば戦争をしない民主主義の構築を小田実（2000）は，著書『ひとりでもやる，ひとりでもやめる』で訴えている．

　さて DP 論が提示されてから約 30 年を経て，民主化の観点からは世界を 5 つに分けることができよう．

①OECD 加盟国のような経済先進国かつ民主主義国は，国内冷戦の対立が終わり，政治対立軸として「自国ファースト」かグローバル化という軸が用意されている．「公的セクターの民営化」がグローバル化によって生じたため，国家は弱体化し富の格差は増大する．日本やアメリカがその例である．

②OECD に 21 世紀に加盟した国々や加盟候補国では，民主化は成功し，経済的に成長を遂げたが，アジア経済危機やリーマンショックの試練に耐えかね，民主化と経済成長がリンクしないことに気付いた．例えば，ポーランド，ハンガリー，チェコでは自国ファースト的政策と EU 統合市場推進との対立軸が鮮明である．また，民主化の過程で，今まで軽視されてきた経済格差への異議が拡大する．例えばクーデタがおきたタイが例である．

③WTO 加盟等で経済自由化が一定程度まで進んだが，欧米の民主主義とは異なり指導者に権力が集中する．定期的に選挙があるロシアの「主権民主主義」（「選挙王政」）や中国，キューバ，ベトナム（共産党による党独裁）は，西側の民主主義とは異なるモデルを世界に提供してきた．ベラルーシのように WTO に加盟せず経済はそれほど自由化していない事例もある[12]．

④「アラブの春」（2011 年）のような民主化の過程では，内戦の勃発や政治的不安定が続いている．中東のシリアやリビアなどは，独裁政権が動揺してから内戦が 10 年以上も続く．イラクはイラク戦争後の大混乱からは脱出したが，未だに情勢は不安定である．

⑤民主化の波が来ず経済の寡占が揺らいでいない国として，北朝鮮（三代にわたる「金王朝」）などがある．

これらの変化を市場経済化と民主化の軸で図にしたものが，図 6-1 である．

(3) 非民主的平和

民主的平和論への反論は続く．歴史的には民主的平和論は正しい．しかし，現在は，世界中で安全保障の協定があるため，簡単には戦争にならないはずである．ゆえに，安全保障の協定がある国同士では，民主主義であろうとなかろうと戦争にはならない[13]．

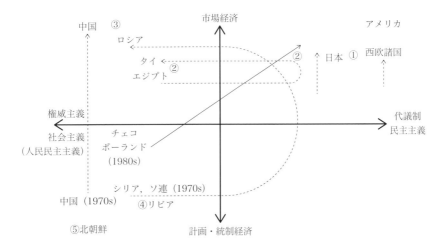

出典：筆者作成．経済軸については，The Heritage Foundation のデータを参考にした．
図6-1　1970年代から2020年にかけての民主化と市場経済化の変遷

　この見解には政体と平和の関係の問題が横たわる．民主主義でもない，世論に左右されない政体の間で保たれる平和が歴史的には存在しただろうか．答えは是である．例えば，藤原（2000）は「専政の平和」としてウイーン体制と設立当初の ASEAN を例にあげた[14]．この「専政の平和」は，まったく戦争がないわけではなくても，大規模な戦争が長期間にわたって避けられてきた地域が存在することを示す．例えば豊臣秀吉の朝鮮出兵から後の東アジアでは，大規模な戦乱は200年間以上生じていない．独立後のラテンアメリカでも，同時期の欧州に比べて戦争は多くなかった．そして，ASEAN でも同様である．ASEAN 原加盟国のほとんどが権威主義体制であった．インドネシアのスハルト，フィリピンのマルコス，マレーシアのマハティールらは偉大な指導者として開発独裁型の経済成長を進めた．アジア NIEs の4つの国・地域のうち，台湾でも韓国でも最初は軍事独裁・開発独裁政権であり，「強い指導者の下」で韓国，台湾，シンガポールは発展し，民主化を迎えている．

　ASEAN は，1999年4月30日にカンボジア加盟により ASEAN10 体制と

なった．ASEAN は発展途上国の構成する地域機構としては例外的な生命力を保持してきた．当初は，「専政の平和」だったが，民主化した国が増えた後，「談合の平和」（エリート：実務家＋外交官による）へと移行することで稀にみる平和な地域になった．未だにベトナムなど民主的でない国は存在し，1988 年，2021 年とクーデタを経験したミャンマーでは民族紛争が残る[15]．それでも国家間紛争は抑制されている．

ASEAN と域外大国の関係は興味深い．冷戦期は，共産主義の防波堤となるとともに，ASEAN 対大国の軸をつくり，アメリカのアジアからの関与減少に対応した．実際に，ASEAN はインドシナ，共産主義中国との緊張緩和を実現し，地域の安定を推進し，脱冷戦を切り拓いた．冷戦後は周りの大国を自分たちの枠組みに関与させる戦略をとった．

軍事政権のミャンマーは，当初ラオス，カンボジアとともに，1997 年夏に加盟できるだろうかと不安視された．実際には，国連の民主化支援を受けたカンボジアよりも先にミャンマーが非民主国のラオスとともに加盟し，ASEAN9 になった．遡って，1996 年の非公式首脳会議で翌年 7 月に 3 国の加盟を決定したのは，ASEAN の旗振り役で大統領選を翌年に控え東チモール分離独立問題をかかえていた権威主義国（民主化は 1998 年）のインドネシアであった．そこにはミャンマーの早期加盟によって欧米の干渉を排除しようという意図があった[16]．しかし 97 年 7 月，パリ協定に違反するフンセンによるクーデターによりカンボジアの加盟延期決議が緊急外相会議で決まり，内政不干渉原則よりも民主主義規範の国際性を優先した．クーデタのカンボジア抜きの ASEAN9 において，カンボジア加盟の条件は，上院設置であった．その上院設置は進み，1999 年 4 月 30 日より，ASEAN10 体制となり，今日に至る．

同盟でないにもかかわらず，ASEAN が域内平和を達成しているのは，3 つの努力がある．第 1 は，ASEAN 自由貿易地域（AFTA）の貿易自由化である．2003 年までの関税率引き下げ合意は，これは右肩上がりの経済成長がいつまでも続くという前提であった．しかし 97 年 7 月のバーツ危機で，

各国とも貿易自由化よりも国内産業保護を打ち出したため，先延ばしとなった．例えば．ポリエチレン，塩ビについて，タイは，翌年に 20 ％まで関税率を下げるはずだったが，延期され，インドネシアは 40 ％，マレーシアは 30 ％にとどめた[17]．その後 2003 年に合意は履行されている．また，域内関税を 5 ％とする AFTA では，2018 年に関税撤廃が実現した．

第 2 に，1997 年の ASEAN 非公式首脳会議では，「大量破壊兵器を全廃する」地域として自らを宣言し，東南アジア非核地帯条約との連動を図り今日に至っている[18]．

第 3 に，内政不干渉原則を徐々に緩和し，「太陽政策」をとったことである．欧米の人権論に対抗して「アジアの人権」を対置したアジア人権会議のバンコク宣言は，1993 年のことであった．それにもかかわらず，欧米の政治規範である民主主義に即して，ASEAN が域内で民主化への「静かな」努力を行い始めたのは同じ頃である．例えば，マレーシアのマハティール首相は，2000 年にミャンマーを訪問した際，軍事政権を率いる国家平和発展評議会（SPDC）のタンシュエ議長に対し，ミャンマーの民主化と国民和解に向けて，「数年後に総選挙を実施すべきだ」と要請した．ASEAN が発足以来堅持してきた加盟国への内政不干渉原則を転換し，ミャンマーに対し独自の対話路線を取り始めた[19]．その成否はともかく，ここに「北風と太陽」論争の構図を見ることができる．

注

1) 円藤裕之（2002）『ガンダム「一年戦争」』宝島社文庫.
2) ロバート・シルジェン（2007）賀川豊彦記念松沢資料館監訳，『賀川豊彦』新教出版社.
3) 佐藤栄一「冷戦とアジア・太平洋地域の安全保障」山本武彦編（1997）59 頁.
4) 鈴木祐二「日米同盟と多角的安全保障——冷戦後の日米同盟拡大と摩擦（1）」『海外事情研究所報告』1999 年 2 月.
5) 入江（1986）.
6) 森肇志「集団的自衛権の誕生——秩序と無秩序の間に」『国際法外交雑誌』102 巻 1 号，2003 年 80-108 頁.

7) 木暮健太郎「民主化と国際関係」岩崎正洋，植村秀樹，宮脇昇編（2000）198 頁．

8) 庄司克宏（1995）「欧州審議会の拡大とその意義——ロシア加盟を中心に」『国際法外交雑誌』．95 巻 4 号，427-453 頁，が「民主主義の安全保障」の観点から論じている．

9) 以上，吉川ほか（1999），124-126 頁，『平和研究』22 号所収の諸論文ほか．

10) 小田英郎（2000）「民主化の時代と「最適」民主主義（？）の模索」」『JAIR Newsletter』日本国際政治学会．

11) 土佐弘之（1997）『知的植民地主義としてのデモグラティック・ピース論——「馴到，同化の論理」から「異化，共生の論理」へ』『平和研究』22 号，43-55 頁．

12) 現在，ベラルーシは WTO 加盟申請中である．

13) ベラルーシの NATO 代表部とのインタビューより．

14) 以下，藤原帰一（2000）「専政の平和・談合の平和——比較の中の ASEAN：「民主化」と国際政治・経済」『国際政治』125 号，150 頁．

15) 同上．

16) 『読売新聞』1997 年 6 月 1 日．

17) 「[試練の地域統合] 97 バンクーバー APEC/2　貿易自由化に逆風」『毎日新聞』1997 年 11 月 11 日．

18) 「ASEAN2020 ビジョン，判明　大量破壊兵器根絶へ——貿易自由化地域創設も」『毎日新聞』1997 年 12 月 11 日．

19) 「ミャンマーに総選挙を要請　ASEAN，不干渉政策を転換——マレーシア首相」『毎日新聞』2001 年 1 月 28 日．

第7章
現実主義者の挑戦

1. 現実主義の世界

　集団的安全保障体制が実際には画餅に帰しているとはいえ，国連の安全保障理事会への期待は少なくない．そこには国際連盟と異なり，拒否権をもち，核兵器を有する五大国の「力」（パワー）がある．決議や制裁を通して，各地の紛争を防止し停戦を求める影響力が安保理にある．もちろんそれらに即効性があることは少なく，他の外交努力や制裁等の手段を通じてようやく目的が達成される可能性が高まる．

　国際政治を「力」の観点から解説したのがモーゲンソーであり，その主張は現実主義（後の構造的現実主義と区別して，古典的現実主義）と称される学派の基層を形成する．以下，現実主義者による理論をモーゲンソー（1951,1998），大畠（2001）などをもとに解説する．

（1）　基礎概念

　国際政治と国内政治は，政府の存否という決定的な違いがある．この違いを現実主義者は議論の前提とする．国内政治の類推を国際政治にあてはめようとする理想主義とは決定的に異なる．多くの現実主義者は，国際政治の特徴として混沌，無秩序，そして君主の不在（an-archy）という点に注目する．そこでは，国力が互いに競い合い，大国から小国への力の序列が生まれる．科学や宗教などの権威の序列や，国際法規範の優劣は，国際政治に影響を及

ぼす独立変数ではない.

　現実主義の世界観では，ゲーム理論で紹介したような相互不信が前提となっている．相互主義の欠如は，「万人の万人に対する闘い」（T. ホッブス）をもたらし，ルソーの「鹿狩りの寓話」の世界を彷彿とさせる．この寓話では，2 人のハンターが獲物をおいかける．獲物は，大物のシカ 1 匹と小物のウサギ 1 匹である．大物のシカは 2 人でしか捕らえられないが，小物のウサギは 1 人でも捕らえられる．2 人の間の競争が優先されるため，鹿を射止めることができない．この話を敷衍すれば，相手国の協力が期待できないため，軍縮や貿易についての合意が進捗しにくいといえる．

　そして現実主義者は，パワーをめぐる不可避の闘争が続くとみなす．力の安定は，check and balance（均衡と抑制）や勢力均衡によるしかない．ここでいう力（power）とは，あるアクターが相手のアクターの行動に何らかの変化を生じさせる原因，と定義される．A の意志→B の反応の図式で示されるとき，A は B に対してパワーをもっていると表現できる[1]．また，パワーの大きさは，資源の大きさに比例する．パワーは，領土，人口，天然資源や重要物資の貿易シェア，貿易収支，GDP，核弾頭の数，軍事支出などから把握することができる．

　この理論を体系化したのがモーゲンソーであり，日本では，高坂正堯，永井陽之助，大畠英樹などが知られる．

(2)　議論の平面

　現実主義の世界観を，モーゲンソー（1983），サドリア（1994），ウォルツ（2010）らの研究にそって整理しよう[2]．

　a）人間・国家レベルでは，パワーへの欲求すなわち権力欲は等しく人間に存在している．すべての人間の行為は結果として悪であり，政治は，この悪が最大であるという意味で，権力闘争（struggle for power）である．パワーを求め，誇示することが政治の目的である．そこで必要な政治の道徳は，

「lesser evil」を事前に選択する政治家の慎重さである.

　b) 国際政治レベルでも同様に，国家の権力欲をもとにした権力政治がみられるが，勢力均衡によって，死活的利益（vital interest）の相互尊重が可能である．このような均衡を求める能力が外交である.

　現実主義者も，外交によって利益の決定的対立は回避できると考えている．しかし現実には，現実主義的行動から戦争に及ぶことが少なくない．2001年9月のアルカイダによるテロ攻撃に対抗するため，ブッシュ大統領は，同年10月「ブッシュ・ドクトリン」に基づいて，テロリストを支援する国・政府もアメリカは軍事攻撃すると決定した．側近のライス大統領補佐官（国家安全保障担当）やヒューズ顧問によると，「ブッシュ・ドクトリンとは，テロリストを支援する国はテロリストを引き渡さない限り，テロリストと同じ運命をたどる」ことを現実化させる方針であった[3]．もっとも多くのアメリカの国際政治学者は，現実主義者を含め，1999年のユーゴスラビア空爆，対テロ戦争，イラク戦争について懐疑的であり，1960年代のベトナム戦争でさえ，モーゲンソーをはじめ反対に回る学者が多かった.

　また現実主義者の中でも高坂は，理想主義が現実主義に提起する精神的な「価値」は評価していた．具体的には「国家が追求すべき価値の問題を考慮しないならば，現実主義は現実追随主義に陥る」「価値の問題を考慮にいれることによって初めて，長い目で観た場合に最も現実的に国家利益に合致した政策を追求することができる」と評したとされる[4].

(3)　現実主義批判

　現実主義に対する批判は，1960年代から広がってきた[5]．まず，パワーは一元的である，すなわち単純なゼロ・サムゲームになってしまうので，国家間のポジティブ・サム的状況（例えば相互依存）が説明できない．現実には，多元的なパワー認識が必要であり，戦後の国際政治において平和共存やデタント，そして冷戦の終焉を説明するには，多元的観点が必要である．また悲

観主義的人間観や国家中心的アプローチに対しても，パラダイム転換が求められる．現実主義が，経済や文化よりも政治に重きをおき，ウェストファリア体制や大国の現状維持を擁護する役割を果たしているという批判もある．

（4）　新現実主義（構造的現実主義）

古典的現実主義とは異なり，国家アクターに加えて多国籍企業などのアクターや経済面も重視したのが，ウォルツらによる新現実主義である[6]．この背景には，ベトナム戦争の撤退と石油危機，金ドル交換停止等によるアメリカの没落が横たわっている．新現実主義は，本書で紹介する①覇権安定論（第９章），②国際レジーム論（第４章）に加えて，③長期循環論，④大国の興亡論などに影響を与えた．

しかし構造主義的理解は，世界の可変性を低く評価することとなる．例えば，冷戦の終焉は構造の産物なのか，それとも東欧革命のように意思の勝利として考えるべきか．カルドー（2003＝2007）や鴨（1993）は，冷戦を虚構として理解し，「冷戦構造」を否定した[7]．

2．理想主義と現実主義の対比

（1）　２つの主義の対立

前章で紹介した理想主義は，現実主義と時には厳しく対立し，時には相克によって世界の理解を現実主義と共同した．理想主義の「正義は力なり」，現実主義の「力は正義なり」という二項対立において両者を平易に語るとすれば，次のように整理できる．

テレビ時代劇「水戸黄門」では国内の諸国を漫遊する徳川光圀（水戸黄門）が正義に基づき悪代官や悪徳商人を平伏させている．正しい意見に共鳴した周囲の人々が自ら力を貸すことによって，根拠となる情報が水戸黄門に集約され，正義は大きな力をもつ．「正義は力なり」である．それでは，もし水戸黄門が，「正しくない」内容で裁いたにもかかわらず，印籠効果で，

悪人ではなく善人が泣き寝入りをすることになったらどうであろうか．ここに「力は正義なり」が発生する．この間，水戸黄門は別の（誤った）正義をふりかざしている．また，現実に水戸黄門が悪を裁くことができるのは，徳川家を示す印籠（権威）と佐々木助三郎，渥美格之進等の類まれな武術（権力）による．水戸黄門側に権威と権力がなければ，悪を裁くことはできない．

　さて，理想主義者は戦争を前に最後まで抵抗を試みる．かつての西ドイツで認められていた良心的兵役拒否では，徴兵制に反対する若者には，兵役義務の代わりに清掃作業等の義務が選択可能であった[8]．開戦にあたっても最後まで抵抗したアメリカ議会の 2 人の女性議員を紹介しよう．1941 年，真珠湾攻撃をうけてアメリカ議会が対日宣戦を決議したときに，全議員中たった 1 票の反対票を投じたのが，ジャネット・ランキン議員である．「多くの人を殺しても問題の解決にはならない」と主張し，後にケネディ大統領に「アメリカ史上，最も恐れを知らない女性」と言わしめた．また 2001 年 9 月，911 テロ後の対テロ戦争の開始にあたり，アメリカ議会がブッシュ大統領に武力行使を認める決議を採択した際，全議員中 1 人だけ反対票を投じたのは，バーバラ・リー議員（民主党）であり，「誰かが抑制を利かせねばならない．決議の意味をじっくり考えるべきだ」と語った[9]．理想主義者カントは，「戦争は邪悪な人間を取り除くよりも，かえって多くの邪悪な人間を作り出すから，いとうべきだ」（カント　1795：66）と主張し，戦争の正当性を根源的に否定する．

　両者の論争を的確に説明した初瀬（2000）は，非武装論者（理想主義）と軍事力論者（現実主義）を次のように対比する．軍事力論者の議論は，非武装論者の議論よりも，論理構造上「安定解」である．なぜならば，軍事力論者は相互に自分の世界の外に同じ軍事力論者がいると想定しており，互いの予言が互いに「正しさ」を作為なく証明できるためである（自己充足的予言）．そこには，現実を乗り越えようと努力をする論理的必然性がない．これに対して，非武装論者は，相手方あるいは国内の軍事力論者に非武装化を認めるか，あるいは現存する軍事力の行使を止めなければならない．そこで

の最大の問題は，説得相手が武装を解かない場合の対処法である．非武装論者に必要なことは，非軍事化に向けて種々の段階的方策を考え出すことである．それには，防衛的軍事力への軍備転換，軍縮・軍備管理（国内で言えば刀狩に相当する），軍事力使用の条件制限などがある[10]．

(2) 積極的平和

ここに正義とは何かという根源的な問いに行き着く．正義は１つではないため，正戦論は絶対ではない．逆に絶対的な平和という正義は１つであろうか．ガルトゥング（1991）は構造的暴力の概念を平和論に組み込み，「戦争のない状態」を消極的平和とし，経済的格差等がある限り平和とは呼べないという前提で「積極的平和」という概念を創出した．しかし積極的平和もまた，環境，ジェンダー，移民，障害者，高齢者，子ども等の多様性かつ持続可能性を認める社会において，争点間取引とは無縁ではない．正義が戦争以外の課題であるとき（例えば，人権），正義の推進と国家間協調の優先は，究極的には両立しない．例えていえば，「いじめ」があるクラスにおけるいじめ撲滅（積極的平和）と，いじめる側の級友間友情（消極的平和）が両立しないのと同様である．

積極的平和の実現のためには，法と正義のみならず，現実主義的手法もまた必要である．例えば「グローバル・タックス」等による課税という富の再分配の権力作用を徹底することで地球環境保護という正義は実現する[11]．理想主義者は権力政治を全否定しているわけではなく，権力政治を規律するべき法と正義を重視しているのである．これらを整理したものが表 7-1 である．

(3) 現実の問題への対応

現実の諸問題に両者はどのように対応するのか．例えば 1997 年，アメリカでは化学兵器禁止条約を批准すべきかどうかという論争がおきた．化学兵器保有国の中で同条約未加盟の国があるにもかかわらず，アメリカが参加すれば対抗策を失うというのが現実主義者の主張である．すなわち，損失を最

表7-1　理想主義と現実主義

	理想主義（idealism）	現実主義（realism）
力と正義に関する命題	正義は力である	力は正義である
哲学においては	究極的な価値ないし目的の実現のために努力する姿勢	現在の与件を重視する
国際政治においては	道徳的価値，法規範，国際主義などを重視	国益（national interest），パワー独立国家のサバイバルを重視
登場の背景	第1次世界大戦で国民の犠牲が大きかった	国際連盟は戦争の勃発に対して無力であった
平和	国際連盟や集団的安全保障によって達成可能（永続的な平和の可能性）	勢力均衡モデルによる（永続的平和はない）
仮定・前提	国内社会で達成できたものは国際的にも達成できる	万人の万人に対する闘争
批判される点	現実の過程に関心を払わない	パワー一元的，国家中心的
代表的主張者と著作	カント『永遠平和のために』ウィルソン『十四か条平和原則』	モーゲンソー『国際政治』

出典：初瀬（2000）をもとに筆者作成.

小限にするため，条約を議会は批准するべきでないと主張した．これに対して理想主義者は，化学兵器全廃というアメリカの軍縮の意思を示すためにも批准すべきと主張し，結果としてアメリカ上院は3分の2以上の賛成で批准した．

　例えば，日本にとって身近な北方領土問題ではどうであろうか．理想主義者は，1991年の日ソ共同声明や1993年の東京宣言にもうたわれたように法と正義によって解決をめざす．これは，現在の日本政府の基本的立場でもある．しかし北方四島をロシアに占領されている現状を打破せねばならない立場として，法と正義のみで交渉は可能であろうか．対して現実主義者は，軍事力や経済力などのパワーを背景に交渉を有利にしようと考える．1990年代および2010年代に日本政府は，法と正義をかざしながらも，ソ連崩壊後に経済が混乱するロシアへの経済援助や協力をてこに有利な条件を導こうとしていたが，結局は成功しなかった．

　現実主義者は，先述のとおり相互不信を前提とし軍縮合意の妥結や履行については否定的である．しかし国境画定や領土交換等の解決策には関心を寄せる．既存の法や既存の正義とは異なり，「引き分け」や「三方一両損」的発想により，新たな合意が可能であると主張する．三方一両損的な解決は，江戸時代から現代にいたるまで多くの国内・国際政治の手法として用いられてきた[12]．例えば2002年に小泉政権下で外交の主導権をめぐる田中真紀子外相と鈴木宗男衆議院議院運営委員長の政争は，外相，外務事務次官，衆院議運委員長の3人の一括辞任により決着したが，それを導いた小泉自身は内閣支持率が30％程度も急落した．当時小泉は，「人生，山があり，谷があるからね．支持率も下がる時があるでしょう．いずれ今回の私の判断が適切だったと分かってくれると思う」[13]と語った．

　国際政治に話を戻そう．ICC（国際刑事裁判所）が2002年に設立され，国際人道法に反する戦争犯罪，人道に対する罪，ジェノサイド（集団虐殺）等を主権国家体制を超えて常設裁判所で裁くことができるようになった．ICC条約（ローマ規程）により，これらの犯罪については，たとえ国家元首でも訴追を免れることはできない．これまで主権国家体制を隠れ蓑に犯罪に正義を適用できなかった事例について，戦争で解決する代わりに，国際裁判で問題を解決できる．これこそ理想主義の制度化の適例である．

　これに対してアメリカは，海外派遣の米兵が不当に扱われるとしてICCに対してアメリカ政府の協力を全面的に禁止する法案を議会が可決（2002年7月）した[14]．ICC条約を批准した国に対しては，共同訓練も含む米国の軍事援助を禁止し，圧力をかけた[15]．アメリカの圧力は，それだけに留まらない．人権は国家主権に優先するとしてベルギーは1993年に世界初の人道処罰法を制定した．「人道に対する罪は犯行が行われた国を問わずに裁くことができる」と法で定め，実際に1994年のルワンダ大虐殺に関わった4人の被告に有罪判決を下した[16]．さらに1982年に西ベイルートのパレスチナ人難民キャンプで起きた虐殺事件で，イスラエルのシャロン（当時国防相）を2001年にジェノサイドで告訴し，加えて2003年には1991年の湾岸戦争

時のブッシュ（父，4 代）大統領，チェイニー国防長官らに対する告訴，2003 年のイラク戦争でもブッシュ（子，43 代）大統領，ラムズフェルド国防長官らに対する告訴がなされた．これに対してラムズフェルドは，対ベルギー関係の見直しやブリュッセルにある NATO 本部の移転を示唆して，同法廃止を強く求め，同法は 2003 年 8 月に対米関係に配慮したベルギー議会によって廃止された．こうしてベルギーのフェルホフスタット政権が同法を1 つの根拠として掲げてきた「人道外交」は大打撃を受けた[17]．

3.　理論の盛衰

正義と力を中心に議論を進めても，現実の危機には十分対応できない場合もある．以下，戦争と平和，国際関係のあり方を追求して登場した理論を紹介しよう[18]．

(1)　批判国際理論，構成主義

戦後の現実主義が問題解決理論を主とし，結果的に大国アメリカを擁護する役割を果たしたことを批判する理論（批判理論）が登場した．これは，国際政治の変化の解明を目的とする[19]．その後，ジェンダー，環境などのパラダイムチェンジの争点の意義が強調される．アクターとしては，P. ハースによる認識の共同体（epistemic community）の理論にみられる科学的専門家集団の役割に着目した議論が 1990 年代に示された．また，パワーの代わりに知識，言説，word politics（言語政治）を通じて新しい規範を国際社会に受容させることに着目したコンストラクティビズム（構成主義）が登場した[20]．

例えば，リッセは，社会的行為において主体が従う 3 つの「行為の論理」を抽出している[21]．リッセを紹介した中沢によれば[22]，「結果の論理」は，所与の目的と選好を前提として，自己利益の最大化をめざす行為であり，合理主義者が想定する行動原理である．「適切性の論理」とは，アイデンティ

ティと状況に照らしてどのように振る舞うのが適切かを行為主体に指示する社会的規範に基づいた行為であり，コンストラクティビストが強調する行動原理である．「適切性の論理」によって初めて，小国を含めてほとんど国家が軍事的合理性をもたないはずの常備軍を保持している事実を了解できる．「討議の論理」とは，討議を通じて間主観的な合意をめざす行動原理であり，社会的相互行為の無視できない側面である．

(2) グローバルな争点

国際協調の制度化の議論は，ローマ・クラブの「成長の限界」の提示にみられる地球社会論，NGO や多国籍企業などのアクターに着目した相互依存論を経て，問題の処方箋として人々の認識の広がりに着目するようになった[23]．例えば，他国の貧困，人権侵害への国際的関心は，地球市民としての意識の確立により，明確な争点として登場してきた．他にも，第三次世界大戦の結果生じる「核の冬」は，「負の共同体」を生み，人類益が国益とは合致しないことが認識されていった．

科学的合理性を重視する立場として山本吉宣は，数理的モデルとしてリチャードソン・モデルを紹介する．軍備競争が第一次世界大戦および第二次世界大戦に至る過程をモデル化したものである[24]．

注
1) 『国際政治経済辞典』160-161 頁，大畠「現実主義」有賀・山本ほか (1989) 所収，などを参考にした．
2) 同上．詳しくは，サドリア，モジュタバ (1994) を参照．
3) 『毎日新聞』2001 年 10 月 9 日（夕刊）および *New York Times*, September 20, 2002.
4) 佐古丞 (1996)「高坂正堯先生を偲んで」『国際法外交雑誌』95 (5), 617-620 頁.
5) 以下，大畠英樹「現実主義」有賀ほか (1989), 187 頁.
6) 大畠 (2001) 25-26 頁.
7) 詳しくは，鴨 (1993) を参照．
8) 良心的兵役拒否については，市川ひろみ (2007) が詳しい.
9) 『毎日新聞』2002 年 8 月 6 日（夕刊），および *Los Angeles Times*, September

13, 2021.

10)　初瀬龍平（2000），14 頁.

11)　グローバル・タックスについては，上村雄彦（2009）を参照.

12)　三方一両損は，江戸時代の大岡越前の名裁きとして有名な事例である．ある正直者が財布を拾った．その中には 3 両入っていた．正直者は落とし主を探し歩きようやく見つけた．ところが落とし主は「財布だけもらって，中の 3 両はあなたにあげましょう」．正直者は断ったが落とし主も頑固に譲ろうとしない．2 人の口論に対して大岡越前は，自ら 1 両を足しあわせて 4 両とし，双方に 2 両ずつ分けて受け取らせた．すなわち落とし主は，素直に受け取っておけば 3 両もらえたのに 2 両となったため 1 両損，拾い主も，拾っておけば 3 両得たのに 2 両となり 1 両の損．大岡越前も 1 両分を懐が痛み 1 両の損．3 者とも 1 両の損で文句はないはずだというものであった.

13)　『毎日新聞』2002 年 3 月 1 日.

14)　American Service-Members' Protection Act（Pub. L. 107-206）は 2002 年 8 月に大統領の署名を経て発効した.

15)　『朝日新聞』2001 年 12 月 9 日.

16)　Human Rights Watch "Universal Jurisdiction in Europe," June 2006.

17)　『読売新聞』2003 年 8 月 3 日．ベルギー政府が提出した廃止案は賛成 39，反対 4，棄権 20 で可決された.

18)　大畠（2001），32-36 頁.

19)　Robert Cox などに代表される.

20)　Peter Haas（1992）"Epistemic Communities and International Policy Coordination". IO, Vol. 46, No. 1, pp.1-35，大畠（2001），また word politics については，田中明彦（2000）を参照.

21)　Thonms Risse, "Let's Argue! " IO 54.1. 2000, pp.1-39.

22)　『国際問題』2000 年 10 月の中沢力による文献紹介（57-59 頁）による.

23)　山本吉宣（1989）272-275 頁.

24)　山本吉宣（2008）292-315 頁および『国際政治経済辞典』650 頁.

第8章
同盟と戦争

1. 同　盟

(1) 軍事同盟

　同盟は「愛のない結婚」と比喩されることがある．現実主義者も，また理想主義者でさえも，同盟という方法を利用する．同盟は国力の結合である．「強さとは全てを独力で行うことではない．援助を求める力こそ真の強さである」の諺は，同盟の本質を表す．同盟国間で正義が1つであれば，理想主義者にとっても使える道具となり，また現実主義者にとっても裏切りの可能性が減るため好ましい．しかし正義が同盟国それぞれにある場合には，同盟は単なる約束に過ぎず，破約可能性を有する国際政治においては危険な賭けとなる．同盟は永遠のものではない．歴史的に，第一次世界大戦時の三国同盟からイタリアは脱落し，日英同盟は日露戦争，第一次世界大戦を経て消滅した．

　同盟は一般的に軍事的性格を帯びるため，多くは軍事同盟である．軍事同盟の特色は，同盟を律する条約で成文化された合意内容が極めて限られているという点である．日独伊三国同盟の「三国条約」は，手続き規定を含めても全6条のみであり，1951年の旧日米安保条約も全5条，1960年の新日米安保条約は全10条，NATO設立のワシントン条約も全14条にすぎない．各種の経済条約の条文の多さに比べて極めてコンパクトである．具体的な軍事的義務や権利を平時に約束することは政治的に危険であるため合意がコン

パクトであることは好ましい一方，他方で合意の破約可能性や死文化，脱落国の発生可能性を秘めている．

　ホルスティは同盟を a）応援義務発生事由，b）条約締約国の関与，c）加盟国の協力の度合い，d）条約の地理的適用範囲の４つの観点から分類できるとした[1]．本書では，より簡便に，締約国の義務，同盟国の数，地理的範囲，の３分類で同盟について考えよう．

（2）　締約国の義務

　加盟国を自動的に軍事行動に参加させる「一触即発条項」があるかどうかにより同盟には濃淡が出る[2]．この規定がない国家間協調の条約が協商（entente）である．

　日英同盟の参戦義務が発動されたのは，第一次世界大戦に日本が参戦したときのみである．日露戦争においては，日本もロシアも各々に二国間同盟があった．一方では１対１の戦争である日露戦争における日英同盟は，同盟条約に基づいてイギリスが戦時中立を宣言し，日本がイギリスから軍事的支援を得ていない状況であった．ロシアは，バルチック艦隊がイギリス漁船を誤って砲撃したドッガーバンク事件（1904 年 10 月）において，イギリスの港が水雷艇基地として日本に提供されていると警戒していた．しかしイギリスが戦時中立のため港の提供はなく，そのため北海における日本からの攻撃は実際にはありえない[3]．他方でドイツの脅威に備えてロシアはフランスとの間に露仏同盟を結んでいたが，フランスも同盟条約で中立義務があった．ゆえにフランスはロシア艦隊のカムラン湾での碇泊を歓迎しなかった．それは，日本がフランスの中立違反を指摘してパリで外交圧力をかけたためである．フランスもまた，中立違反を名目にイギリスと日本がフランス領インドシナを攻撃するのではないかと恐れていた．そうなればフランスのアジアの植民地支配の拠点が失われ，さらには英仏戦争となる．それゆえフランスは，バルチック艦隊への水と糧食の供給にとどめ，カムラン湾での長期碇泊をやめさせるべくフランス巡洋艦を同地に派遣したほどである[4]．

　日独伊三国同盟は，防共協定を政治的基礎として 1940 年 9 月に軍事的同盟に発展したものであり，日米開戦により独伊の対米宣戦とアメリカの参戦を導いたことで同盟国側が敗北へとつながる転換点となった．ただし三国同盟は，当時の欧州戦と日中戦の当事国以外からの「攻撃セラレタルトキハ三国ハ有ラユル政治的，経済的及軍事的方法ニ依リ相互ニ援助スヘキコトヲ約ス」（第 3 条）としたにとどまり，一触即発条項ではない．またソ連との間に「現存スル政治的状態ニ何等ノ影響ヲモ及ホササルモノナルコトヲ確認ス」（第 5 条）とされ翌年の独ソ開戦後も日ソ中立条約をもとに日本が対ソ参戦しない法的根拠となった．同盟締結によって，ドイツは最大の敵イギリスに打撃を与えるべく，日本によるイギリス領シンガポール攻撃を一層期待したが，それは 1941 年 12 月の真珠湾攻撃と同時期のマレー作戦を待たねばならなかった．その間にドイツはスターリングラード攻防戦の敗北をはじめ劣勢に転じていた．

　日米同盟は，サンフランシスコ講和（1951 年）後の当初はアメリカが日本を防衛する片務条約であった．「日本国は，武装を解除されているので，平和条約の効力発生の時において固有の自衛権を行使する有効な手段をもたない」（条約前文）がその理由とされ，占領が終わった後も「内乱騒擾を鎮圧する」（第 1 条）部隊たるアメリカ軍駐留を正当化するものとして理解された．1960 年の安保改定（新安保条約）により，旧条約に比して少しだけ双務的になった（第 11 章）．しかしアメリカ本土が攻撃されても日本側にアメリカを防衛する義務はない．対テロ戦争では日本が参加する議論はおきず，単独行動主義をとるブッシュ政権は，NATO さえも利用しなかった．さらに同盟の運用については実際の戦時を想定することが平和憲法をもつ日本では政治的に躊躇されてきた．そのため同盟のガイドラインが制定されたのは 1978 年になってからであり，冷戦後の 1997 年に新ガイドラインの合意と国内法としての周辺事態法等の制定で同盟が戦時に機能するよう深化した（詳細は後述）．長らく憲法解釈上で否定されてきた集団的自衛権の行使を認める「存立危機事態」を含め新安保法制（平和安全法制）ができたのは安倍内

閣の 2014 年のことである.

　同盟国アメリカに対する日本の劣等意識が取り上げられることがある. しかし日米安保条約が片務条約とはいえ, アメリカは 40 カ国以上の同盟国と片務条約を締結している. また日本は年間数千億円の経費で在日米軍を維持し, 在日米軍基地は西経 160 度（ハワイ）から東経 17 度（アフリカの喜望峰）の間で行動する米軍を支えている. 日米安全保障条約なしにアメリカは軍事大国足りえないという指摘もある. さらに「拡大抑止」(extended deterrence) すなわち同盟国対象のアメリカの「核の傘」は, 核攻撃を受けるリスクをアメリカと共有し, 犠牲を払う覚悟が示されている[5].

　一方で日米同盟のように同盟が発動されずに長らく続いた事例をみると, 同盟は戦時の有効性の期待を前提にしつつ, 平時の意義も大きいことに気づく. 拡大抑止論にみられるように, 平時における力の結合は敵対国に対して強いメッセージを送り続けることとなる. それにより戦争の危険を減じさせ「平時を平時たらしめる」効用をもつ. 他方で同盟は, 日英同盟が第一世界大戦を経て解体されたように, 同盟国共通の戦争を経て一層強化されるとは限らず, 同盟国間の利害対立の表面化や力関係の変化を経て解体されることがある. 戦争を準備するための同盟は, 戦争で「試され」, そして劣化する可能性を有している. そこに同盟が抱える矛盾がある. 世界最強の同盟である NATO が武力行使をしたのは, 冷戦期の仮想敵国ソ連に対してではなく, （第 12 章で後述する）地理的範囲の外にある 1995 年のボスニア内戦および 1999 年のユーゴスラビア空爆以降である. そしてワシントン条約第 5 条の集団的自衛権の規定が明確に用いられうる事例は, 2001 年 9 月のテロ攻撃がほぼ初めてであった（ただしアメリカの意向により, 対テロ戦争は NATO の集団的自衛権に基づいていない）.

(3) 同盟国の数

　同盟は, 加盟国の数によって, マルチ（多国間）とバイ（二国間）に分類される. バイの場合には, 一方（大国）が他方（中小国）に安全を提供する

場合が多い[6]．ハブとスポークの関係として描写される戦後の米日・米韓・米比・米華（1972 年まで）の関係はバイの同盟の典型例である．細谷（1998）は，多数国条約より単数条約（バイ）のほうが責任が分散しないという考えからイギリスがアメリカに対して戦後，日米同盟を多数国条約ではなく単数条約に仕向けたと分析している[7]．同盟は多数決ではなくコンセンサスによって運営されるため，マルチの場合に拒否権プレイヤーが増え，同盟国からの「Do not act alone」のメッセージは容易に「Do not act at all」に転化しやすい[8]．これをブッシュ（子，43 代）政権は嫌い，単独行動主義の方針により対テロ戦争，イラク戦争を開始し，イラク戦争では同盟国，なかんずくフランスとの間に軋轢を生んだ．

　同盟国を増やすことにつながる「バンドワゴン」（勝ち馬に乗る）は，同盟が脅威に対抗するときだけでなく，脅威国（もしくは覇権国）に同調するときにも形成されることを説明する．例えば1930 年代のヨーロッパの中小国がヒトラーに与していった流れや，日本の日英同盟，日独伊三国同盟，日米同盟も同様に説明できる[9]．ただし，勝ち馬と思っていても負け馬になることもある．

　一般に同盟国の数が多いほど，相手側との戦争は大規模になる．戦争においては，平時における合理的十分性の発想よりも，戦闘の被害や敗戦の政治的恐怖を未然に回避しようとする感覚的十分性を求める発想が支配する．そのため，客観的に十分な破壊力を有していても，それ以上の破壊力を用いる準備がなされる．多国間同盟の場合は，たとえ指揮系統が一元化していても政治的恐怖は一元化せず多様である．NATO は先述のとおり，設立後一度も条約上の集団的自衛権に基づいて作戦行動をしたことはない．さらに 30 の各加盟国に敵側から攻撃されるかもしれないという政治的恐怖があり，その被害も均一ではない．「西ドイツのためにニューヨークを犠牲にできるか」という対ソ全面核戦争を想定した問いは，同盟国間の軍事的・地理的差異を如実に示し，戦場を欧州に限定し米本土を無傷に終わらせる「限定核戦争」のオプションをつくった．NATO の場合は，加盟国が民主主義国であるが

ゆえに開戦・参戦の決断や犠牲者数，敗戦時の批判が事後に激化しやすい．そのためマルチ同盟は，たとえ大国であれ小国であれ勝利戦略をもとに，自らの犠牲を最小限に，かつ相手の軍事的敗北を決定的にするよう尽力する．ただし同盟の基礎は外交関係にあり，外交関係の基礎は相手国に常駐する（単独の）大使館を基礎とする[10]．軍も同盟国軍として名乗るが，実態は各国の（単独）軍隊の集合である．NATO 軍がアフガニスタンやコソボに駐留していたが，最小単位は各国の混成部隊ではないことが多い．ここに，同盟の根源的基礎がバイの信頼関係であり，マルチは強いバイと弱いバイの混合を基礎とする発展形にすぎない．一方で，同盟国数の多いマルチ同盟は覇権国による公共財（クラブ財）提供の意味合いが濃く，大国 – 小国のバイの関係の複数形を基礎とする．2018〜19 年にトランプが NATO 同盟国に対して防衛費支出を対 GDP 比 4 ％に倍増するよう求めることができた背景には，こうした構造がある．対して，小国間のマルチ同盟は，大国が世界に存在する以上，大国による分断策（一本釣り）に抗しきれない．ASEAN が経済面で統合を進めているが軍事統合を進めない 1 つの背景はそこにある．

マルチ同盟の第 1 のメリットは，大規模であること自体が市場や生産の発展を促す「規模の経済」があるように，頭数としての主権国家の数が多いことによる「規模の安全」にある．バイの複数形にもかかわらず，マルチであるがゆえに小国は大国の提供する安全にフリーライド（ただ乗り）することがありうる．第 2 に，たとえ主に大国による軍事力提供によって戦時の同盟が機能するとしても，当該大国との政治的・経済的関係が悪化した場合に同盟への影響が緩和されることである．当該大国にとって同盟内小国は one of them に過ぎず，小国 A との関係悪化がマルチ同盟そのものに亀裂を与えることは少ない．ただし他の小国 B や小国 C は，大国が小国 A をどのように扱うか（どの程度まで小国 A の要求に寛容であるか）を注視しており，小国 A を切り捨てるようであれば大国への政治的信頼は揺らぎ，逆に小国 A の要求を丸のみするようであれば小国 B や C は，A の要求に続くため，いずれ同盟内に小国の連合あるいは対立の萌芽が生じる．また第 3 に，一般的

には同盟内の戦争可能性が皆無に近いため，同盟が共通の敵を対象としかつ
国家間の戦争という形態である限り，単純に考えれば同盟国数が増えればそ
れだけ戦争の可能性は減る．極論として，世界が 1 つのマルチ同盟となり十
分に機能すれば，理論的には国家間の戦争はなくなることとなる．むろんそ
のような世界は現実には到来しそうもない．ただし例えば，歴史的には戦争
をおこしたカナダとアメリカの関係やフランスとイタリアの関係において，
たとえ極度な対立が両国間に生じようとも NATO がある限り戦争が再発す
る可能性は低い．領土紛争やキプロスをめぐって対立するギリシャとトルコ
が直接対決しない 1 つの理由は，両国とも NATO 加盟国である点にある．

　バイとマルチの間のトリプル同盟は，同盟としては最も危険な「三すく
み」になる可能性がある．それは，バイの高い義務（責任）が減価しマルチ
の脱落可能性やフリーライドの可能性が残り，同盟の戦時有効性が低下する
ためである．すなわち，バイでは関係改善（＋）と関係悪化（－）は 2 通り
しかないが，トリプルでは，＋と－の組み合わせは＋＋＋から－－－まで
（入れ替え可で）の 8 パターンとなり，責任共有や安定的運営が難しい．第
一次世界大戦で三国同盟からイタリアが脱落し連合国側に転じたことは，平
時に締結された三国同盟が戦時には一枚岩でなかったことを物語る．

（4）　対象の地理的範囲

　同盟がその対象とする地理的範囲は，同盟国の主権が及ぶ領域にとどまる
とは限らない．例えば NATO はワシントン条約において，集団的自衛権を
発動する攻撃として，締約国の領土等（第 6 条 i 項）に加え，「次のものに
対する武力攻撃を含むものとみなす」とし，これを「いずれかの締約国の軍
隊，船舶又は航空機で，前記の地域，いずれかの締約国の占領軍が条約の効
力発生の日に駐屯していたヨーロッパの他の地域，地中海若しくは北回帰線
以北の北大西洋地域又はそれらの上空にあるもの」（同 ii 項）と定めた．同
条約の署名は 1949 年 4 月，ソ連初の核実験は同年 8 月のことであり，未だ
本格的な「核時代」が到来していなかったにもかかわらず，当初から

NATO の防衛範囲は極めて広く設定された.

　日米同盟においても地理的範囲が問題になることがある. 新条約第 5 条では, 「日本国の施政の下にある領域における, いずれか一方に対する武力攻撃」が同盟の対象とされた. 「施政の下」とあることにより主権があるが施政が及んでいない地域（北方領土, 竹島など）は対象とならない. それゆえ日本が実効支配している尖閣諸島は, 日米安保の対象となるはずであるが, アメリカが中立的態度にまわらないよう, 日本は, 21 世紀に入ってから何度かアメリカに尖閣諸島が日米安保の対象に含まれることを言明させている. また同条の「いずれか一方」は日本の領土内である在日米軍基地を含むものと解釈される.

　新条約の第 6 条は, いわゆる極東条項として「日本国の安全に寄与し, 並びに極東における国際の平和及び安全の維持に寄与するため, アメリカ合衆国は, その陸軍, 空軍及び海軍が日本国において施設及び区域を使用することを許される」と規定した. 極東の範囲は後に「大体においてフィリピン以北, 日本及びその周辺の地域で, 韓国や台湾地域も含まれる」（1960 年の政府統一見解）とされた. さらに 1997 年ガイドラインにおいて, 「周辺事態」に日米安保体制で取り組むこととなった. その詳細は後述する.

2. 国際制度としての同盟論

(1) 同盟の強化

　「愛のない結婚」と称される同盟は, 「愛のない離婚」となる可能性を秘めている. 実際に SEATO（1954～1977 年）や CENTO（1959～1979 年）は冷戦期の厳しい米ソ対立下にもかかわらず終焉を迎えた. しかし他の冷戦期の同盟が長く続いたのは, 戦時が比較的少なく同盟が「試される」ことが少なかったこと以上に, 政治・経済体制の価値観を共有し, 相互の政治的・経済的関係を同時に強化しようとしてきたためである. ここで制度が自らを強める好循環が発生する.

　新日米安保条約では，第 2 条で「締約国は，その自由な諸制度を強化することにより，これらの制度の基礎をなす原則の理解を促進することにより，並びに安定及び福祉の条件を助長することによつて，平和的かつ友好的な国際関係の一層の発展に貢献する．締約国は，その国際経済政策におけるくい違いを除くことに努め，また，両国の間の経済的協力を促進する．」とされ，経済関係の強化に 1 条が割かれ，単なる軍事同盟にとどまらない日米安保体制の本質が示されている．またアメリカ軍の日本と韓国への長期駐留は，同盟関係ではない日韓関係の安定化にも寄与している．1997 年，コーエン国防長官は，「朝鮮統一後もこの地域に相当のアメリカ軍の前方展開を依然として維持し，韓国にも強力な展開をしつづける」[11]と述べ，「公平な仲介者」としてアメリカ軍のプレゼンスによって日韓のコミュニケーションを確保することが示された．日韓 GSOMIA（2016 年締結）もその延長線にある．

　NATO も同様に制度強化が条約にうたわれている．ワシントン条約第 2 条では，「締約国は，その自由な諸制度を強化することにより，これらの制度の基礎をなす原則の理解を促進することにより，並びに安定及び福祉の条件を助長することにより，平和的かつ友好的な国際関係の一層の発展に貢献する．締約国は，その国際経済政策におけるくい違いを除くことに努め，また，いずれかの又はすべての締約国の間の経済的協力を促進する」とされ，価値の共同体としての北大西洋地域の一体性を強調している．

　規範，制度を力よりも重視する新自由主義制度論では，1991 年のソ連崩壊により勢力均衡が変わったにもかかわらず NATO が存続した理由を，同盟が一旦形成されると同盟それ自体に意味が生じることに求める．たとえば，兵器体系の標準化，官僚組織，ネットワーク等は一旦形成されると，機能的便益が大きい．同盟は，「便宜上の結婚」にとどまらず，同盟内の外交関係を運営するための制度ともなる．まさに NATO が発足した当時から，NATO はソ連に対抗するとともに，英仏，仏独，英独の関係調整に用いられ，年 1 回ないしは 2 回の定例首脳会議をはじめ共同体として共通の利益を確たるものとした．NATO の初代事務総長イズメイが，NATO の役割を欧

州から「ソ連を追い出し，アメリカを引き入れ，ドイツを押さえ込む」と言い放った意味は，ソ連という敵に共同で対抗するためだけではなく，ソ連の存在を利用して米欧関係の安定を図ることにあった．

　それでは，いかなる同盟も同盟内の結束を強化し自己強化するかといえば，必ずしもそうではない．日独伊三国同盟では，「本条約実施ノ為各日本国政府，独逸国政府及伊太利国政府ニ依リ任命セラルヘキ委員ヨリ成ル混合専門委員会ハ遅滞ナク開催セラルヘキモノトス」（第4条）と規定されたが，実質的な同盟強化はなかった．地理的理由もあり，軍事面でさえも同盟の効果は，米英の連合国に比べて格段に少なかった．

　NATOに対抗するワルシャワ条約機構（1955～1991年）は，強力なソ連軍を背景に結成された東側のマルチ同盟であった．当初の目的は欧州からアメリカを追放することであり，政治諮問委員会が開催されない年もあった[12]．その後，1956年のハンガリー動乱，1968年のプラハの春を経て社会主義諸国間の関係を律するものとしての役割，社会主義の成果の擁護が目的として強調されるようになる．コメコン（経済相互援助会議）の「社会主義的国際分業」をめぐるソ連・ルーマニア間対立を経て，ソ連から離反を示す東欧諸国をワルシャワ条約機構の権限拡大，制限主権論（ブレジネフ・ドクトリン）によってソ連は同盟を用いて社会主義圏の統一を維持しようとした．すなわち，敵対するNATOに対抗するだけでなく，同盟内部の不和を封じ込める役割を同盟に求めたのである．

(2)　国際公共財

　同盟は，同盟国にとっての公共財であるが排他性があるためクラブ財である．また同盟国の近隣諸国にとっても財の恩恵を得ることがある．例えば，米軍基地により「アメリカの傘」に入る国にとって，日米同盟は北東アジアの安定を保障する役割を担う．防衛白書では，「米軍のプレゼンスは，地域における様々な安全保障上の課題や不安定要因に起因する不測の事態の発生に対する抑止力として機能し，わが国や米国の利益を守るのみならず，地域

の諸国に大きな安心をもたらすことで, いわば『公共財』としての役割を果たしている」とされ, 公共財と明言されている.

3. 日米同盟と同盟のジレンマ[13]

(1) 日米同盟の機能

ソ連を敵として措定した日米安全保障体制は, 仮想敵国ソ連の崩壊後もなぜ必要とされるのか. この問いに対して以下の4つの答えが挙げられる.

①国際社会に依然として不確実性が強いためアメリカの抑止力が必要である

②日米同盟関係は両国の協力の政治的基礎であり, 安保条約でそれが保障されている

③アジア太平洋地域の安全のため, アメリカの存在は重要である

④日本が軍事大国にならないという日本の基本的立場に対する信頼を与えている (「ビンの蓋」論)

現実主義者の答えは, ①③であり, 新自由主義制度論者の答えは②④である. ここには, 2つのシナリオが組み合わさっていると初瀬 (2000) は指摘する. 日米安保支持論は最悪シナリオと最善シナリオの組み合わせになっている. 軍事的安保論に基づくシナリオは, 本来最悪シナリオで貫徹すべきものであり, ソ連, 中国, 北朝鮮の意図と能力については最悪シナリオとなっている. しかし, 米国については最善シナリオ, すなわち能力はあり, 意図は善意の持ち主ということである. ところが, 米国の安全保障政策は, その政府文書に「米国の利益を擁護し, 促進する」が第一義的目的と明言されている[14]. 上記の①③は最悪シナリオであり, ②④は最善シナリオと軌を一にする.

(2) 同盟のジレンマ[15]

バイ同盟 (二国間同盟) が大国・小国間の場合には, 同盟のジレンマが生

じやすい[16]．まず，小国にとって大国の小国防衛の公約が信用できるか否かという不安がある．これが「捨てられる恐怖」である．逆に，大国にとって，小国の戦争に参加させられる「巻き込まれる恐怖」がある（その逆に小国が大国の戦争に「巻き込まれる」恐怖もある）．つまり小国が大国に安全を依存する観点から捨てられる恐怖が生じ，双方の同盟への関与が深く国際環境が険しいとき巻き込まれる恐怖が生じる．これが同盟のジレンマである．

同盟のジレンマを調整しようと小国が軍事力を拡大すると，同盟の敵国との間に軍拡競争を誘発する．ここに安全保障のジレンマを惹起してしまう．

日米同盟は，この同盟のジレンマと安全保障のジレンマの中で，一度も実戦で「試される」ことなく戦後 70 年以上続いてきた．この歴史を振り返りながら，同盟のジレンマの変遷をみてみよう．

旧安保条約は，サンフランシスコ講和条約と事実上セットであった．ソ連を含む全面講和かそれとも西側との片面講和かの論争の末，日本はアメリカの占領体制からの早期の脱却を優先し，片面講和を選択した．サンフランシスコ講和条約で「主権国として国連憲章 51 条に掲げる個別的または集団的自衛の固有の権利を有」し，「集団的安全保障取極を自発的に締結する」（第5 条）ことを日本に保証したことが，日米安保を国際的に承認する根拠となった．旧条約は日本がアメリカに駐留を希望するという形をとり，アメリカの日本防衛義務が条文上記されていない．また駐留米軍の行動目的，行動範囲が不明確であり，先述の通り内乱条項があった．加えて，現実にはありえないことであったが，アメリカの事前同意なしに日本の基地能力や外国軍の通過の権利を第三国に許与しないことが定められていた．

当時日本国内では，反米的な世論が存在した．内灘闘争（1952〜1957 年）に始まる反基地闘争や，アメリカの核実験の被害を受けた第五福竜丸事件（1954 年）の後，基地拡大反対闘争のデモ隊がアメリカ軍立ち入り禁止地区に入り起訴された砂川事件（1957 年）では，一審でアメリカ軍駐留は違憲判決が出された一方，最高裁（1959 年）では統治行為論が出されたことにより三権分立への疑義も呈されていた．

　安保条約改定のための日米交渉は，旧条約発効の数年後からすでに本格化した．1955 年 8 月，「グアムを日本は守ることができるか」と問うたダレス国務長官に対して，重光葵外相・岸信介自民党幹事長・河野一郎農相は憲法上無理であるという判断を示す．1957 年 6 月の日米首脳会談では，岸がアメリカ軍配備の事前協議，国連憲章の原則，条約期限などの論点を提起したが，アイゼンハワー大統領やダレスは時期尚早として退けた．その後岸は，新条約で「海外派兵にまでいたらない範囲での防衛義務の負担」を検討する．このころ，アメリカ側も態度を変化させ，反米感情への配慮，日本の自衛力増強の現実（当時約 20 万人に達す），柔軟反応戦略への転換による地上兵力削減と戦術核の利用可能性の点から軟化の姿勢に転じた．1958 年以降の条約改定交渉では，安保条約の地理的範囲について日本が（施政権下にない）沖縄を含めた日本領土とする一方，他方でアメリカはグアム防衛義務を諦めることとなった．自民党内部でも大幅改定論から交渉自体への懐疑論まであり，次期首相となる池田も交渉自体への慎重論を示していた．

　1959 年の自民党総裁選で岸が再選されると一気に交渉に弾みがつく．藤山試案は以下の通りであった．①対象に沖縄を含めず，②アメリカの日本防衛義務を明示するが，そのかわり日本領内の米軍に武力攻撃があったときは共同防衛とする，③在日米軍の使用は両国間の協議事項とする（「事前協議」），④内乱条項と第三国条項を廃止，等を提案し，それをもとに 1960 年 1 月，新日米安保条約と日米地位協定が調印された．安保条約の改定は同盟の「捨てられる恐怖」を自衛力強化によって減じたことで成就したが，安保体制の仮想敵国となったソ連や中国の非難を高じさせ，国会審議を強行したことにより岸は退陣に追い込まれた．

　旧条約と新条約との共通点は，米軍の駐留権を認め，極東の安全のためにも米軍は施設利用可能とした（新条約では 6 条）点である．そして差異はアメリカの日本防衛義務，日本の施政下領域での米軍への援護（5 条），協議事項を拡大，自衛力の増大を規定し（3 条），内乱・第三国条項を削除したことなどである．また経済条項（2 条）や事前協議事項（6 条実施の交換公

文）も加えられた.

さて，沖縄返還合意（1969年）やニクソン政権による米中和解と米ソ交渉の進展は，冷戦国家日本に不安を与えた. さらに日米間では繊維をめぐる経済摩擦が激化し，同盟国アメリカから「捨てられる不安」が増大していく. カーター政権の在韓米地上軍撤退の動きもあり，日米防衛協力のためのガイドライン（1978年，以下「78年ガイドライン」）が合意され，有事の際の日米間の役割分担が合意された.

日米同盟という言葉が初めて公式に用いられたのは，1981年の鈴木善幸首相の訪米時であった. 続く中曽根康弘政権は，シーレーン防衛，武器輸出三原則の例外としての日米相互援助協定（1983年），SDI（戦略防衛構想）への日本の参加表明等により日米同盟の拡大を図り，「不沈空母」や「三海峡封鎖」といった戦略的思考を発することを躊躇しなかった. 加えて，「捨てられる」恐怖に基づき，米軍の駐留経費を日本がホスト・ネーションの「思いやり予算」として負担するべく，日米地位協定24条で「施設及び区域」を日本が負担しアメリカの負担減少とする分担に変更した[17]. この背景には，当時アメリカ議会で論議された「安保ただ乗り論」や円高ドル安の進行があった. アメリカにとって，日本の基地の維持費用の安さは重要であり，ナイ国防次官補は1996年3月，「国防力の一部を日本におくほうが，コストが遥かに安い. あなたの税金がそれだけ少なくて済む」と発言した. これには後のトランプ大統領の対日負担要求に通底するアメリカの日米安保観が表れている. すなわち「有事の際には，アメリカの世話になる」という日本の心理をアメリカは，対日交渉カードとして利用している. またアメリカ政府は，先述の「ビンの蓋」論を持ち出すことがある. 1990年3月，沖縄のアメリカ第三海兵隊師団長スタックポール少将が「もしも米軍が引揚げれば，日本は軍隊を強化するだろう. われわれは『ビンの蓋』なのだ」と発言したが，これは，駐留経費削減を求めるアメリカ議会向けの発言であった[18]. 民主主義国間の同盟は，その存在理由を多角化する.

(3)　1997 年ガイドライン[19]

「改定なき改定」と呼ばれた日米安全保障再定義（1996 年）は，1997 年ガイドラインと国内法制としての周辺事態法に結実している．

1978 年のガイドラインは War Manual であり，対ソ戦を想定したものであった[20]．1997 年 9 月に改定された「日米防衛新指針」は，周辺事態への関与を定めたものである．この背景には，1996 年 3 月の台湾海峡危機と，1996 年 4 月のクリントン訪日時になされた日米安保共同宣言があった．ここで日米協力を行う「周辺事態」に台湾海峡を含むかどうかが大きな論点となった．1994 年の時点ですでに米軍が日本に対して官民の施設提供などを通じた支援を要求していたことによって，1997 年の新ガイドライン合意が先取りされていたことが判明した．また，神戸港が提供港に含まれているため，（非核証明を求めた）神戸方式などの自治体の独自の対応があったとしても「有事」の際に米軍や自衛隊がそれらを考慮していないことも明確になった．つまり従来の神戸方式には限界があり，自治体が協力を拒否しても米軍や防衛庁は後方支援協力をさせるであろう[21]．有事の際には「10 日以内」の自治体の協力が検討されており，そのような重大な決断を迅速にかつ民主的に行うのは容易ではない．

1998 年 8 月末に北朝鮮が弾道ミサイル「テポドン」を発射する中，99 年 5 月末，「周辺事態法」をはじめとした「ガイドライン関連法」が可決される．法案審議の際に政府が示した周辺事態の典型例は次の 6 つであった．

①日本周辺地域で武力紛争が発生している．

②そのような武力紛争の発生が差し迫っている．

③ある国の行動が国連安全保障理事会によって平和に対する脅威や破壊，侵略行為と認定され，その国が国連安全保障理事会決議に基づく経済制裁の対象になる．

④ある国で政治体制の混乱で大量の避難民が発生し，日本への流入の可能性が高まっている．

⑤日本周辺地域で武力紛争は停止したが，秩序の維持，回復が達成されて

いない.

⑥ある国で内乱や内戦が発生し，それは純然たる国内問題にとどまらず，
　国際的に拡大した.

（⑤と⑥は日本への攻撃の意図が相手側になくとも，周辺事態になること
を明確にしている）

　理想主義的立場からは周辺事態の定義は恣意的である.「武力紛争の発生
が差し迫っている」と発表されても，その真否を知っているのは情報を独占
する自衛隊側であるため，民主的なコントロールが難しい点も懸念される.
この対象となる中国は，「周辺」の定義の問題に懸念を示し，日米安保がバ
イ同盟ならばガイドラインのような新たな合意の必要性はないはずだと指摘
した. この問題は中国に警戒感を生み，また韓国世論にも否定的意味をもっ
た. 加えて北朝鮮は反発し，ASEAN に懐疑（とりわけシンガポールは反対）
を生んだ.

　その一方で当時のロシアは北朝鮮への影響力確保（ソ連製工業の再生）を
最優先する一方で，人口減少が続く極東地域にとって人口爆発の中国を脅威
と受け止め，日米安全保障の強化による中国への抑止を歓迎していた[22].

　現実主義的立場からは，強制力の使用の仕方について，強制力なしに臨検
命令は可能か否かといった実効性が疑問視された.

　当時の政府見解は，指針見直しは安保条約の枠組みを変えるものではない
とし，「周辺事態とは，事態の性質に着目したもので地理的な概念ではない」
とした. この背景には，与党自民党内で「朝鮮半島は含まれる」ものの，台
湾について議論の決着がつかなかったことが大きい[23].

(4)　21世紀の日米安保と民主主義

　イラク戦争で日本は自衛隊をイラクに派遣し，「自衛隊が派遣されている
ところは，戦場ではない」という小泉首相の国会答弁に示されるような矛盾
を拡大させた. こうした現実と憲法とのギャップは自民党内での改憲論議を
加速させ，第2次安倍政権下では両院で自公両与党で3分の2の議席を占め

たものの，改憲の発議を行うことができなかった．

　冷戦期の平和規範に組み込まれた武器輸出三原則（第 5 章参照）では，同盟国アメリカに対する輸出が解禁され，ミサイル防衛構想への共同技術開発と実戦配備も進んだ．2002 年の有事法制により，捕虜法，武力攻撃事態法，自衛隊法改正案が制定され，同盟の「使える」化が進んだ．

　さらに，第 2 次安倍政権でアメリカとの新ガイドラインが 2015 年 4 月に合意され，「切れ目のない安全保障」のもとで集団的自衛権の容認による新たな安保体制に入り，また同盟調整メカニズム（ACM）が設けられ，日米安保はより組織化された．「巻き込まれる不安」から「いかに巻き込まれるか」に転じたことにより，片務性の議論は大幅に減少し，より双務的な軍事同盟となった．このような同盟の強化は，一見するとアメリカに見放されないように日本がアメリカを縛っているようにみえる．ここにバイ同盟の苦悩がある．マルチ同盟では，同盟の組織化は事務局によって安定的に議論が進む．しかしバイ同盟には常設事務局がないことが多く，2＋2 をはじめ双方の担当大臣・事務レベルの折衝が基礎となる．バイ同盟における不安は，「2」という数字に起因する数理的なものである．

　また日米両国は民主主義国であるため，安全保障問題も両国間で 2 レベルゲーム化しやすい．アメリカ議会の反発を見越した外圧利用による世論形成が日本で進むため，アメリカ政府は有利な立場にある．ここにはアメリカ政治における議会の権力の強さと情報発信能力がある．日本が議院内閣制であり，また国会軽視が長らく問題になっている現状では，対米政治力の構造的強化は難しい．しかし第 2 次安倍政権は，政権の長期化というアセットを作り，完全情報を多く有することで時間軸の設定を有利に導き，また情報集約と平均世論支持率の高さにより対米交渉を歴代政権に比べて比較的優位に進めることができた．ここでは，民主主義国同士の同盟政治の難しさとリーダーシップのあり方が課題となる．もとよりアメリカの世論と日本の世論は異なるものであり，日本の対米配慮とアメリカの対日配慮には敗戦国と戦勝国の差異に起因する構造的な不均衡がある．

(5)　日本の核政策

　1970 年代まで日本では，朝鮮半島，ベトナム戦争，台湾海峡などの戦闘や対立地域における米軍の戦闘に「巻き込まれる」不安が大きかった．このことが，日米安保の事前協議制度，非核三原則を生んだ．しかし事前協議を定めた安保条約第 6 条の実施に関する交換公文では，①アメリカ軍の日本への配置や装備の重要な変更，②日本からの戦闘作戦行動が対象とされたが，一度も協議は開かれていない．例えばベトナム戦争時にアメリカ軍部隊はまず日本から「移動」し，その後，戦闘作戦行動でベトナムへ向かったため事前協議の対象とならないという理解を当時の日本政府は示していた．非核三原則に至っては，アメリカ側から事前協議の要請がないため核兵器を持ち込んでいないはずだと日本政府は強弁した．実際には 1960 年代まで日本本土の米軍基地には，ソ連に対する即時反撃体制がとれるよう核兵器が貯蔵され，そのために核搭載の C130 輸送機を沖縄に常時待機させ，常時横田基地や三沢基地経由で長距離爆撃機でソ連や中国を攻撃することが想定されていた[24]．

　1967 年の核兵器を「持たない，作らない，持ち込ませない」の非核三原則に加え，佐藤栄作首相は，1968 年に非核 4 政策を提示した．①核兵器の廃棄，絶滅を念願する，②当面は実行可能な核軍縮に力を注ぐ，③国際的な核の脅威に対しては引きつづき日米安全保障条約に基づくアメリカの核抑止力に依存する，④核エネルギーの平和利用には最重点国策として全力をあげることとし，これはその後も日本の核政策として受け継がれることとなった．その一方で佐藤は，日本を「核慣れ」させるために原子力空母の寄港を初めて認め，「非核三原則はナンセンス」とアメリカ駐日大使に述べ，陪席した保利茂官房長官を驚かせた[25]．

　冷戦後の 1990 年代，アメリカの現実主義者ミアシャイマーは，日本とドイツを大国扱いすべきとして，核武装を容認するよう主張したが[26]，実際に日本は，核武装もニュークリア・シェアリングもなかった．しかし，時々の日本の政権は核武装の可能性について曖昧にしてきた．日本では西ドイツ同様に NPT 加盟前には核武装の選択肢が検討されていたことがあった．その

後，小泉政権下で有事関連法案の審議期間中に，「憲法改正を言う時代だから，非核三原則だって，国際緊張が高まれば，国民が『持つべきではないか』となるかもしれない」と政府首脳が述べ，世論の動向次第では，将来，見直しが政治課題になる可能性もあるとの考えを示した．核政策については，当時の安倍晋三官房副長官が「核兵器は憲法上，問題ない」[27] と発言したのに対して，福田康夫官房長官が「法理論的に言えば，専守防衛を守るなら，(核兵器を) 持ってはいけないという理屈にならない．しかし，政治論ではそうしない政策選択をしている」と述べ，非核三原則を堅持しつつ，核武装の選択肢の存在を示唆する矛盾が続いている．

注

1)　ホルスティ (1972).
2)　『国際政治経済辞典』459-460 頁.
3)　稲葉千晴「解説・解題」プレシャコフ (2020) 259 頁.
4)　同，268 頁.
5)　小川和久寄稿『毎日新聞』1997 年 9 月 29 日，『国際政治経済辞典』96 頁.
6)　神谷万丈「アジア太平洋における重層的安全保障構造に向かって —— 多国間協調体制の限界と日米安保体制の役割」『国際政治』115 号，1997 年，144-160 頁.
7)　細谷雄一「イギリス外交と日米同盟の起源，一九四八年 - 五〇年」『国際政治』117 号，1998 年，191-208 頁.
8)　IHT, January 27, 2003.
9)　『国際政治事典』817 頁.
10)　木下 (2009).
11)　「日米同盟の虚実」取材班「[新世紀へのトライアングル] 第 2 部・日米同盟の虚実／7「朝鮮統一後」に不安」『毎日新聞』1997 年 5 月 23 日.
12)　『国際政治経済事典』668 頁.
13)　本節は，『国際政治経済辞典』，『日本外交史事典』，山本武彦 (編) (1997) の各論稿を参照，また『毎日新聞』1998 年 1 月 31 日.
14)　初瀬 (2000)，14 頁.
15)　山本武彦 (編) (1997) 77 頁以下を参考にした.
16)　岩崎ほか (編) (2000)，130-131 頁.
17)　『国際政治経済辞典』94 頁.
18)　『毎日新聞』1998 年 5 月 25 日.
19)　本節は特に岩崎ほか (編) (2000)，139-141 頁，山本武彦 (編) (1997)，89 頁

以降を参考にしている.

20) 同, 79 頁.

21) 「周辺有事に現実味」『朝日新聞』1999 年 2 月 24 日.

22) 『毎日新聞』1997 年 9 月 28 日.

23) 『毎日新聞』1997 年 8 月 24 日.

24) 『愛媛新聞』2000 年 5 月 9 日.

25) 『朝日新聞』1999 年 10 月 25 日.

26) John J. Mearsheimer "Back to the Future: Instability in Europe after the Cold War" *International Security*, Vol. 15, No. 1 (Summer), 1990, pp. 5-56.

27) 「非核三原則『見直しも』 世論次第で政治課題に —— 政府首脳」『毎日新聞』2002 年 6 月 1 日.

III. 冷戦と民主主義

第9章
冷戦と民主主義

1. 冷戦期の軍事・経済ブロック対立

(1) 核戦力と抑止戦略

ソ連よりもアメリカが先に核戦力を保有したことによって，アメリカは核戦略を優位に進めることとなった．第二次世界大戦終結前に，チャーチルは原爆機密の米英による独占を継続させることを主張したのに対して，ボーア博士らは，ソ連が米英と同盟国である間に三大国間合意を形成し核開発の国際協力の道を模索した．むろん歴史は前者の途をたどり，ポツダム会談の日程は，世界初の原爆実験と重なった．当時，ソ連側に核技術を流したマンハッタン計画参加学者のホールは，アメリカが「原爆兵器を独占する危険性を心配し」，1944 年からソ連側スパイと接触して機密を暴露した．彼の行動は，もしソ連が原爆を所有しなかったら，「戦後 50 年のうちに核戦争が起き，1949 年には中国に原爆が落とされるかもしれない」とさらに考えた上での自発的なスパイ行為であった[1]．

最初のニュークリア・シェアリングの提案ともいうべき核の国際共同管理提案はアメリカの反対で消えた．核開発に携わった科学者たちは核兵器の圧倒的な破壊力を一国が有するよりも国際管理のもとに置くべきと主張していた．アメリカのバルーク案が，当時唯一の核兵器国であるアメリカの立場により，核兵器禁止よりも管理に重きをおいていたのに対し，当時核開発中であったソ連は禁止に重きをおいた．冷戦初期の米ソの平行線は，そのまま冷

戦終焉まで続く構図となった．結局アメリカは，これまで開発してきた兵器と同様に，巨大な破壊力をもつ核兵器を各国の主権のもとにおくこととした．そして核保有国となったソ連も，英仏中も，インド・パキスタンや北朝鮮もその方式を踏襲した．

　1950 年代はアメリカが圧倒的な核戦力の優位を誇っており，核戦力の優位を背景にソ連を封じ込めようとした．核兵器を抑止力の手段として用いる方法は，戦争瀬戸際政策とも呼ばれる[2]．その後，ソ連の核兵器の増加につれて，大量報復戦略，柔軟反応戦略とアメリカの抑止戦略は変化し，1970年代には MAD（相互確証破壊）と呼ばれる状況が現出した[3]．さらに，SALT Ⅰにより米ソの核軍備管理交渉は上限設定で初めて合意したものの，SALT Ⅱはソ連のアフガニスタン侵攻（1979〜1989 年）に対して反発したアメリカ議会により批准されなかった．

　1952 年のアメリカ大統領選挙において，後述するように，鉄のカーテンの向こう側の民衆を放置する現状維持は不道徳であると指摘し「巻き返し政策」を主張したのは，挑戦者（大統領野党）のアイゼンハワーであった．1960 年の大統領選挙でも，ソ連がスプートニクを打ち上げ ICBM 能力を向上させたとの見解に基づきミサイル・ギャップ論争を加速させたのは，挑戦者のケネディであった．また来たる第三次世界大戦における「脆弱性の窓（window of vulnerability）」という表現を用いて，ソ連の ICBM の性能向上によりアメリカの ICBM 基地がソ連による奇襲第 1 撃で完全に破壊される危険を 1980 年の大統領選挙で指摘したのも，挑戦者のレーガンであった[4]．

　このように冷戦期のアメリカでは核戦略を大統領選挙で争点化したのは挑戦者（大統領野党）のほうであり，上記の 3 事例とも挑戦者が勝利した．むろん大統領選挙の勝敗要因は多岐にわたるが，冷戦民主主義（後述）が戦争可能性を前提に抑止戦略よりも勝利戦略に信をおいていたことが示唆される．

　MAD では，核攻撃を行えば必ず核兵器による大量の報復反撃により破壊を受けるとの確証が双方に存在すれば核戦争の危険は抑えられる．核兵器は大量に持った方がよく，その防御兵器は持たない方が相互核抑止を高めると

される．レーガンは官僚から「米ソ核戦争を阻止するためには，双方とも核攻撃から無防備であるべき」と説明されて衝撃を受け，「国民を核の攻撃にさらすのはおかしい」と不道徳性を主張し，就任後にスター・ウォーズと呼ばれた SDI（戦略防衛構想）を発表した[5]．SDI は従来の核抑止戦略を超えて，相手側の核を無力化する「盾」を宇宙空間に配備することで ICBM の無力化を図った[6]．SDI は，核の対抗手段として核を用いないという画期的な方法であり，具体的には，敵の ICBM 発射後，大気圏外飛行，大気圏再突入の数段階にわたって，指向性エネルギー兵器や運動エネルギー兵器といった非核の高度な防御システムによって核兵器を無力化し，究極的には核廃絶をめざすものであった．これは国民の人質化という不道徳な状況を終わらせ核戦争の恐怖から解放するものとして宣伝されたが，現実には技術開発が進まないうちに冷戦自体が終焉することとなった．

　なおアメリカは，後にソ連も ICBM に加えて大量の SLBM（潜水艦発射弾道ミサイル），戦略爆撃機を保有し，核戦略の三本柱とした（→第5章）．ソ連同様にアメリカは，R&D 予算の約 70 ％以上が軍事・宇宙目的であり，軍産複合体の形成が 1950 年代から促進された．民主主義の下で国民の税金は冷戦に多く費やされたのである．

（2）　安全保障の概念の変容

　冷戦によって，安全保障の概念とモデルが変化した．冷戦までは，国防（national defense）概念により，外国による武力侵略から国家を防衛することが中心となっていた[7]．核兵器の保有と空軍力の優位性が第二次世界大戦により確認されたことで，単独の国家が強大な破壊力をもつ兵器を手段として国家防衛の目的を達成するという発想が難しくなった．それゆえアメリカは，国家安全保障（national security）の概念を創出した．これは，近代国家の死活的利益とされる領土的一体性，政治的独立，および国民の生命財産の安全の維持・確保のために努力することを指す．

　核抑止の理論は，容易に核軍拡につながった．抑止理論は相手方の行動が

合理的であることを前提とするが，抑止が機能しないことがある．たとえシグナリングをうまく作動させたとしても，戦争の決意性が固まった後にそれを翻意させるのは容易ではない．1941 年段階で日本が対米劣勢であったにもかかわらず対米開戦に踏み切ったのは抑止論の限界を示唆する．

1970 年代に米ソ間の一定の核均衡が達成された後，米ソの相互核抑止がなりたったといわれる．その基本的条件は，次の 3 点であった．

①核兵器の第 2 撃能力

②報復を実行する意思

③相手国がその報復の意思を真正のものと認知すること

こうした条件は，おおむね冷戦後の米ロ，米中間にも引き継がれている．その当事国を含む五大国は冷戦後に将来の核廃絶を誓約した（2000 年 5 月）．NGO からは，アクセルとブレーキを同時に踏むようなものとして批判されるところであり，また現在もその「将来」は到来していない．

冷戦期の核軍拡は，次のような特徴を有した．第 1 に，量の軍拡から質の軍拡である．例えば，アメリカはベトナム戦争以降，ICBM 数を 10 年間とどめていたが，弾頭数は MIRV（多弾頭）化で 2 倍にした．また技術的には，INF（中距離核戦力）の半数必中界（CEP）を減らし，命中率を高めた．第 2 に，ヨコの軍拡からタテの軍拡へと進み，兵器輸出の増大，技術拡散も招いた．第 3 に，軍産複合体の拡大により新兵器のリードタイムは次第に増大した．例えば，約 20 年の間にポラリス A2 →同 A3 →ポセイドン C3 →トライデント C4 に世代交代している．第 4 に，軍拡競争により敵の脅威が宣伝される一方，他方で経済競争力を弱めることとなった[8]．

2. 米ソの覇権競争

冷戦期の米ソは，イデオロギー対立，ブロック対立に加えて覇権競争を繰り広げた．覇権競争は全世界に及び，東西両ブロックに属していない国々に政治的にアプローチし，自陣営への勧誘や誘導を行った．その結果，「第三

世界」の諸国では，民族対立に冷戦が加わり内戦化する事例が後を絶たなかった．アフリカでは，アンゴラ（1975 〜 2002 年），モザンビーク（1977〜1992 年）で東側が守勢にたち，ナミビア（1966〜1990 年）では南アフリカが守勢にたった．中米ではニカラグア内戦（1979〜1989 年）で東側が守勢にたち，チリではアジェンデ政権がCIA に支援された軍によるクーデタで崩壊した（1973 年）．これらの戦闘には東側ではソ連軍の支援のほか，キューバ軍部隊が派遣されることもあり，覇権競争は抜き差しならなかった．エルサルバドル内戦（1980〜1992 年）等ではその逆に東側の支援を受けたゲリラが闘った．

　ここで覇権という用語について吟味しよう[9]．第 1 に，覇権は現実の国際関係や外交で政治的用語として用いられる．1978 年の日中平和友好条約では，ソ連を意識した「反覇権条項」が設けられた．ここでの覇権とは，軍事力や経済力によって他国を威圧・侵略し，自国の勢力の拡大を意図することである．第 2 に，国際政治の学術的用語として，ある国が軍事力，政治力，経済力やその国力の源（技術，IT など含む）に関して，他国を凌駕する圧倒的な支配権を確立する状態を指す．

　後者の意味での覇権を有する国家を覇権国という．コロンブスのアメリカ大陸発見によって始まった世界システムにおいて，16 世紀のスペイン，17 世紀のオランダ，19 世紀のイギリス，20 世紀のアメリカのように覇権国は盛衰していった．この覇権国は，経済的な富だけではなく，軍事的優位性も必要とする．とりわけ陸軍よりも海軍力が重要であった（図 3-1 参照）．例えばアヘン戦争前の清（中国）は世界の GDP の約 3 分の 1 をしめ，その比率は現在のアメリカに匹敵していたが，海軍力と制覇の意図が少ないため世界的な覇権国とはいえない．アヘン戦争後の中国は，GDP でイギリスに抜かれ，20 年後にアメリカに，さらに 20 年後にドイツ，ロシア，フランスにも追い越される．日清戦争後は日本にも抜かれ，国際的地位を低下させた[10]．

　キンドルバーガーは，1910〜2003 年の期間について長波理論を用いて覇権国の盛衰を分析した．覇権国が存在すれば世界システムの安定が維持され

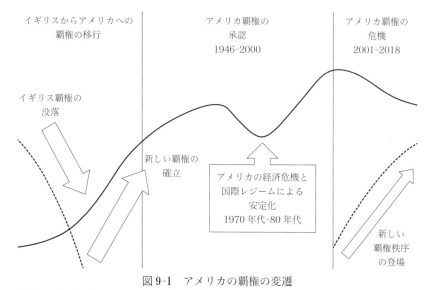

図 9-1　アメリカの覇権の変遷

出典：Alejandro Dabata, Paulo Leal（2021），"The rise and fall of the United States in global he-gemony,"https://probdes.iiec.unam.mx/index.php/pde/article/view/67934/61625（2021 年 7月10日アクセス）をもとに一部修正.

るとするのが覇権安定論である（→第 3 章）．ギルピンは，強大な覇権国の存在によって自由貿易体制が維持されるが，覇権国が衰退すれば世界秩序は混乱し，覇権の争奪戦が始まるとした．しかしコヘインは，覇権国が衰退しても国際レジーム（→第 4 章）の存在により世界秩序は安定すると説いた[11]．例えば石油危機後や金ドル交換停止後は IEA などの国際レジームや G 7 で政策協調がなされ，1985 年のプラザ合意では，G5 は貿易と財政の双子の赤字に悩むアメリカを救うためドル安誘導で合意した．アメリカの盛衰の波を表現したものが図 9-1 である．

　なおコックスは普遍的原理として覇権を表現し，優越は覇権の必要条件であって，十分条件ではないとした．そして優越関係は覇権に媒介されて初めて行動の枠組みとなるとし，優越から覇権構造への移行に際しては弱小国の支持を得られるようでなければならないとした[12]．

3.　アメリカの冷戦外交の主体

アメリカは戦間期に覇権国となり，ソ連とのイデオロギー対立を経て，自らの民主主義を変質させた．ここでは冷戦民主主義（→本章第5節）のアメリカが冷戦外交をいかに展開したかを概観する[13]．

(1)　対外政策目標の独自性

アメリカは，多国間のルールと制度の最大のスポンサーであると同時に，自らが制度的な約束や義務に拘束されることには常に抵抗しつづけてきた[14]．国際連盟の創設から京都議定書にいたるまで，アメリカ議会による条約批准否決・未批准は数えきれない．冷戦期においても，ジャクソン・バニック条項によるソ連からのユダヤ人出国者の増大を求める一方で，カーターが締結したSALT IIの批准を見送った．

アメリカはヨーロッパと異なり，国益の範囲が不明確であった．アメリカは独立以来，最初の共和国としての伝導意識を有しており，ウィルソン以来，経済的な国益追求とともに民主主義が優位概念となった．

第二次世界大戦までのアメリカ外交はモーゲンソー（1951）や佐藤（1989）によると，次の3類型に分けられる．a) 19世紀以来の覇権型（思考は道徳的，行動は権力的）：神の摂理に基づく明白な運命論（Manifeste Destiny）とその表裏一体の人種的偏見に基づく先住民征服，メキシコ人への教化がみられ，西半球への覇権となって現われた．b) 米西戦争後や第一次世界大戦後の道徳主義型（思考も行動も道徳主義）：普遍的理念が参戦とリンクしたことにより新外交が唱道された．すなわち秘密外交を批判し，公開外交を推進し，植民地主義を否定し民族自決主義を掲げ，理想主義に基づく国際連盟の設立と自由貿易体制の確立も検討された．c) 現実主義型（思考も行動も権力的）：ヨーロッパの勢力均衡的発想により，1921〜22年のワシントン会議でアメリカは対日抑制とアメリカの在中権益確保をめざした．例えば，1945

年の国連創設において，植民地解放と国連総会は道徳主義型，安全保障理事会とヤルタ体制は現実主義型のアイデアとして理解できる．

　アメリカによる世界運営は，軍事的には NATO や日米安保などの同盟体制を基盤とした．政治的にはその中でも米英関係が中軸となった．米英は，19 世紀の米英戦争やモンロー宣言を経て，対等な関係になった．孤立主義の政治文化が強いアメリカにとっては，イギリスはあくまで複雑な権力闘争を均衡させるバランサーであり，欧州大陸のいずれとも同盟を組まないことが指向された[15]．1935 年の中立法までは英米は特に繋がりがなく，中立国アメリカの対英軍事援助は，イギリスが窮地に追い込まれた 1941 年によようやく成立した武器貸与法を待たねばならなかった．イギリスのバルカン半島における政治的プレゼンスがソ連軍の東欧占領で失われたことにより，アメリカはトルーマン・ドクトリンによってギリシャ，トルコを西側に留める欧州政策を発した．トルーマン・ドクトリンが注目されるのは，没落したイギリスに代わり，欧州問題にアメリカが永続的に関与するようになった大転換を意味するためである．その後，中東，東南アジア，アフリカ，と英仏の撤退と入れ違いにアメリカが軍事的，政治的プレゼンスをおくようになる．ここに「世界のアメリカ」が完成する．

　冷戦期のアメリカは，覇権をもちプレゼンスを示すことを優先したため，当該地域が必ずしも民主主義でなくともよかった．アメリカのプレゼンスがあり友好的関係を維持した東南アジアや中南米の多くが当時権威主義体制であったが，カーター以外は人権問題を注視しなかった．非民主的な国々と当時世界最大の民主主義の国が友好関係を維持しつづけられたのは，アメリカが冷戦の勝利を最大目標とした冷戦民主主義であったためである．

(2) 対外体制の構造の冷戦化

　冷戦国家アメリカの外交は制度的な check and balance に基づき，行政府が外交政策の策定と外交の実践を行い，立法府は予算の決定支出権限を有し，さらに上院には宣戦布告，条約批准，国務長官・大使などの政府高官指名承

認，公聴会開催の権力がある[16]．

　共和党上院議員のマッカーシーは，トルーマン政権の対中国政策の失敗に
乗じて，トルーマン政権を「容共」であると批判し，議会の「非米活動委員
会」を中心としてリベラル派（特に民主党）に対する攻撃と「赤狩り」を推
進した．特に 1950 年 2 月に彼は，「国務省に 205 人の共産主義シンパが存在
し，57 名の共産党員が存在する」と発言し，アメリカ政界を混乱させアメ
リカ外交を冷戦化させた．軍内部にまでマッカーシーの批判は及んだため
マッカーシーは，軍出身のアイゼンハワーと対立した．1954 年 2 月，アイ
ゼンハワー政権下での揺り戻しにより，上院は彼の活動を全会一致で非難す
る決議を採択した．ただしアメリカの冷戦民主主義には，マッカーシズムに
よって容共に対する政治的制限が埋め込まれたといえる．

　1960 年代までは，福祉国家化と同様に外交における行政府の優位がみら
れた．冷戦の下で強力な外交政策の決定の必要性があったためである．朝鮮
戦争，ベトナム戦争は合衆国軍隊最高司令官としての大統領の権限に基づく
「宣戦布告なき戦争」であったことが，立法府の実質的権限を弱めていた．
しかしベトナム反戦運動の高まりやニクソン・ショックを経て，立法府の権
力が相対的に増大した．1973 年の「戦争権限法」制定により，議会の承認
を受けることなく 60 日以上米軍を投入する大統領権限が否定された．1980
年代は，民主党多数議会によりイラン・コントラ事件への批判，国防予算の
下方修正，極端な保護貿易法案が提案されつつ，利益誘導政治が顕著にみら
れた．

　アメリカ政府の外交政策決定過程は，一般に次のような扇モデルとなって
いる．大統領執務室（Oval Office）を中心にホワイトハウスが扇のかなめと
なっており，NSC（統轄：国家安全保障問題担当大統領補佐官）がある．ク
リントン政権以降は NEC（国家経済安全保障会議）も設けられている．扇
の先端には，国務省，国防総省，中央情報局（CIA）などがある．

(3)　国際政治と国内政治の相互浸透

　冷戦は，外交と国内政治の接点を強めることとなった．外交上は対ソ強硬策を実施したいが，議会は議員の選挙区にある利益構造に無関心ではいられない．例えば，1979年のアフガニスタン侵攻に対抗してカーター政権は対ソ穀物輸出禁止の制裁を科したが[17]，小麦生産農家を支持層にもつ議会は反対し，結果的にカーター政権の失敗に終わった．また第一次中東戦争後の1948年のイスラエルの国家承認論争では，大統領選挙期間中にニューヨーク州をはじめ優位に展開していた候補者デューイ（共和党）に対して，現職トルーマン（民主党）はニューヨークに多いユダヤ人票を得ることで逆転をめざそうとした．当時国務省，国防総省はイスラエル承認により中東諸国が離反することを恐れたが，トルーマンは官僚を説得し選挙で再選できた．「国際問題が選挙で有利になることはないが不利になることはある」[18]といわれるが，実際には選挙での勝利のために外交問題を利用することがある．冷戦後の1992年に，ブッシュは劣勢逆転のために中国の反対をおしきって台湾向けにF16を150機売却する決定をし，2018年にトランプが駐イスラエル・アメリカ大使館のエルサレム移転を進めたのはそのような事例である．

4.　ソ連の冷戦外交の主体

(1)　フルシチョフまでのソ連外交

　アメリカ外交が行政府と立法府のせめぎあいによる冷戦民主主義に基づいていたとすれば，ソ連の外交は，ソ連共産党という政党とソ連という国家のせめぎあいであった．党は人民の前衛であるため人民民主主義（→第10章）を推進する．ソ連という国家は共産革命で生まれたため，党の国家化と呼ばれる過程を通じて，党の国家に対する優位が確立する[19]．ソ連の外交理念は階級闘争，民族解放闘争への支援（国際主義）であったが，現実はソ連という国家の確立と防衛，西側との戦略的妥協に満ちていた．

　1924年までのレーニン時代には10月革命によって党＝国家としての外交

が開始され，帝政時代の秘密外交の暴露による旧外交への根本的批判，外務省の解体，世界革命への熱望により，外交不要論に基づき党と大衆の運動が主体の人民外交が「外務人民委員」の手で繰り広げられた．外務人民委員の仕事は，外交記録の公表と査証業務だけだったという．旧来の外交の完全否定は英仏を激怒させ，アメリカのウィルソンの「新外交」を導くこととなった．しかし同時にブレスト講和（1918 年 3 月）以降，帝国主義間の矛盾を利用するべく政治としての外交が復活した．

　スターリン時代（1924〜1953 年）は世界革命を放棄し一国社会主義路線を疾走し，党の一枚岩化と国家化が進んだ．独ソ秘密協定（1939 年）には，現実主義的外交の側面が強くみられる．冷戦民主主義としてのソ連は，当初の革命理念から離れ，計画経済を中軸とする現実的経済開発を宣伝するようになる．第二次世界大戦に勝利したことにより，米英と対等な大国となり，エルベ川以東の欧州の東半分を手中に収めたソ連は，外務省や外務大臣という旧来の組織と地位を復活させていた．

　冷戦中期になると，スターリン批判（1956 年）で権力を確立したフルシチョフ（1964 年失脚）により，社会主義国の動揺を軍事力で鎮圧し（ハンガリー動乱），「原子爆弾は階級的原理に従わない」という前提の下，ジュネーブ四大国会談により米ソ「雪解け」を演出した．またキューバへのミサイル基地設置のようにケネディの足元を見た外交を繰り広げ，精神的な対米優位が見え隠れするようになった．キューバ危機において，ソ連は軍事的には撤退を余儀なくされたが，外交的には完全にアメリカと対等となり，国連総会でフルシチョフは自分の靴を脱いで机をたたいて抗議する等パフォーマンスをみせる余裕があった．この頃は共産党よりも政府が外交において優位であった．

(2)　ブレジネフからゴルバチョフまで

　ブレジネフ時代（1964〜1982 年）になると，キューバ危機の敗北への反省から，ソ連は海軍力と核戦力の向上を図った．第三世界への革命輸出とベ

トナムの勝利はソ連に自信を与え，米ソデタント，欧州デタントの状況をもたらした（山本武彦 1982）．1973年のガスパイプラインの西側延伸等によりソ連は米欧分断に成功し，CSCE（→第10章）はブレジネフ外交の成果として喧伝された．平和的姿勢に加えて，ヘルシンキ宣言の数年後にはSS-20の配備を始め，二律背反の外交で西側を混乱させた．東側内部では，プラハの春（1968年）の動揺を抑え，現状維持を西側に認めさせ東独を西独と同等の国家として国連に加盟させることに成功した．

　しかしアフガニスタン侵攻（1979年）によりソ連は大きな転機を迎えた．「ソ連にとってのベトナム」といわれるほど戦争は泥沼化し，ソ連軍の海外派兵は失敗に終わった．同時に，国威発揚を狙ったモスクワオリンピック（1980年）は西側のボイコットにあい，デタントは終焉した．CSCEが含んだ人権合意をもとに東側で人権NGOが設立され，西独による「接近による変化」（バール）の影響を受け，ポーランドの「連帯」運動と戒厳令発令のように，国内政治は不安定化した．

　アンドロポフ，チェルネンコを経て1985年からのゴルバチョフ時代においては，社会主義外交よりも内政重視に転換がなされ，東西関係は抜本的に改善した．ゴルバチョフは「新思考外交」を掲げ，核戦争の回避による人類益を前面に出し，階級の利益は劣位となった．ゴルバチョフの核戦略は，合理的十分性と守勢防禦ドクトリンを柱とし，ブッシュ（父，41代）と相互に一方的核軍縮を提案し，安全保障のジレンマの罠から脱出した．党と国家の分離を進め，ペレストロイカとグラスノスチ（情報公開）により上からの民主化を進めた．しかし不完全情報下におかれていた連邦内の民族問題が顕在化したことにより，連邦体制には遠心力が働いた．非ロシア諸民族の離反を防ぐために，連邦構成15のうち9共和国により「主権ソビエト共和国連邦」の国家連合条約が1991年8月に締結される予定であった[20]．それに対する保守派，すなわち社会主義連邦国家としてのソ連の存続を求める勢力の反発は大きく，条約締結前日にKGB議長らの保守派はゴルバチョフを別荘地で監禁し「国家非常事態委員会」のもと「8月クーデタ」を実行した．し

かし計画性のなさと内部不一致の露呈により民心はなびかず，民衆を扇動したエリツィン・ロシア大統領によってクーデタは三日天下で終わってしまった．監禁されたゴルバチョフを解放しモスクワで彼を迎えたエリツィンは，クーデタの首謀組織としてソ連共産党を断罪しロシア内で活動停止させ，後に解散処分とした[21]．彼は権力闘争に勝利し，国家連合案をも超えて連邦解体，民族国家としてのロシアの再興，非共産化へ突き進んだ．1991 年 12 月，エリツィンとウクライナ大統領，ベラルーシ大統領がベロベージエの森の別荘（ベラルーシ）でソ連解体と CIS 創設で合意した．ソ連大統領の座にあったゴルバチョフはエリツィンを非難し「ブッシュはなんと言うだろうか」とアメリカの威を借りてエリツィンを牽制したが，エリツィンはすでにアメリカに連絡を終えていた．ゴルバチョフの言行にみられるように，米ソ冷戦が終わっても，正統性を敵国に求める共同支配的な冷戦の発想が残されていた．

　社会主義連邦であったユーゴスラビア解体は，クロアチア，ボスニア，コソボ，マケドニアと内戦を伴い，欧州の安全保障の議論に大きな影響を与えた．沿ドニエストル，南コーカサス（ナゴルノカラバフ，チェチェンなど）の紛争を除き，ソ連が「ユーゴスラビア化」しなかったのは，CIS が当初協調路線を維持できており，またロシア軍や民兵による介入頻度が少なかったためである．バルト三国ではロシア語系住民が少数派となり，ロシア語の非公用語化が進んだことで対立的構造は残ったものの，エリツィンはロシア自らの国家再生に注力しており，いわゆる「近い外国」と呼ばれた CIS 諸国への関与や介入の余地を狭めた．

　なお民主化における民族主義の萌芽はロシアの民主主義でもみられた．8 月クーデタ前の 1991 年 6 月のロシア共和国大統領選挙では，エリツィンが 57 ％を獲得したが，民族派のジリノフスキーも 8 ％を獲得し，「南方への最後の一撃」の主張の下で帝政ロシアのような大国の復活をめざした[22]．具体的にはインド洋への南下政策，反ユダヤ主義を掲げ，その後も数度の選挙に立候補し一定の得票を得た．

5. 冷戦民主主義

(1) 定義が必要だった2つの民主主義

前節までに記したように，冷戦下の民主主義は，第二次世界大戦を経て安全保障が優先された国家形成・運営体制のもと制限されることとなった．戦時ではなく，しかし平時でもない，まさに冷戦時において，イデオロギー闘争では勝敗がつかないまま，安全保障をめぐる権力闘争に勝利する（あるいは敗北しない）ことが人権や自由などすべてに優先された．西側の議会制民主主義も，東側の人民民主主義も，プロパガンダに大きく影響され，真実性から科学性に至るまで政治化された．このように冷戦によって制限された民主主義を冷戦民主主義と本書は定義する．その特徴は次の4つである．

①政治・社会の二項対立化

東西の民主主義ともに，冷戦民主主義は二項対立の政治軸で運営される．冷戦のイデオロギーは二項対立に単純化された．全ての構成員は，左右（東西）どちらかに所属するのが原則であり，中道を名乗る者は左右両者からの組織化と批判の対象となった．ここにウェーバーのいう価値自由（Wertfreiheit）はない．例えば日本の左翼政党の社会党は，日本が「東洋のスイス」となり東西間の非武装中立となることを求めた．これは平時には，「戦争政策」を追求する資本主義体制を糾弾して社会主義体制に味方し，社会主義の「平和政策」を追求しながら，東西陣営間でひとたび戦争になれば，社会主義陣営から離れて「軍事的にはいずれににも介入せず，いずれも支持しない」という中立である．その虫のよさは批判され，「戦時の中立」のみならず平時の政策としてこれを闘いとる必要があったが，その政治過程は都合よく捨象されていた[23]．

なお冷戦期には，冷戦を米ソ共同支配とみなす見解があった．実際に，東西ドイツの両独基本条約（1973年）により，欧州の東西分断が確定すると，

米ソ間の現状維持が求められるようになる．ゾンネンフェルト・ドクトリンは，その最たる例である．これは，1975年にアメリカの国務次官補ゾンネンフェルトによるもので，「東ヨーロッパ諸国とソ連との間の有機的な関係を発展させるよう奨励し，東ヨーロッパの自主化への明確な願望をソ連の強力な地政学的影響力という枠組みの中でのみ支持を与えることがアメリカの政策でなければならない」とする趣旨のものである[24]．折からのCSCEの現状維持的性格とフォードによるヘルシンキ宣言調印が東欧系移民を基盤にもつ議員たちから批判されていた最中のことであり，それは冷戦の米ソ共同支配的な側面をみせた．前節で述べたようなゴルバチョフのソ連大統領としての最後の台詞は，米ソの相互承認が権力構造の中心にあったことを示唆する．

　しかし本書は，必ずしもその立場をとらない．むろん米ソには共通の利益があった．二大国体制の維持，すなわち「子分国」の核武装や離反を食い止めるために，「親分国」の陣営内権威は絶対であり，権力は覇権的である必要があった．しかし同時に米ソは，冷戦において対立し，イデオロギーで互角に闘い，第三世界で軍事的に対決していた．ゆえに冷戦には緊張の激化と緩和のプロセスがあった．権力構造は米ソの共同性を構築したが，米ソ間の権力闘争もまた同様に激烈であった．

　二項対立の構造の中で人々が人生で東西を選択する例は，多くみられた．日ソ開戦後，ソ連軍が南樺太とともに千島列島に侵攻した際に，北海道の根室半島と目と鼻の先にある歯舞諸島の水晶島の日本人住民は夜陰に紛れて船で北海道に渡るか，残留するかの選択を迫られた．ほとんどは前者を選んだが，アイヌ人を含む8人だけは島に残り，ソ連占領下で生きることを選択した．樺太（サハリン）で当時発行された日本語の新聞の記事では「日本に帰るか，ソ連に残るかは各自の判断で行える．でも考えてもみてくれ，資本主義の国へ行って資本家に搾取されて生活するか，自由なソ連で生活するか」といった記事が掲載され，残留を後押しした．3年後に水晶島からサハリンへと日本人は退去命令を受け，ソ連国籍も取得することとなった[25]．また

1959 年から 1984 年にかけて日朝赤十字による「帰国事業」に関連して，北朝鮮に渡った「日本人妻」の問題も，北朝鮮を「地上の楽園」として美化するプロパガンダが根底にあった．

　普仏戦争（1870〜1871 年）のパリでは兵糧攻めにあった市民が動物園の動物や犬猫鼠まで食用とした．冷戦初期の 1948 年のベルリン封鎖（→第 10 章）は，約 200 万人の西ベルリン市民に西に留まるか，東に移住するかを迫った．東側は「ソ連地区に住民登録して，食糧配給を受けよう」「米軍はまもなく撤退する」というキャンペーンを張った．西側から東側に移籍した住民は人口の 4 ％程度いたといわれる．西側では市民の抵抗を盛り上げるために，毎日のように大衆集会が開かれ，最大時 25 万人が参加した．しかし，西ベルリン市民の大半は自由のために闘ったわけではなく，現実には市民の約 3 分の 1 が市を去りたく思い，市井では自殺率が急増し，子供に対する性的暴行が頻発，占星術が流行した[26]．

　ドイツの首相メルケルは西側のハンブルク生まれであるが，幼少期，ベルリンの壁ができる前，一家は西ドイツから東ドイツに移住し，牧師である父は熱心に東ドイツで活躍した．ベルリンの壁が 1961 年に建設された後は，東から西への移住は厳しく制限された．東ドイツで科学者となったメルケルを政治に目覚めさせたのは東欧革命であったといわれる．

　冷戦中盤以降は，二項対立に綻びが生じた．その理由は，中ソ対立，フランスの NATO 軍事機構脱退にみられるゴーリスム，ASEAN の成功によって多極化が進んだためである．各国の共産党は，かつてはコミンテルンの指揮の下で統一戦線を形成していたが，スターリン批判以降の路線対立は各国の共産党を分裂させた．1968 年の「プラハの春」で，ワルシャワ条約機構軍による軍事侵攻に反対した共産党は，非同盟・西側諸国を中心に多かった．ソ連と距離をおきはじめていたルーマニア共産党は条件付で反対し，アルバニア，中国，北朝鮮，北ベトナムは軍事侵攻に反対するとともに，同時に修正主義者としてのチェコスロバキア共産党を批判した．西側でもフランスとイタリア両共産党は，キューバ共産党とともに軍事侵攻に条件付きで賛成し

た[27].

　冷戦は，権力のみならず権威をも二分化した．1953 年のノーベル平和賞は，冷戦開始の代名詞ともなったマーシャル・プランに尽力し，高級軍人であったマーシャルに授与された．日本の冷戦民主主義において長期政権を担った佐藤栄作も沖縄返還を理由に受賞した．ソ連の反体制派で人権運動を進めたサハロフの受賞は，ソ連の強い反発を受けた．ソ連は，西側的権威に対抗してレーニン平和賞を設け，インドネシアのスカルノ，ハンガリーのカダール，日本の太田薫（日本労働組合総評議長）等が受賞した．

②ストリートレベルの「非政治」と政治体制の無謬性

　左翼や東側陣営が好んだ言葉は，平和，社会，平等，中立，民族，世界，中央，進歩，人民などであった．実態として社会主義政党は「党中央」のもとに権力を掌握する傾向にある．その「党」は，単なる階級闘争にとどまらず，前衛として，人種や性別の差別なく平等の原則のもと，世界の平和を愛する諸民族が団結することをプロパガンダとして流布した．右翼や西側陣営は，国家，自由，権利，国際，国民，を好んだ．板門店の共同警備区域内の韓国側の連絡事務所は「自由の家」である．西側では，言論の自由から財産権に至るまで，個人の自由は，属する階級が何であろうと奪えない権利であり，その自由を担保するのは権力の分立（分流）と主権を運用する国家である．冷戦が終わり数十年を経た現在，この西側的価値観は多くの場面で何の違和感もなく受け入れられているが，冷戦期は必ずしもそうではなかった．

　上記の例外として，韓国の「平和のダム」がある．またモスクワには世界に短波放送を行うラジオ局としてモスクワ放送以外に，「自由と進歩の放送」があった．むろん東側の自由は，西側の自由とは全く異なる自由であり，社会権に基づく自由であった．東側の社会主義法体系でも階層・階級的な「人民の権利」以外に，1977 年のブレジネフ憲法のように「人権」が取り入れられたが，実際の運用は社会権に重きを置いていた．

　冷戦期に東西双方にとって「政治」は嫌われる概念であった．なぜなら，

現実の政治は冷戦の維持（そして勝利）のために奉仕し，冷戦のために国民や人民の利益がないがしろにされることもしばしばであったためである．しかし形式的には政治は，国民や人民の利益を追求する民主的な過程であった．この甚だしい矛盾，あるいは宮脇（2012）の as if game（現実と異なるにもかかわらず，あたかも［as if］現実であるかのように言動を続け，周囲もそれを容認するゲーム）を止めることは容易ではなく，民主主義をあらかじめ制限するか（西ドイツにおける「闘う民主主義」，東側における階級的自由の優先），日本のようにタブーとするか，アメリカのように反共産主義の論争を徹底するしかなかった．冷戦期の民主主義には，言論の自由と乖離する，政治体制の無謬性が必要であった．

　東西の情報が遮断されていたため，西側ではあまりにも社会主義者に対する幻影が肥大化した．社会主義者は，富の再配分を求める比較的貧困層に多いといった誤った政治的イメージが形成されていった．アメリカの国務省のプログラムで日本社会党の議員がアメリカに招待されたときのことである．江田三郎と田英夫がワシントンでゴルフをした．これを知ったアメリカの国務次官補が「えっ，社会党もゴルフをやるのか」と驚いた逸話がある[28]．逆に，東側では，資本主義陣営の資本主義者が金持ちでありプールつきの家に住み，高級車をもちテニスやゴルフができるのは，労働者階級を搾取しているからだと批判された．

　これらのイメージは，客観的に検証される必要があるのにもかかわらず，学術的議論が現在に比して難しく，深いイデオロギーあるいは規範的拘束により，冷戦期に支配的であった．例えば，ソ連では「政治大学」が設けられていたが，その地位は下層であった．イデオロギー，哲学，思想といった分野では，自由に言論すれば弾圧された．自由でない哲学ほど矛盾めいた学問はないだろう．ゴルバチョフは法学部を卒業した初めてのソ連の指導者であった．彼はモスクワ大学法学部卒業後，スタブロポリ農業大学を卒業し，その後，農業担当となった．ゴルバチョフとともに 1985 年 7 月 1 日のソ連共産党中央委員会にいたエリツィンは 1955 年ウラル工科大学卒業，シェワ

ルナゼ（後の外相）は 1959 年クタイーシ教育大学卒業，ザイコフ（重工業・軍事工業担当書記）は 1963 年レニングラード技術経済大学卒業後工場長の経歴がある．東側では『空想から科学へ』以降，唯物史観が支配的であったため，西側でも「歴史科学」という用語が造成された．例えば「科学は党派的である」「レーニンは常に著作において，党派心は社会主義概念であり客観性はブルジョワ概念であるという事実を指摘した」「社会主義社会においてのみ，科学は本当の意味で客観的である」というイデオロギーにより，理系の分野も社会主義化されていった[29]．

　なお，東側では社会学は長らく禁止され，政治学自体も 1970 年代まで存在しなかった．政治学は政治家養成のためではなく，政治を批判する学問であるとみなされたことがその理由であった．西側は，言論の自由があるにもかかわらず，市井の人々は政治の議論が禁忌とされることが多かった．なぜなら政治の議論は，常にイデオロギー対立の可能性を秘めていたためである．すなわち，理想の社会主義社会の実現か現実の権力闘争という 2 つの極端な無謬的世界を前提とした永遠の並行的議論を耐えるか，平和は大事だといった抽象的合意しか，議論を終わらせるすべはなかった．これが日々のストリートレベルの冷戦であった．

　ほとんど無為に近い政治的議論を行うよりも，統計，自然，技術といった言葉や学問が東西双方で嗜好された．これらには現実の問いと解決があった．もちろんこれらの分野とて冷戦化されていた．経済は，西欧や日本の大学では近代経済学と同様にマルクス経済学も強く，地理学でも「マルクス地理学」があった．それがキャンパスレベルの冷戦をもたらした，

③民族主義の劣位と非民族化

　冷戦民主主義では，民族主義は制限される．イデオロギーが優先されるため，ナショナリズムに基づく国民国家形成は阻害され，冷戦の陣営内に属することが当該国の民主主義体制の正統性の根源となった．ソ連軍がワルシャワ蜂起を黙殺しソ連軍進軍によってワルシャワを解放し，そしてポーランド

のロンドン亡命政権を帰国させずにソ連傀儡のルブリン政権を打ち立て，ソ連的な人民民主主義政権を数年で樹立させた（→第10章）背後には，ポーランドという国家を衛星国化したい政治的意図が横たわっていた．問題は，それにもかかわらず，公式的にはポーランド人民が（ソ連の援助のもとで）自ら社会主義体制を国民国家として選択したことである．ここに冷戦民主主義が as if game として機能する余地があった．中世のモンゴルを覇権国にしたチンギス・ハンについては，ソ連中心史観における「タタールのくびき」を理由に，世界で二番目に誕生した社会主義国家モンゴルで長らく否定的に評価され，民族主義の芽は摘まれた．

　西側でも，枢軸国イタリアやドイツに占領された後のフランスをめぐって，民族主義的政治を抑える構図があった．イタリアでは1943年9月にバドリオ政権が降伏した．イタリアのレジスタンス組織はボノーミ政権を発足させ，アメリカは後援した．しかしイギリスは抵抗し，ここに英米の確執が顕在化した．ドイツ占領下にあった北イタリアでのレジスタンス勢力への大量武器供給は行わず，米英軍の単独占領を追求した．

　フランスをめぐっては亡命政権のド・ゴールを支援するイギリスとビシー政権にパイプをもつアメリカとの間に確執があった．アメリカは北アフリカのダルラン（1942年死去），その後，ジロー将軍を支援していた．ジロー将軍は，旧ビシー政権の10万の軍隊を掌握していた．焦燥にかられた亡命中のド・ゴールは，国内のレジスタンス組織（共産党含む）を全国抵抗評議会（CNR）として一本化する（1943年5月）．軍人のド・ゴールは，共産党のみならずどの政党をも嫌悪していたが，1944年6月3日，D-day の3日前に国民解放フランス委員会を共和国臨時政府とすることを宣言した．ルーズベルトはフランスに軍政を敷くつもりであり，連合国はド・ゴールの宣言を無視した．しかしド・ゴールは，米軍より先に第2機甲師団をひきつれて，パリ入城（44年8月25日）し，既成事実化に成功した．アメリカはド・ゴールが共産党を抑えられることを理解して，ド・ゴール支持に転換した．実際にモスクワから共産党書記長トレーズがフランスに帰国した際，ド・

ゴールは歓迎し,「共産主義者が革命に訴えるかわりに, 議会制度内での優越を目標とするかぎりは, 社会が直面する危険の度合いは低まる」として, 共産党閣僚を入閣させた[30]. しかし, この米仏の距離は, 後にド・ゴールのアメリカへの不信感と, アメリカの核の傘に頼らない独自の核戦力を有し, NATO軍事機構からの脱退を宣言するゴーリスムの歴史的背景となった.

　アメリカがマーシャル・プランでフランスやイタリアの共産党の政権入りにブレーキをかけ, またアメリカの勢力圏内の西半球におけるチリで国有化を進めようとしたアジェンデ政権の打倒, 砂糖プランテーションの国有化を断行したキューバのカストロ政権に対するピッグス湾上陸作戦 (1961年, 失敗) やその後の制裁実施は, 反民族主義的文脈に位置づけられる. 民族主義は, 民族国家を内実とする主権国家にとって捨象できない要素であるにもかかわらず, 冷戦の文脈で制限され「非民主主義的」という烙印がしばしば押された. 日本で「日の丸」を掲げると冷戦期は愛国的とみなされ, 同時に天皇制との関連で右翼的とみなされた. 一方, 日本の最大左翼政党の日本社会党は, 冷戦後の村山内閣 (自社さ連立政権) が1994年に日の丸を国旗として認めるまで日の丸を否定していた.

④陣営間不干渉と相互に対する政治的無関心

　第二次世界大戦終戦時において, 米軍はベルリンまで進撃する軍事的余裕があったが, ソ連との軍事境界線と設定していたエルベ川で待機した. その間, ソ連は東欧への進撃と占領体制を整えていた. ソ連の東欧への進撃は, アメリカ国内の東欧系移民を選挙基盤とする政治家やカトリック指導者から民族自決原則への裏切りであるとして非難された. ルーズベルトの対ソ譲歩が当時明らかにされなかったのは, ワシントン体制型の勢力圏外交を赤裸々に公開すると, 国民の幻滅と反発を招くことが恐れられたためである[31]. 地政学的発想ゆえに民主主義の地理的拡大のチャンスを自ら封じ込めたことは, 民主主義よりも安全保障を優先する政治的回路の嚆矢となった.

　冷戦となり, 1956年にはスエズ危機 (第二次中東戦争) とハンガリー動

乱がほぼ同時期に起きた．スエズ危機を契機に英仏は運河利権を手放し中東からの撤退を加速させ，アメリカが中東における覇権国として登場した．同時に，自由化と民主化を求めるハンガリーに対して，西側諸国は政治的に支持したものの，ソ連はハンガリーの動きを「反革命」と断罪し軍事介入した．この動乱の後，他の東欧各国もソ連軍による鎮圧を支持あるいは容認した．ハンガリーは，冷戦終結の 1989 年まで社会主義陣営に留まらざるを得ず，冷戦の東西ブロックの地理的境界が欧州で変わることはなかった．

　このとき英仏の外交官がコーヒーを飲みながらソ連側に語ったことは，冷戦民主主義の本質を示している．

　　「きみのところは，ポーランドとハンガリーでてこずっているらしいな．われわれもエジプトで厄介なことをかかえている．それで，お互いの間で暗黙の諒解といこうではないか．つまり，きみのほうはこれと思う手段でも使って面倒なことをかたづけたまえ．そしてわれわれが同じことをするのに邪魔しないことだ」[32)]

　ここに東西陣営間の不干渉に基づく相互無関心を装う理由がある．冷戦民主主義は，相互の体制転覆を求めず，それゆえに無関心を装わねばならないというドクトリンを生む．アメリカは，先述の通り 1952 年の大統領選挙で，共産主義政権下での国民を見殺しにするという点で封じ込め政策を不道徳であると批判していた．この時はアイゼンハワーとダレス国務長官が提唱していた共産国政府と国民の乖離策である対東欧「巻き返し政策」を実施するまたとないチャンスであった．しかし「巻き返し」は選挙対策にとどまり，アイゼンハワーはハンガリーからの難民対策以外に有効な対策を取らず，自由を求めるハンガリーの民衆を助けるための軍事力行使は，第三次世界大戦を勃発させることとなるため躊躇された[33)]．

　1968 年に，チェコスロバキアで民主化を求めた「プラハの春」に対して，ワルシャワ条約機構軍は軍事介入・鎮圧し，フサークが政権の座についた．

これを正当化した制限主権論（ブレジネフ・ドクトリン）は，国家主権をブロック主権としたものであり，先述のゾンネンフェルト・ドクトリンは，ブロック主権に対して政治的に寛容であった点が批判された．

　ハルシュタイン・ドクトリン（1955 年）は，西ドイツのアデナウアー政権の東側政策のうち，東独不承認，西独の単独代表権とならぶ重要な原則であった．これは，東独を承認した国家とは国交を西独が樹立しない政策である．理論的にはそれがたとえ民主的な国家であっても同様の対応がとられる．ここに民主主義の連帯の可能性よりも，ブロック覇権と冷戦国家の正統性を賭けた闘いをみることができる．結果的に，西独は，EEC（後の EU）統合によって西へ傾き，東独は 1961 年のベルリンの壁建設による「出国」の自由の制限により，安定化した．冷戦下の 1 つの民族と 2 つの民主主義は，相互不承認によって民主主義を主権国家に「紐づけ」し，国境を越えた民主主義を否定した．さらには，東独は，西独と異なるネーション形成に躍起になり，西独はカトリック地域の比重が（統一後の現在より）大きかったためフランス，イタリアとの政治的協調と EC 統合を一層加速させた．

(2)　好戦も反戦もなく

　冷戦民主主義は，MAD により国民が人質となっている現状により，手段としての戦争を回避しようとする．しかし冷戦は戦争可能性が存する状態であり，ここに矛盾が生まれる．そのため冷戦民主主義は，戦争をタブー化する．日本の平和憲法はまさにそれを容易にするシステムであった．欧米では核戦争対応のシェルターが建設されたが，むろん全国民を収容できるキャパシティはないため，国民（非武装の市民）の間の選別という不平等をもたらした．戦時において，民主主義の正統性は揺らぐのである．その状況を正鵠を射て議論することは，戦争回避と平和志向となり，敵側の策略と裏切りに関与することとなるため，冷戦民主主義の崩壊につながる．戦争可能性について議論がない「非政治」の状態が理想的な冷戦民主主義である．そこには好戦的な主張も反戦的な主張も排除する力が作用する（冷戦民主主義につい

ては本書第12章で再定義する）．

　冷戦後30年を経て，冷戦期の反核・反戦運動に関する回顧がなされている．運動の当事者たちは冷戦下でいかに戦争の危険におびえ，核戦争の恐怖を減らす努力をしたかを熱く語る．冷戦世代の人間にとってはそれは自明の世界であるが，冷戦後の世代にとってはその意味することが肌感覚で理解しにくいのは上述のような理由による．

注

1)　セオドア・ホール博士とのインタビュー記事より，『毎日新聞』1997年9月17日．

2)　「瀬戸際政策」を追求すると，「チキン・ゲーム」となり戦争の危険は高まる．

3)　マクナマラは，米ソ各400発でもMADは成立とするとした．

4)　「脆弱性の窓」『国際政治経済辞典』（改訂版）417頁．

5)　「〈東論西談〉ゆらぐ「核抑止論」」『毎日新聞』2001年6月18日．あわせて本書第5章も参照．

6)　ジャストロウ（1985）．

7)　なお侵略については1974年12月に国連総会決議（A/RES/3314）で定義がようやくなされた．

8)　『国際政治経済辞典』（改訂版）182頁．

9)　以下，コヘイン（1977），野崎（2021），山本吉宣（1989），山本武彦編（1997）など．

10)　『毎日新聞』1997年7月1日．

11)　Robert Keohane（1984），*After Hegemony*, Princeton Univ. Press.

12)　コックス「国際組織と世界共同体」『平和研究』20号，1996年，12頁．

13)　本項については山本武彦「外交政策」179-182頁，片岡寛光ほか（1994）所収，五十嵐武士「アメリカ」佐藤（1989）所収，升味（1990）などを参照．

14)　G. アイケンベリー「アメリカの多国間主義の源流」『外交フォーラム』2003年4月，30-37頁．

15)　モーゲンソー（1951=2021）．

16)　以下，前掲注13）山本武彦「外交政策」を参照．

17)　山本武彦（1982）．

18)　（選挙の際には）"It（intl. issue）cannot help you but it can hurt you." IHT, October 6, 2000.

19)　以下，渓内謙（1988）『現代社会主義を考える』岩波新書，秋野豊「社会主義国と国際関係」佐藤編（1990），194-212頁，升味（1990），佐藤（1989）ほかを参照．

20)　ただし，最終案作成作業にはリトアニア，ラトビア，エストニアのバルト三国のほかグルジア，アルメニア，モルドバが参加を拒否．アゼルバイジャンは参加したものの，内容に不満があるとして署名をしなかった．

21)　1992 年の新生ロシアとなってから，憲法裁判所はエリツィンの大統領令（共産党禁止）に違憲判決を出し，ロシア共産党が 1992 年 10 月に新たに結成された．

22)　ジリノフスキー（1994）『ロシアからの警告』光文社．

23)　原（2000），203 頁．

24)　この点については，島村直幸「ニクソン政権のドイツ・ベルリン政策に見るリンケージ」『一橋研究』1997 年，121-165 頁が詳しい．

25)　本間浩昭「北方領土『残留』を選んだ日本人の軌跡」『日本ネシア論』藤原書店，2019 年．

26)　永井（1984）．

27)　反対したのは，ユーゴスラヴィア，オーストラリア，インド，インドネシア，日本，NZ，イギリス，スペイン，ノルウェー，スウェーデンの各共産党であった．軍事侵攻を支持した共産党としては，ギリシャ，トルコ，キプロス，アメリカ，モンゴル，南アメリカ共産党等がある．『カラー世界史百科』564 頁．

28)　原（2000）283 頁．

29)　リスキー・D. デュブニク（1965），佐藤康ほか訳『共産党宣伝活動の実際』日刊労働通信社．

30)　トレーズとスターリンの密談より．Mikhail Narinski, "L'Entretien entre Maurice Thorez et Joseph Staline du 18 novembre 1947," *Communisme*, n°45, 1996, p.33.

31)　小此木（1987），16 頁．

32)　『フルシチョフ回想録』436 頁．

33)　『国際政治経済辞典』（改訂版）737-738 頁．

第10章
欧州の冷戦と民主主義

本章では，ヨーロッパを主要な舞台にした冷戦の起源，胎動期と終焉を主要な事件を田沢（1990），松岡（1992），柳沢（1985）などをもとにとりあげる．また各国の民主主義政治の冷戦化を論じる．

1. 占領下の「民主的」選挙

第二次世界大戦で連合国は勝利こそすれ，欧州の英仏は手痛い打撃を受けた．第二次世界大戦にアメリカが参戦する4カ月前には，欧州大陸の多くの地域はドイツ・イタリア等の同盟国の支配下にあった．それにもかかわらず，ルーズベルトはチャーチルと会談し，戦後秩序の根幹となる大西洋憲章を1941年8月という早い段階で発表していた．アメリカ側の意図は，①英ソ間のヨーロッパ領土協定の阻止，②イギリスに戦後自由貿易体制の強要（オタワ特恵体制を解体），③対ソ連合に対する米国民の不安の緩和であった[1]．英ソが戦後に現実主義的な欧州分割をすることを嫌ったアメリカの外交は，門戸開放をアジアで求めたのと軌を一にする覇権型の外交であった．米英は一枚岩ではなかった．

ドイツについては，連合国は各国独自の占領分割案をもっていた．独ソ開戦後の1941年のソ連案では，ミュンヘンを中心とする南部バイエルンの独立，ライン河一帯広域を保護領（Protectorate）とし，その残りの部分が戦後のドイツと想定された．1943年のイギリス案では，バイエルン含む南部と，オーストリア，ハンガリーを「ドナウ連邦」とし，北ドイツをプロイセン，

オーデル川以東をポーランドへ分割することとされた．1944 年のアメリカ
案では，ライン川北部を国際管理，ライン側南部をフランス，バイエルンを
南ドイツ，残りを北ドイツとし，ドイツは南北に分割されるはずであった．
米英案とも，戦後ドイツの国家像は工業国でなく農業国であった．そこに冷
戦国家像と連携する余地はあまりない．ドイツの首都ベルリンについては，
1944 年 9 月のロンドン議定書（米英ソ）により，フランスを加えた 4 カ国
のドイツ占領軍最高司令官が任命したベルリン駐留部隊司令官によって合議
機関として「連合国管理委員会」が設置されることとなり，ベルリンの占領
行政は，この委員会のもとで全域を 4 管理区分に分割して開始された[2].

2. 地政学的な戦争終結

(1) 軍事作戦

　1944 年 6 月 6 日の D-day，すなわち連合国軍のノルマンディー上陸作戦
により欧州西部に第二戦線が開かれた．悪天の中の上陸作戦に対して，作戦
を事前にドイツ軍が察知し，上陸前夜に予備の機甲師団の運用をヒトラーに
要請するが，ヒトラーは睡眠薬を飲んで就寝中で手後れになったと映画や小
説等では語られている．この逸話は，独裁者による戦争遂行における合理的
判断の難しさを物語る（→第 13 章）．D-day 以降もドイツは東部戦線中心主
義（181 個師団に対して西部戦線は 81 個師団）であった．ソ連の軍民の犠
牲は一説には 3000 万人にものぼったといわれ，レニングラードではドイツ
軍に 890 日も包囲され，砲撃と飢餓により，民間人だけでも約 83 万人の犠
牲者が出た．気温が零下 50 度の日でさえ，末端の兵士は建物の中に入らず
戦ったため多くの犠牲を生んだ．これらの多大な犠牲が，冷戦期ソ連の人民
民主主義を，安全保障第一主義に傾斜させた．ドイツが占領したソ連領西部
は全人口の 40 ％，石炭・鉄鋼・アルミ生産の 60 ％を占める経済的に豊かな
一帯であった[3]．一方で工業地帯の占領が作戦に有利に作用するには，経済
システムへの組み込みに時間を要する．かつて日露戦争でロシアの軍艦を拿

捕した日本が数か月を経ずして日本側の艦隊に組み込んだのとは状況を異にする．他方でソ連は，アメリカの武器貸与法により，開戦時に不足していた兵器を輸入する道を得た（第二次世界大戦時の兵器輸入率は戦闘機 17 ％，戦車 12 ％といわれる）[4]．

　そもそも D-day の実施時期についてアメリカは 1942〜43 年に実施することを検討していた．朝鮮戦争の仁川上陸作戦をみても，アメリカは，多くの場合上陸作戦を躊躇していない[5]．これに横槍を入れたのは，本土空襲を受け状況が逼迫していたはずのチャーチルであった．チャーチルは，ドイツ軍敗北後の東部欧州におけるソ連の膨張を警戒し，1942 年にアメリカに対し，第二戦線をバルカン半島で開くように求めた．後にチャーチルは，スターリンとの英ソ会談（1944 年 10 月，モスクワ）で東欧の勢力分割で合意した．ただし，後にソ連は破約しハンガリー，ブルガリアをソ連の衛星国としてしまう[6]．外交によってバルカンのプレゼンスを維持しようとしたイギリスの試みは，スターリンの軍事力とアメリカの無視によって失敗に帰した．ルーズベルトは，対ソ関係の悪化をおそれ，スターリンが求めていたようにフランスに第二戦線をつくることを決断した[7]．

(2)　民族主義の否定と冷戦的傀儡政権

　独ソ戦は，1945 年 1 月 17 日のソ連軍によるワルシャワ解放を迎えた．前年のワルシャワ蜂起をワルシャワの手前で黙殺したソ連は，ポーランド人の闘いよりもソ連軍によってワルシャワが解放されることを望んだ．すでにここで，冷戦民主主義が民族主義を否定し，東側ではソ連中心の秩序形成を強く求めたことが分かる．ロンドン亡命政権ではなく，ポーランド南東の占領地ルブリンに設けた傀儡政権をソ連は正式に承認した．これを正当化する論拠として，パリ入城した（選挙による民主的正統性をもたない）ド・ゴール政権を米英が承認したことが引き合いに出された．

　ただし，冷戦民主主義によって促進された民族主義もあった．アウシュビッツ（ポーランド名オシフェンチム）では，ロマ等とともにユダヤ人の多

くが強制労働を強いられ，ソ連軍の解放の前にガス室で殺害された．アメリカでは，現在こそホロコースト博物館が建設され，第二次世界大戦後の歴史観が定着しているが，第二次世界大戦までユダヤ人は差別を受けていた[8]．ユダヤ人国家をどこに建国するかについてはいくつかのアイデアが出され，アフリカのウガンダに建国する案もあったが，最終的にはパレスチナの地につくることとなる．いうまでもなくこれが今日にまで至るパレスチナ問題の源である．ユダヤ人はイスラエルという新国家を建設できたが，同じく収容所でジェノサイドの対象となったロマは国家形成に至っていない．

　ソ連は政権をつくっただけでなく，新しくソ連に有利な国境線もつくった．英仏の対ソ不信の根拠となるソ・フィン戦争，バルト三国併合，ソ連の東欧・日本への「失地回復」にみえる軍事作戦は，ソ連の現実主義的な観点に

表10-1　ヤルタにおける三大国の意図と交渉（1945 年 2 月）

（出席：ルーズベルト，チャーチル，スターリン）

国＼テーマ	ソ連 （スターリン）	イギリス （チャーチル）	アメリカ （ルーズベルト）
三国共通関心	戦争中の協調関係をいかに戦後にまで持続させるか		
ソ連の膨張	対独安全保障の観点で正当化	勢力範囲による分割主張	勢力範囲論に反対・ソ連の膨張を認めた上で協調路線が成功するとの信念
ポーランド	親ソ政権（樹立ルブリン政権）	亡命政権中心による政権	
ドイツ	弱体化	仏独を戦後欧州の中心に	英ソの仲介（フランスを占領に参加）（賠償金はソ連の意向に沿う）
アジア	対日参戦するなら利権譲渡必要		欧州でソ連に譲歩したかわりにアジアではアメリカの権益 ・太平洋：アメリカ ・東南アジア：イギリス ・満州・千島など：ソ連 ・ソ連の対日参戦を要求
ヤルタ以降の現実	東欧を支配下に．ポーランドでは既成事実化	影響力の低下	大統領の交代による政策変更：対ソ対決へ

出典：ドイツ（ボン）の Haus der Geschichte の資料等を参考に著者作成．

よる世界秩序形成の一環であり，冷戦期間にわたりソ連が指弾されることとなった．

　戦間期まで良好であった米仏関係では，冷戦後も同じ西側同盟内であったにもかかわらず，フランスの対米不信が惹起され，1960 年代以降の多極化の原因となった．アメリカ主導の冷戦を西側で政治的に否定したフランス外交・政治の根源は，第二次世界大戦後の世界秩序形成にある．ヤルタ会談にフランスは招かれなかった．これはルーズベルトの反対によるものである．アメリカはフランスが弱体化したと考え，大国として扱わなかった．ド・ゴールの政権の長期化も不確実視された．アメリカは，第一次世界大戦でドイツの敗北後，フランスの対独賠償要求を拒絶させた歴史があり，また第二次世界大戦でフランスがナチスに攻撃されたときにも，いかなる援助の約束も行わなかった．これが後にド・ゴールによるパリ・ボン枢軸論を招致させることとなる．

3.　ヤルタ会談

　1945 年 2 月 4 日から 11 日にソ連南部の避寒地クリミアのヤルタで開催された米英ソ会談において，東欧からソ連へのロシア系住民の強制送還が秘密合意された．この決定によりこれらの住民は送還後に強制収容所へ送られることとなる．後に冷戦民主主義が東西の相互無関心を強いたことの萌芽である．ヤルタ会談では，国連の創設が合意され，安保理における拒否権の創設も合意された．ソ連は，冷戦を 1 国 1 票の国連総会で互角に対立できるように，ソ連構成の（当時）16 カ国全部の加盟を欲していたが，米英の抵抗にあい 2 ないし 3 カ国に減らすと提案し，結果的に，ソ連自体に加えて，ウクライナと白ロシア（後のベラルーシ）が国連原加盟国となった．対してアメリカも国連総会におけるパワーを考えていた．1945 年 3 月 1 日までに宣戦布告した国を国連原加盟国として招請する提案がなされ，アメリカは急いで（中立的立場をとっていた）中南米諸国に対独・対日宣戦布告をさせた．ヤ

ルタでは，ヨーロッパ解放地区に関する宣言が出され，各国の民族自決がう
たわれ，ソ連占領地区でも民族自決権に基づき自由選挙を行うことになった
が，履行はされなかった（表 10-1 参照）．

　ルーズベルトは最高首脳会談や秘密外交を好み，情報独占を権力の土台と
した．そのため副大統領のトルーマンは，当時開発中の原爆さえも知らな
かったとされる．ヤルタ後，トルーマンは引き継ぎもなく，ヤルタ協定など
の戦時協定を額面通りに受け止め，ルーズベルトの死によって就任早々，ソ
連がポーランド問題で合意を遵守していないとして対ソ強硬姿勢に転じる．
また，それが遠因となって，1945 年 5 月のドイツ降伏後，ソ連への無条件
援助を打ち切り，米ソ冷戦の契機となった．

4.　ポツダム会談から冷戦開始へ

　ソ連と米英の間では，自由選挙をめぐるヤルタ宣言の解釈の違いが大きく
なる．「自由」の定義をめぐる冷戦的なイデオロギー対立の萌芽をここに見
ることができる．スターリンは，ルーマニアに共産党政権を樹立したのを皮
切りに，ハンガリー，ブルガリア，ポーランドで社会主義政権を軍政のもと
に樹立した．自由選挙は約束されたものの，延期に延期を重ねた．

　連合国の政治的解体と冷戦の開始は，連合国が共通の信念による同盟とい
うよりも共通の敵による同盟であったことを物語る．ソ連の対日参戦の条件
は，ヤルタからポツダムにかけて急変した．ヤルタの当時は，原爆開発は将
来の話であり，ソ連軍の日本本土侵攻と北方地域の領有が条件とされ，日ソ
中立条約の不延長通告を 1945 年 4 月 5 日に行い，ソ連はヤルタの約束を履
行した[9]．ソ連の早期の対日参戦の必要を感じていた米英は，ポーランドで
ルブリン政権を中心とする臨時政府承認を行い，ソ連に譲歩した．

　1945 年 5 月 3 日にハンブルクは無血開城し，ヒトラーの自死の後 5 月 8
日にドイツは無条件降伏する．6 月 5 日，4 カ国のドイツ占領軍最高司令官
は，ドイツにおける最高統治権力を継承し軍政に入った．1937 年末時点の

ドイツ境界内で，ソ連軍（東部），イギリス軍（北西部），アメリカ軍（南西部），フランス軍（西部）の占領地域に分割され，4 カ国のドイツ占領軍最高司令官からなるドイツ管理委員会がおかれた．ドイツ管理委員会の決定は全会一致であったため，冷戦期に東西ドイツやベルリンの合意は困難を極めることになる．日本と異なりドイツ政府は解体され，首相も不在となった．

　チャーチルの反対が功を奏したのは，ドイツの国家像についてであった．米ソはドイツの数カ国への分裂を画したが，チャーチルは強く反対した．その真の理由は，フランスも戦争を経て弱体化した上，ドイツが小国化し，もし第一次世界大戦後のようにアメリカが欧州から撤退したならば，イギリスが社会主義のソ連に単独で対決せねばならないことを恐れたためである．戦後チャーチルの警戒心はすでにドイツよりもソ連に向かっていた．米ソがチャーチルに同調したのは，呉越同舟的な認識にあった．一方でアメリカの目論見は，ドイツの分裂によってドイツ経済のみならず欧州経済に悪影響がでると考え，他方でソ連の目論見は，統一ドイツのほうがドイツ西部への影響力をふるい，ルール工業地帯にアクセスができると考えたためであった[10]．

　ポツダムでは，占領ドイツの管理委員会の軍政下に行政機関をつくり，また地方に民主政体をつくるが，その具体的方法は各占領地域別に行うこととなった．ここにソ連型の人民民主主義で東独をつくり，西側の議会制民主主義で西独をつくる構図ができあがる．もはや戦前のドイツというものは，概念上も存在しなくなった．ポツダムでの下記の問答がそれを明示している．

　　　　チャーチル：「現在，ドイツとは何を意味するのか．大戦前の意味でそ
　　　　　　　　　　れを理解してよろしいか」
　　　　スターリン：「ドイツとは，戦後にそれがなったところのものである」
　　　　トルーマン：「1937 年のドイツについて語ることはできないのか」
　　　　スターリン：「1945 年のドイツだ」

　ただしソ連も 1950 年代まで統一ドイツ志向を標榜していた．ここにはイ

デオロギーによる対西側への影響力行使に加え，西独からの賠償を，モロトフのルール地方共同管理案を通じて獲得しようとする目論見があった[11].

　1946年3月，下野したチャーチルが訪米し，トルーマンの出身州であるミズーリ州フルトンで「鉄のカーテン」演説を行ったのは，トルーマンに冷戦を開始させる深慮遠謀があった．時間の余裕があるうちに English-Speaking People が同盟し，原爆機密保持，米英基地共同使用，国連の即時武装を通じてソ連に対抗することを覇権国となったアメリカに求めた[12]．これに対して，スターリンは「戦争挑発工作」として演説を非難するが，強気に転じたアメリカに迎合するべくイランと旧満州からは撤退し現実主義的対応をみせた．スターリンが現実に西側に譲歩をした数少ない事例である．鉄のカーテン演説に賛意を示したトルーマンに対して，アチソンとバーンズは「アメリカは無関係」として対ソ宥和政策を続けようとした．1947年にトルーマンは国務長官をバーンズからマーシャル将軍に変え，マーシャルは国務省内のレッドパージ（赤狩り）を開始した（→第9章）．外交官のヒスは，下院にナチス対策で暫定的に設置されていた非米活動委員会で当時下院議員だったニクソンから厳しい追及をうけ，偽証罪で有罪となり，4年間服役した．その汚名が晴らされるのは冷戦後の1992年のソ連の KGB 文書公開を待たねばならなった[13]．三大国体制は，米英仏ソによる対日・対独25カ年相互援助条約のアメリカ案をめぐって対立が表面化した．1946年春のパリ外相会議は決裂し，冷戦が始まった．アメリカは対抗的行動を始め，アメリカの輸出入銀行の対ソ新規借款はなくなり，占領地日本でも共産主義を歓迎しないことを表明するに至った．

5.　トルーマン・ドクトリン，マーシャル・プラン

(1)　西側諸国の冷戦化

戦間期にアメリカでは，ギリシャで何があろうとそれはイギリスの問題としてみなされていた．しかしトルーマンとマーシャルは，それをアメリカの

世界政策の問題に格上げすることに成功した．1947 年 2 月，イギリスは自国の財政危機のためギリシャ，トルコへの援助を中止することをアメリカに通告し，アメリカは代わりにトルコに援助し始めた．当時ソ連は，トルコに対してダーダネルス海峡の海軍基地の租借と，ソ連のコーカサス地方に隣接する地域の割譲を求めていた．アメリカは，ただちに 4 億ドルの経済軍事援助を決定した．この平時の対外関与をどのようにして国民的合意として勝ち取るか．そこに冷戦民主主義が必要とされた．そのためトルーマン・ドクトリンでは，二項対立が用いられた．すなわちソ連は全体主義勢力であり，アメリカは自由主義陣営の雄である．これにより，欧州でのソ連の勢力均衡政策に対抗してアメリカが直接介入し始めた．さらにアメリカ国内ではマッカーシズムが喚起され，急速に冷戦化が進行した．

　アメリカとともに西欧政治も急速に右傾化した．フランス，イタリアでは共産党閣僚が内閣から締め出された．その背景として，アメリカが経済援助額とドクトリン遂行への協力度を比例させていたことにある．

　1947 年にマーシャルは，欧州復興計画，別名マーシャル・プランを発表した．これは全欧州を対象にし，欧州の経済的・政治的危機克服を通して，アメリカの市場拡大もかねる一石二鳥の計画であった．ドイツが国連未加盟のため国連を用いずアメリカ一国で支援を行った．ソ連は計画の中身を知ろうとして，マーシャル・プランの会議に参加したが，それはパフォーマンスに過ぎず，マーシャル・プランは冷戦の東西の「踏み絵」となった．アメリカ国内では総額 26 億ドルに及ぶ財政支援に野党共和党が「インフレ抑制」「戦時への復帰反対」を理由に一旦反対したが，ゼネストに軍隊を投入するほどの西欧政治の危機を懸念し，共和党の反発は鎮静化した．すなわちチェコはアメリカの援助がなければ，共産化するであろうし（1948 年に現実となる），オーストリア，ドイツ，フランス，イタリアにも共産化の危険が迫っていた．マーシャル・プランは，反共産主義を前提として，西欧の冷戦民主主義を確立させた．その受け皿として，1948 年に OEEC（欧州経済協力機構）が結成され，後の 1961 年に OECD（経済協力開発機構）に発展解

消した．西側陣営の日本，オーストラリア，NZ なども OECD に加盟し，今日に至っている．さらにアメリカは，トリエステ自由地域米英地区のイタリア移管とイタリアの貿易赤字補填により，イタリアに譲歩することでイタリア総選挙（4 月）で 3 対 2 の割合で反共派が勝利する道筋をつけた．

　アメリカは，日本をはじめ各地の反共産主義化を促進するため，MSA（相互安全保障法）を 1951 年に成立させ，対外軍事援助・経済援助を推進した．日本は兵器や資材の提供や防衛産業振興上の支援を受け，防衛努力を進めた[14]．MSA とマーシャル・プランの見返りとしてアメリカは被援助国から貿易・為替自由化の推進，アメリカの対共産圏禁輸政策への協力同意をとりつけた[15]．アメリカの国家安全保障法（1947 年）は，国防総省の設立（陸海空の統合，国防長官職の設置）に加え，NSC と CIA（アメリカ中央情報局）の設置により，安全保障化と反共産主義の制度化を進めた．加えて，1950 年国内保安法では，共産党員，共産党支持者などを締め出し，国外追放できることとなった．逆に，ナチスの戦犯や東欧ファシスト集団を受け入れたり，ハンガリー動乱，カストロ政権以降のキューバ，ソ連からのユダヤ人，ベトナムからの難民を優先的に受け入れ，アメリカの冷戦国家化の支持者としていった[16]．

(2)　東側諸国の冷戦化

　東側では，マーシャル・プランに対抗してモロトフ計画により二国間貿易援助協定が各国と締結され，さらに 1947 年 9 月にコミンフォルム（共産党・労働者党情報局）の設置により，東西各国の共産党の系列化を通じてトルーマン・ドクトリン，マーシャル・プラン批判が繰り広げられた．ソ連は，世界が帝国主義陣営と反帝陣営に分かれているとし，アトリーやラマディエなどの西欧の社会民主主義右派政権を裏切者として断罪した[17]．

　ソ連軍が早期に撤退していたチェコスロバキアでは，いったんマーシャル・プランを受け入れる表明をしたものの，ソ連の圧力で撤回に追い込まれた．企業国有化や農地改革を進める共産党ゴットワルト首相に対して，連立

政権内の反共産主義の閣僚12名がベネシュ大統領に辞表（1948年2月）を提出し，共産党政権に揺さぶりをかけたが失敗した．共産党がノスク内相のもとに，警察力を同党支配下におこうとし，ベネシェに反発した共産党のゼネストと全工場接取により，共産党中心の新内閣ができた．この政変直後，外国出版物は発禁，外国紙の新聞記者も追放され，マサリク外相は窓から転落して死亡した．アメリカはこの一連の過程をソ連による間接侵略として安保理で非難した．しかしチェコスロバキアをはじめ東欧各国では，ソ連型の選挙，すなわち人民戦線の結成により共産主義政党を中心とする単一候補者名簿への信任投票が行われ，新憲法が成立し，人民民主主義国となっていった．

　社会主義文化の育成や啓発がなされ，「人をしてソビエトの経験に親しみをもたらしめるための良策は，疑いもなくロシア語研究である」という方針により，チェコでは1949年からロシア語普及活動が始まった．「ロシア語は唯一の真の国際語－大衆の言語，平和の言語であり，これに対し他の言葉は搾取の目的に奉仕し，商人外交官といった国際派の使う言語であるとして分類される」「すべての進歩的社会においてはロシア語をはなすことは上品であり，またロシア語知識は人民民主主義の下で出世するためかくべからざるものであるとの印象を与えんと務める」「言語学習の間に学生はソ連共産党史，ソビエト指導者の著作，ソビエト経済の発展などと親しむようになる」とされ，イデオロギー教育のためにロシア語教育が進んだ[18]．

6.　東西ドイツの分割と冷戦民主主義[19]

　東西の2つのドイツは，前章で記した冷戦民主主義国家として誕生した．二項対立の政治，非政治，非民族化，陣営間不干渉の特徴を時系列で追う．

(1)　ベルリン封鎖とベルリン空輸
米英に対しソ連は挑発に打って出た．1948年から約1年に及んだベルリ

ン封鎖である．ソ連占領地域では戦前から続くドイツの通貨たる帝国マルク
の紙幣が乱発されインフレがおきた．またソ連がドイツ管理委員会から脱退
したため，管理委員会は決議不能となり活動停止となった．アメリカは，冷
戦開始により西独の国際社会復帰政策に転じ，通貨改革を推進するべく，
1948 年 6 月 20 日夜半に新 DM（ドイツマルク）の流通を開始し，翌日から
帝国マルクの失効が宣言された．

　西ベルリンを含む西側占領地域では，1 人あたり 40DM が給付され，半分
は米ドル（U.S.Dollar Noten）で支給された[20]．ソ連は対抗し，ドイツ分裂を
促進する決定的措置として，東独への悪影響の阻止をとるべくベルリンを含
む東独地域での通貨改革を発表した．しかし新紙幣が間に合わないため，旧
貨に証紙を貼る急ごしらえのものであった．米英仏は，ベルリンの西側地区
ではソ連新通貨は無効と宣言したため，ソ連のソロコフスキー元帥は布告で
「ベルリンの連合国管理機構はあらゆる意味で消滅した」と対抗し，西ベル
リンを 1948 年 6 月 19 日から完全に封鎖し兵糧攻めを行った．具体的には，
送電停止，食料品，石炭の輸送を止め，水路も封鎖し，225 万人が孤立化し
た．アメリカのマーシャルは，西ベルリンにふみとどまる決意を示し，ベル
リンが西部ドイツから約 150km も離れていたため，アメリカ軍による空輸
作戦を実行した．西ベルリンのテンペルホーフ空港に 2 万 7 千回飛行したア
メリカの力と意思により，ソ連の目論見は失敗に帰した[21]．

（2）　NATO 発足と冷戦国家西ドイツの誕生

　ベルリン封鎖は西側諸国の冷戦国家化を進め，西ドイツを除く西側諸国は
北大西洋条約調印（1949 年 4 月：ワシントン）により NATO の設立へと一
気に進んだ（西独の NATO 加盟は，再軍備が認められる 1955 年まで待た
ねばならない）．西独の政府樹立で米英仏は一致し，西部の全州議会協議会
がラインラントの大学都市ボンで制憲会議を開催した後，西独臨時政府が
1949 年 5 月に樹立され，いわゆるボン基本法が公布・施行された．これに
よって軍政は終結されたが，占領状態は継続され．各国 1 名ずつからなる文

官の高等弁務官を通して最高管理権が 1955 年まで行使された．ボン基本法
では「ドイツ国民は……その憲法制定権力に基づき」この基本法決定したと
あるが，明らかに根本的な矛盾がみられ，米英仏からみれば，それまで連合
国軍司令官がもっていた権力を西独に制限つきで委譲したにすぎない状態で
あった[22]．西独の政治権力は冷戦によって発生し，かつ制限された．

　挑発を逆手にとられ思わぬ逆境に慄いたソ連は，1949 年 5 月に封鎖を解
除した．「ソ連は全欧を通じて守勢にたっている」とアチソンは考えたが，
ソ連は西欧での後退をアジアで補おうとし，朝鮮戦争を望む金日成の姿勢を
容認した．またソ連は原爆開発を急ぎ，同年に原爆実験を成功させた．

　西独では自由選挙により CDU（キリスト教民主同盟）が勝利し，BRD
（ドイツ連邦共和国）が発足する．アデナウアーが初代首相となり，首都は，
ケルン出身のアデナウアーの意向でラインラントの大学都市ボンにおかれた．
「西独の誕生には一切の感動がなかった」といわれ建国記念日は設けられな
かった．東半分を置き去りにしたままの暫定的措置と考えられた．ボン基本
法と同時に占領規則も発効し，外交事務，軍備（および関連研究），民間航
空，海外貿易，外国為替などが基本法体系からは除外され，外務省すらなく
冷戦国家が発足した．ボンは東西統一までの臨時首都であり，ボンの官庁は
粗末な建物に入居した[23]．封鎖に耐えた西ベルリンでは，旧ドイツ帝国議会
議事堂が復元され，西ドイツ連邦議会はたびたびそこで委員会を開き，西ベ
ルリンが西ドイツに帰属することを示した．その都度，東ドイツやソ連はベ
ルリンが 4 大国管理下にあることを理由に，アウトバーンの一時閉鎖，ワル
シャワ条約機構軍の示威演習など，対抗措置をとった[24]．その間，西独の経
済発展は急速に進み，車の生産量は 1950 年には 1948 年の 6 倍にもなった[25]．
なおドイツ共産党は当初議席を有していたが違憲裁判（「闘う民主主義」に
反する）で敗訴し非合法化され，書記長は東独へ亡命した．

（3）　東独の発足

　西ドイツに遅れること 5 カ月後，DDR（ドイツ民主共和国，東ドイツ）

が 1949 年 10 月に建国された．東独は人口 1674 万人（1989 年），面積 10.8 km²の比較的小規模な国であり，首都はベルリンにおかれた（事実上は東ベルリン）．この首都を東側では「民主的ベルリン」と呼び，1952 年に州を廃止し中央集権体制となった．東側では筆頭の工業国で，光学機械，精密機械，輸送機器，化学品などを輸出した．

　建国前の 1946 年 9 月からすでに東独では地方議会選挙が行われていた．ヤルタでは自由選挙が約束されていたが，ソ連は実際には CDU や FDP（自由民主党）の候補者登録の多くを拒んだ．結果，FDP は 22 ％，CDU21 ％，共産主義政党をまとめた SED（ドイツ社会主義統一党）は 53 ％であった（ただしベルリンでは SED は大敗を喫した）．ソ連軍政部により，野党の吸収と解散が行われ，社会民主党は SED に強制統合され，CDU は党首を交代させられ衛星政党になった．偽のブルジョア政党として国民民主党，民主農民党が結成され，SED の衛星政党となった．人民民主主義化宣言（1949 年）により，社会主義ドイツが東側で始まった．1949 年 5 月，ソ連方式の統一リスト形式による選挙が実施されたが，それでも SED は 3 分の 2 程度しか獲得できなかった．10 月 7 日，東ベルリンで「ドイツ人民評議会」（臨時人民議会）が成立し，憲法が採択された．憲法には，秘密選挙，各種の自由やスト権まで掲げられていたが，「信条による差別，人種差別，民族差別，戦争扇動，民主的機関に対する中傷，などの行動は刑法上の犯罪」（6 条）と規定され，自由を求める反体制派に対する弾圧の根拠となった．西独の CDU は東独でも支持を拡大していこうと企図したが，厳しく制限され，それはかなわなかった．東独では 1949 年 12 月の 70 歳のスターリンの誕生日に SED が式典を開き，1950 年 6 月にはポーランドとの間でオーデル・ナイセ線を国境として公式に認め，9 月にはコメコンに加盟した．東独の 1950 年選挙では統一リスト候補者が投票率 98 ％，有効投票の 99.7 ％が支持した．それでも反対票は 34 万人分あった．SED は一斉点検で約 15 万人を除名・粛清し，見せしめ裁判を行った．それにより人民民主主義の純化が進んだ．

（4）　東西ドイツの関係

　こうしてソ連によるベルリン封鎖と恫喝は，東西ドイツの分断を招いた．事実上，東ベルリンは東独の首都となり，西ベルリンは「陸の孤島」となった．ただしこの時点では経済・文化面では完全な分断までは至らず，ベルリン協定によりドイツ内交易（東西両ドイツ間の貿易）について，両国は，合意で定められた物品について，価格を合意し，合意された金額まで物品の購入と供給をすることができた[26]．オリンピックも 1968 年まで東西共同の代表団を派遣し，1969 年までドイツ・プロテスタント教会は 1 つであり，カトリック司教区も東西境界にかかわりなくまたがっていた[27]．しかし鉄道や銀行は早くから東西で別となった．国旗も 1959 年までは東独と西独は共通であったが，東独側が中央に国章をくみこんで差別化を図った．その国章は，麦の穂，ハンマー，デバイダー（農民，工場労働者，知識階級）と社会主義のシンボルカラー赤色を組み合わせたものである[28]．

　また東独は，西独との国境地帯に，約 130 万発の地雷を埋設した．東独でも冷戦国家化が進み，世界最大の諜報機関であり，専従職員 9 万人，情報提供者 300 万人ともいわれたシュタージ（国家保安省）が発足した[29]．

　東西ドイツはそれぞれ復興し，西独は単独で 1954 年に W 杯で優勝した．西独はドイツ国民が 1 つである立場を堅持したが，相対的に小さな東独は，独自の国民国家形成を進め「2 つのドイツ」の立場を 1971 年から 89 年までとった．東独の指導者ウルブリヒトは西独に近いザクセン出身のため統一志向が残っていたが，次のホーネッカーはザール出身で「2 つのドイツ」の途を進めた．ウルブリヒト時代の憲法（1968 年）では，東独は「ドイツ国民の社会主義国家」とされたが，ウルブリヒト失脚（1971 年）後のホーネッカー時代になって改正された憲法（1974 年）では，東独は「労働者と農民の社会主義国家」であってドイツという単語を削除した．固有名詞をもたない国民国家という矛盾は，冷戦下の社会主義のイデオロギー国家ゆえに解決された．

　西独人は，統一を掲げつつ実態は西半分のみの国家というジレンマを解決

するために,「ヨーロッパ人」のアイデンティティを欲した.対して東独人にとっては「反ファシズム」がその代わりとなった.東西ともにドイツは「国民」から逃避し,その正統性を内部では経済成功,外部からは国際舞台での認知に求めた.これは東西ドイツ統一の1990年以降も大きく変わらず,ドイツ国民の最後のアイデンティティはドイツ・マルクといわれ,ユーロ導入の際に大きな喪失感をもたらした.西ドイツはライン川を軸線として,精神的には西に傾き,政治的な可能性は東を向き,文化と政治の相反性に懊悩し,国家の担い手が国民(Nation)ではなく民族(Volk)であるという意識形成ゆえに,西欧デモクラシー的制度=議会制民主主義に対する関心を薄めていった[30].

7. 人・情報の移動の制限と東欧革命

(1) ベルリンの壁と移動の自由,言論の自由

東側では言論の自由がなく,西側への移転は厳しく制限されていた.しかし西ベルリンだけは,西側のショーウインドウとして機能し,東西ベルリンの往来を東側は物理的に防ぐことができなかった.東独建国以来,壁ができる1961年までの12年間に269万人が西側に移り,そのうち半分を25歳以下の若者が占め,技術者専門家が2割を超えた.壁の建設直前の1961年7月だけで東独の3万人が西側へ逃げた.東独の人口は当時約1700万人であったため,国家存立を脅かす規模の人口流出であることは明白であった.東西ベルリンの境界線を越えるには,チェックを通りぬける必要があったが,証明書さえあれば行けた.ベルリン封鎖が西ベルリンを西側から切り放そうとする意図から由来していたとしたら,1961年のベルリンの壁は「喉にささった小骨」をとるために西ベルリンを東側から切り離す意図によった.「反ファッショ防壁」とも呼ばれた壁の建設は,夏休み中の1961年8月13日に突如開始された.

前史として,フルシチョフは,就任1年目のケネディとの米ソ首脳会談で

西ベルリンのアメリカ軍が 6 カ月以内に撤退すべきとの提案を繰り返した．ケネディはそれを挑発行為と受け止め，核戦争をも厭わない強気の姿勢をみせた．アメリカではアチソンらの主戦派は，西ベルリンの争点化がソ連の政治的口実で，アメリカに対する抵抗の意思のテストとみなし，対ソ交渉の意思伝達は意思の弱さとみなされるとして反対し，ベルリン通行権のために世界を灰にするのも厭わないという強気の姿勢と非常事態宣言に基づく戦争準備を主張した．これに対して慎重派は対ソ交渉を優先し，主戦論では西欧の同調を得られないと考えた．そして「非常事態宣言がフルシチョフの威信を傷つけ，性急な行動を促進する」と考えていた．ケネディは硬軟織り交ぜ，「核攻撃された場合に備えて，核シェルターの建設場所を確保し，食糧，飲料水，薬品など生き残りに必要最低限の物資を備蓄する予算を議会に要請する」とテレビで演説した．フルシチョフに対して「強い意思」を伝えたつもりであったが，それを知った東独の人々は危機到来を前に我先に脱出しはじめた．未曾有の人口流出に東独は，ワルシャワ条約機構の秘密会議で壁の建設を求めソ連もこれを了承し，8 月 13 日に建設が始まった．

　壁の建設は東西の分断を固定化し，冷戦の現状維持を強めた．1963 年 6 月にケネディは西ベルリンを訪問し，「私は 1 人のベルリン人である」と演説し喝采を浴びた．その後，当時の西ベルリン市長のブラントが西独首相となり，ソ連への接近を図るまで変化は訪れなかった．

　1967 年までの壁は，東に傾斜した壁の上に有刺鉄線がのっているだけだったが，それ以降は改築が進み，一部では高さ 4.5m の壁の上に，直径 25 センチの水道の土管をまわしたものになった．壁を越えて命を落としたのは約 80 人，国境を越えて死んだ人を含めると 200 人である一方で，1961〜89 年の間に，約 21 万 8200 人が壁を越えて西側への逃亡に成功した[31]．

　東独の人々には壁の建設後，出国許可願をだして 2〜3 年後に西独に移住する選択肢があったが，それは危険であった．仕事で左遷されるだけでなく逮捕されるか監視される可能性もあったためである．中には壁によじのぼり失敗して監獄に投獄されたのち，西独政府に「自由買い」される者もあった．

西独では，東独との統一への諦観が広がり，「われわれの一番の気掛かりは本当に再統一なのだろうか」（シュトラウス国防相）との声は，民族的統一よりも冷戦下の自由を優先する国民の声を代弁していた．

(2)　CSCE[32]

東西分裂のため全欧規模での安全保障の枠組みがなかった 1954 年，全欧州集団安全保障体制構想がソ連外相モロトフによって提唱された．翌年東側は，ワルシャワ条約の前文で「欧州のすべての国が社会及び国家制度に関係なく参加する（中略）欧州の集団安全保障体制を樹立する願望を再確認」した．その企図は，大戦でソ連側に有利に拡大した戦後国境を含む，欧州の政治的現状の西側による承認と駐欧米軍撤退という現実主義的発想にあった．1960 年代後半に東側は，会議開始の条件を具体化した．東側の提案攻勢に対し，1969 年以降西側は，中部欧州相互兵力削減交渉（MRFA）の開始を前提に，米加の会議参加，人・情報・思想の自由な流れの促進を会議の議題とするよう求め，連携外交が開始された．

1972 年に CSCE（欧州安全保障協力会議）準備会議がヘルシンキで開催され，①欧州の安全保障，②経済協力，③人道面での協力，④再検討会議，の 4 つを本会議の主要な議題群（バスケット）として勧告された．1973 年からの CSCE 本会議は，コンセンサス方式を前提に，早期終了を狙うソ連から具体的譲歩を引き出す西側の戦術のため，2 年に及んだ．1975 年 8 月に CSCE の参加国 35 カ国首脳が勢揃いした首脳会議で採択されたヘルシンキ宣言（ヘルシンキ最終議定書）では，以下の点が合意された．

第 1 バスケットでは，国境不可侵，内政不干渉，人民自決を含む 10 の原則が合意された．そのうち，第 7 原則で参加国は「人権と基本的自由を尊重する」ことを約束し，更に「個人がその権利と義務を知り，これに基づき行動する権利」も合意され，ヘルシンキ・グループと呼ばれる人権 NGO の活動の根拠規定となった．第 2 バスケットでは，国家間の経済，科学及び技術並びに環境分野協力が合意された．第 3 バスケットでは，「参加国の国民・

機関及び団体間のより自由な移動と接触を容易にする」ため旅行促進，出国申請手数料引下げ，口頭・印刷・映像・放送に情報普及の改善，外国人ジャーナリストの追放禁止等も合意された．

　ヘルシンキ宣言の評価は，大きく二分された．アメリカでは，同宣言の国境不可侵の規定がソ連によるバルト諸国併合の正当化につながるとして冷戦民主主義的性格に批判が高まった．しかしフォードは，ヘルシンキでこの会議の評価は「我々がなす約束によってではなく，我々が守る約束によって」定まると演説し，同宣言を東側諸国に「守らせる」外交手段化という途方もないアイデアを後に生んだ．それは，フォードの意図と無関係に，米議会におかれたヘルシンキ委員会，カーターの人権外交に結果的につながる．

　また東側反体制派は，1976 年に初のヘルシンキ宣言監視団体（NGO）をモスクワで設立する．「何を履行し何を無視するかを決めるのは我々だ」と豪語したブレジネフは，その後西側による対ソ人権批判に戸惑うことになった．同宣言は，弾圧に苦しむ東側の社会運動を勇気づけた．東側は反体制派に厳しい弾圧を行い，ポーランドでは官製労組とは異なる自主管理労組「連帯」が結成されストライキを繰り広げたが，ソ連の圧力に呼応して 1981 年 12 月に戒厳令が敷かれ，連帯は解散，非合法化された．

　しかし東側の人々が言論の自由や移動の自由を手に入れるのは，政治的に東欧諸国に My Way を認めたゴルバチョフの「シナトラ・ドクトリン」と 1989 年の東欧革命を待たねばならなかった．冷戦終焉直前，アメリカ議会のヘルシンキ委員会では，CSCE においてベルリンの壁の廃止の提案が検討されたが，東側を刺激したがらない国務省が反対した．しかしベルリンの壁は，移動を求める人々によって 1989 年 11 月に突如崩壊し，翌年 DDR は消滅し，東西 2 つの冷戦国家が 1 つの国民国家となった．統一後のドイツは，冷戦的桎梏から逃れるように EU 統合を推進し，旧ソ連を財政支援し NATO に協力し，そして「欧州の中のドイツ」へと転じた．ここに冷戦民主主義は終わり，内的には国民国家としてのドイツ，外的には EU 統合という「欧州民主主義」とも呼ぶべき新しい政治へと移行する．

注

1) 「大西洋憲章」『日本外交史辞典』501 頁.
2) 以下，『ドイツ政治経済法制辞典』11 頁.
3) 以下，高田和夫「第二次世界大戦とソ連」『平和研究』25 号，2000 年，34 頁.
4) 同上.
5) ただし，キスカ島上陸をはじめ，いくつかの上陸作戦が失敗しているといわれる.
6) 柳沢（1985，Ⅰ），第Ⅰ～Ⅲ章. 英ソ間で次のような勢力分割で合意されていた. ルーマニア：ソ連 90 %，他国 10 %ギリシャ：ソ連 10 %，英仏 90 %，ユーゴスラビア：50-50 %，ハンガリー：50-50 %ブルガリア：ソ連 75 %，他国 25 %である.
7) 柳沢，同. イギリスはバルカン半島の戦略性を重視し，北アフリカ上陸作戦（1942 年 11 月）を優先し，イタリア経由でのバルカン制圧を目指した. その意図は，西部戦線の遅延によって，独ソ双方の消耗を促進する意図であったが，ソ連が独ソ戦を耐え抜いた.
8) 当時欧州から自由の国アメリカに渡ったユダヤ人たちは，ニューヨーク港で入国審査の後上陸し，トランクをもって不動産をめぐった話がある. 不動産業者からは人種差別的表現を用いてアフリカ系とともにユダヤ人も排除されていた.
9) ヤルタの秘密議定書は，アメリカが 1955 年 3 月 16 日に公開した. 以下，柳沢（1985）を参照.
10) Cecilienhof Pallace, the Potsudam Conference of 1945, Official Guide.
11) レッシング（1971）.
12) 松岡（1992）58 頁.
13) アルジャー・ヒス（1993）（井上謙治訳）『汚名』晶文社が詳しい.
14) 斉藤孝「冷戦の歴史」江口朴郎ほか（1963）『冷戦』岩波書店，49-51 頁.
15) 坂井昭夫（1984）50 頁.
16) W. サフラン「民主主義システムにおける市民権と国籍」岩崎ほか（1999）218 頁.
17) これらの時代の背景については，F. フェイト（1973）が詳しい.
18) デュブニック（1965）『共産党宣伝活動の実際』.
19) 本節については，ヴェーバー（1991）『ドイツ民主共和国史』日本経済評論社，ロベルト・ハーヴェマン（1980），クレスマン（1995）『戦後ドイツ史 1945-1955』未來社などを参考にしている.
20) Haus der Geschichte の資料より.
21) 永井（1984）.
22) 同.
23) 経済省は木造. 農林省の河川局は，肉屋の 2 階におかれた. 井出（1971），225 頁.

24)　同.

25)　*Die Welt am Sonntag,* 10. Januar 1999.

26)　『ドイツ政治経済法制辞典』

27)　『カラー世界史百科』572 頁.

28)　『世界の国旗全図鑑』.

29)　『毎日新聞』2001 年 8 月 27 日.

30)　仲井斌「ドイツ史の終焉」『思想』1996 年 5 月.

31)　『ドイツ政治経済法制辞典』44 頁.

32)　本節については，宮脇「CSCE」『平和と安全保障を考える事典』，宮脇（2003）などを参考にした.

第11章
アジアの冷戦と民主主義

1. 中国と冷戦民主主義

(1) 中国革命

日本の敗戦後, 1945 年 10 月 10 日重慶で双十協定に国民党と中国共産党が合意し内戦回避となったのもつかの間, 1946 年 7 月, 国民党政府 (国府) 軍がアメリカの武器援助を得て共産党支配区に総攻撃を行い, 全面内戦となった. 当時, 国民党軍約 430 万人に対して人民解放軍は約 130 万人に過ぎなかったが, 1948 年には国民党軍 365 万人, 解放軍 280 万人へと縮小した. 解放軍は各地で国府軍を撃破した[1]. 1948 年 10 月, 満州最大の国府拠点瀋陽を陥落させ, 1949 年 5 月に上海を攻撃した. 1949 年 11 月には重慶を陥落させ, 12 月, インドシナ国境に達した. 残る未解放地は海南島 (1950 年 4 月), チベット (1950〜1951 年), 台湾であり, 蒋介石の国府は, 台北を臨時首都化する総統令を発令した.

1947 年 2 月 28 日, 台北で国民党の腐敗と圧政への抗議行動が起こり, 約 2 万人が軍に殺害された (2.28 事件), その後 1987 年まで台湾では戒厳令が敷かれたままであり, 定期的な選挙は行われなかった. その意味では台湾は, 冷戦民主主義というより軍政に近かった. 日本の再侵略に備える蒋介石は, 1945 年 8 月に中国共産党を袖にしたソ連のスターリンと手を握り, 条約を締結した. 中国がモンゴルを承認する見返りとして, 新疆では中国の内政にソ連は干渉しないという, 現在に至る相互不干渉を取り決めた. この結果,

ウルムチ方面に侵攻中であった東トルキスタン共和国軍はソ連の指示で攻撃を停止し，1946 年に国民党と和平を結んだ後，共和国政府を解体し新疆連合政府に加わった[2]．アジアの冷戦開始前に，民族主義はウルムチと台湾で抑圧されていた．実は，1949 年になってもソ連は，新疆のソ連への併合ないしは保護国化をめぐって国府と交渉し，同じ共産主義の中国共産党と距離をおいていた．コミンテルンの指令に毛沢東が逆らったことも中ソ共産党間の距離を広げた[3]．

対するアメリカも国府を経済・軍事支援していたが，「アチソン書簡」（1949 年 8 月）では敗戦は蒋介石の責任と断罪し，「敗れたのではなく自壊したのである」「国府に内戦を再開しないよう警告したにもかかわらず，政府軍はそれを無視して野心深い行動を起こし」たことを非難した．同時に，議会では「アメリカは台湾を日本に渡すべきである」[4]という意見さえ出た．大陸に建国された中華人民共和国は，新民主主義を掲げる人民民主主義国家であり，毛沢東が中央人民政府主席となった．台湾の存在が相対的に小さかったため，新中国の国号は「中華民国」のままでもよいという意見さえあった[5]．中国大陸の実効的支配に共産党として大きな自信を有していたことの現れである．

(2) 中国の「向ソ一辺倒」とアメリカの転換

ソ連は，手のひらを返して中国共産党による新国家をただちに承認した．マレンコフ副首相は，「現在のように，ソ連が友好的な諸国に取り囲まれたことは歴史上かつてない」[6]とし，毛沢東を招いてモスクワで開催された中ソ会談は 1949 年 12 月から 2 カ月にも及んだ．有効期間 30 年の中ソ友好同盟相互援助条約が締結され，中国は「向ソ一辺倒」となった．中国の国連代表権問題（ソ連は国府の除席を求めた）により，グロムイコは安全保障理事会をボイコットし，後に朝鮮戦争で国連軍が派遣されるという失敗を招いた．アメリカのアチソン国務長官は，1950 年 1 月にアリューシャン，日本，沖縄，フィリピンを結ぶ線を不後退防衛線（アチソン・ライン）としたがここで韓

国は防衛線内に含まれず，さらに中国共産党による台湾解放を黙認したと「誤解」された[7]．ここには，朝鮮半島の戦略的重要性，すなわち大阪（アジア最大の工業地帯）—ウラジオストク（ソ連海軍基地）—旅順（当時のソ連海軍基地）の三角地帯を重視する思考はなく，欧州におけるイギリスのような存在をもたないアメリカのアジア冷戦は，後手後手に回ることになる．

　アメリカ国内政治における共和党の政治的反撃が強まり，朝鮮戦争前に中華人民共和国の国家承認には至らなかった[8]．逆に，アメリカが台湾防衛を明確にしたのも，朝鮮戦争開戦直後になってからであり，朝鮮戦争がなければ台湾解放も現実のものとなったであろう．米中冷戦では，アメリカは台湾に核を 1974 年まで配備し[9]，1950 年代後半の二度にわたる台湾海峡危機でアメリカが厦門限定核攻撃計画さえ立案するなど[10]，緊張は 1972 年（米中和解）まで続いた．これに対して香港を抱えていたイギリスは，1950 年に中国をいち早く国家承認し，東西冷戦の構図はアジアではねじれていた．

2. 朝鮮半島の 2 つの民主主義

(1)　建国前史

　松岡（1992），柳沢（1985）などをもとに朝鮮半島の状況を概観しよう．1943 年のカイロ宣言では，米ソは朝鮮の国際管理（信託統治）で合意していたが，重慶にいた大韓民国臨時政府は信託統治構想に反対し，即時独立を求めた．1945 年 8 月 9 日，朝ソ国境を 3 万のソ連軍が越え，8 月 23 日は北緯 38 度線の北側の開城に到達した．アメリカはソ連の急激な南進に恐怖し，勢力均衡を守るため，8 月 15 日に米ソ分割占領を提案した．当時朝鮮半島に最も近かった沖縄のアメリカ軍は，半島上陸まで 1 カ月かかると予想した．ラスクは 38 度線を分割線にした理由として「ソウルが南側に含まれるから」としていた．もし日本がポツダム宣言をもっと早く受諾していれば，分割占領はなかっただろうといわれるゆえんである．

　1945 年 9 月 8 日にようやくアメリカ軍が仁川に上陸し，南側でも軍政が

敷かれた[11]．韓国の初代大統領となる李承晩はアメリカの飛行機で帰国し，金日成はソ連の船で帰国した．1945 年 8 月 17 日，日本の総督府から治安維持を委任された呂運亨は，右派から左派まで集めた朝鮮人民共和国を結成していた．だが米軍政庁は人民共和国政府を否認し，左派勢力は南で失墜する．北では南の共産党とは別に独自の共産党をつくる意図があった．ドイツ問題同様に民族統一よりも分断への動きが加速する．1945 年 12 月のモスクワ外相会議（米英ソ）では，臨時朝鮮民主主義政府の樹立や四大国による 5 年間の信託統治が決定されたものの，朝鮮内部で右派の李承晩らの反発は強く，北では，信託統治反対を表明する朝鮮民主党党首が軟禁された．

　こうして朝鮮では左右の対立が確定的になり，米ソ合同委員会も決裂し，そしてマーシャル国務長官の時代になるとアメリカは国連に朝鮮問題を提議するに至った．アメリカは当初李承晩に不信感を示していたが彼を利用することに転換し，李承晩による早期単独選挙へと展開した．北でも単独政府が樹立され．1948 年 2 月 10 日，人民会議が人民民主主義を掲げ憲法を発布し朝鮮人民軍が設立された．南朝鮮労働党は，ソ連を支持し，南側での単独選挙に反対した．そして済州島蜂起がおこり 8 万人以上の死傷者を出した．国連は南側だけの単独選挙を決定し，1948 年 5 月に中道，左派が各々ボイコットする中，李承晩らと民主党のみ参加して実施され，8 月 15 日，大韓民国樹立が宣言された．当初から韓国は冷戦国家としてスタートし，言論の自由を制限する国家保安法を制定した（1948 年）．米軍は，李承晩の反米的対応により韓国から撤退（1949 年 6 月）した．同様にすでにソ連軍も北朝鮮から撤退していた（48 年 12 月）．こうして南北双方とも冷戦の枠内で民主主義を掲げる冷戦民主主義として出発した．しかし，大国軍の駐留がないことが戦争を誘うことになる．

（2）　朝鮮戦争

　建国後は李承晩も金日成も統一論を掲げ，北進と民主基地論，対して南朝鮮革命論が論じられていた．北朝鮮は国内の軍事化を進めた．北朝鮮の南進

案に対して，アメリカの朝鮮半島不介入を期待したソ連は，日本の中立化，中国の従属化を狙い，秘密裏に賛同した[12]．こうして朝鮮人民軍は 1950 年 6 月 25 日未明に南側に軍事侵攻した．当時山口県知事は北朝鮮の南進を予想し「北朝鮮軍が最初に攻め込んできたら，日本で最初に被害を受けるのは山口県だ」と考え，県庁内に「情報室」を設置し，中短波放送を傍受して朝鮮半島の情報収集にあたった．しかし開戦直前の 1950 年 6 月に吉田茂（首相）に状況を報告すると，吉田は烈火のごとく怒って否定した．「2，3 日前にアメリカのダレス国務省顧問が来日し，韓国は米軍の指導のもと，士気も旺盛で安心したとの報告を聞いたばかりだ．勝手な情報を作って不届きだ」と吉田が知事を断罪した 3 日後，朝鮮戦争が勃発した．開戦後，戦車を先頭に破竹の勢いの北朝鮮に対して韓国軍は釜山附近にまで追い込まれた．さらに山口県の日本海側に小学校等を接収して 6 万人規模の亡命政権を樹立する構想が計画されていた[13]．

　南北の戦力差は大きく，北朝鮮が 13 万の兵力，戦車 150 両，航空機 120 機だったのに対して，韓国は 10 万の兵力，航空機 10 機しかなく，戦車にいたってはゼロであった．アメリカは，（1938 年の）「ミュンヘンの教訓」（→第 3 章）をもとに国連軍派遣を安全保障理事会に求めた．同時に，中国の台湾解放阻止も決定し，台湾海峡への第 7 艦隊の派遣と台湾海峡の中立化を求めた．国連軍は当初は 38 度線以北に人民軍を撤退させることを目標としており，これはトルーマン・ラインと呼ばれていた[14]．

　マッカーサーによる仁川上陸作戦（1950 年 9 月 15 日）は，軍内部での慎重論を押し切ってかつ敵の情報が不足する中，成功を収めた．この 10 日後に国連軍はソウルを陥落させ，数万人が犠牲となった．国連軍は 10 月 7 日，北緯 38 度線を突破し，中国を警戒させた．10 月 20 日の平壌占領を経て，25 日には中国人民義勇軍と衝突した．人民義勇軍は鴨緑江を渡河し，11 月 2 日には国連軍は撤退を始めた．イギリスは調停案として，鴨緑江から北緯 40 度にかけて非武装地帯の設立を提案した．アメリカ政府は，中国との直接の戦争を回避するべくセント・ローレンス川のように鴨緑江を中国と共同管

理したいと考えたが，アメリカ軍部は反対した．そのうちに，11 月 26 日に中国軍は抗米援朝のスローガンのもと総反撃を開始し，トルーマンは朝鮮に原爆使用の可能性を示唆するほど追い込まれ，イギリスに反対されるに至った．

　アメリカは，北朝鮮のみならず中国をも侵略国として非難する決議案を国連に提出し，1951 年 2 月 1 日に国連総会で成立した．国連は，停戦と戦争当事者という二重の役割による矛盾を露呈した．焦慮にかられたマッカーサーは，北京からウランウデ，ウラジオストクに至るまで中国とソ連極東の 21 の都市に原爆を投下する計画を立案した．中国は，建国直後にもかかわらず延べ 100 万人もの兵士を送り，国家財政支出の 50 ％に迫る戦費を費やしたため，内政と経済に強い緊張をもたらした[15]．米中は膠着状態に陥り，アメリカはソ連との衝突を避けようとした，すなわち熱戦ではなく米ソの冷戦を維持するため，強硬派のマッカーサーはトルーマンに解任された．ソ連もアメリカの原爆使用をおそれ，休戦協定交渉を提案した．開戦から約 1 年後の 1951 年 7 月より休戦会談が開城で開始されたが，この交渉の妥結は，アメリカで休戦を訴え 20 年ぶりの共和党大統領となった元軍人のアイゼンハワーを迎え，スターリンの死去を待たねばならなかった．

　1953 年 7 月の休戦協定は，国連軍総司令官，朝鮮人民軍総司令官，中国人民志願軍総司令官の 3 人の名前で署名され，38 度線に代わり幅 4 キロの軍事境界線を設定した．その後 1954 年にジュネーブで南北統一のための交渉が予定されたが，実際には何の成果もなく，現在に至っている[16]．死傷者約 80 万人，アメリカ軍の投下した爆弾は 60 万トンで，対日戦で本土空襲に用いた爆弾の 3.7 倍であるとともに，米軍の空爆目標の約 85 ％は民間人であった[17]．

(3)　アジアの冷戦民主主義

　多大な犠牲を伴い朝鮮戦争は冷戦が戦争化（「熱戦」）しうることを世界に示した．二度と戦争を起こさないと誓った人々は，敗戦国のみならず連合国にも多くいたはずである．しかし国連は戦争の当事者となり，民間人の犠牲

は筆舌に尽くせないほどで，広島・長崎で終わらない原爆投下の危険さえまざまざと見せつけた．

　犠牲を払って現状維持に持ち込んだ中国の政治力は対米，対ソ関係で強化された．ソ連は，戦争中に支援した援助の返還を中朝に要求し，中ソ対立の遠因の１つとなった．朝鮮戦争によって米中の国交樹立は大幅に遠のき，またアメリカは大戦後の通常戦力の大幅削減を見直し，日本との早期講和へと転じた．朝鮮戦争勃発の当初，朝鮮戦争により在日米軍基地の重要性が高まったため，戦争は講和独立に逆行すると考えられていた．ところがダレスは，日本の独立によって友邦として日本を再出発させることが日米関係にとって長期的にプラスになると考え，トルーマンを説得した．朝鮮戦争が自動的に日本を冷戦国家にしたのではなく，アメリカの意図と政策により日本の独立史が作られたのである．ベルリン封鎖が西独を冷戦国家として誕生させたように，朝鮮戦争は，憲法９条の規定にもかかわらず日本の再軍備や西側陣営入りを進め，日本の主権回復（1951 年 9 月 8 日のサンフランシスコ講和条約署名，52 年 4 月 28 日発効）という冷戦国家化の始点となった．

　吉田は，講和条約への過程で日本が「自由世界」に入るが，入ってから何をするかを語るには時期尚早，とダレスに答えた．また，吉田が，講和条約に中国を呼ぶべきという野党の質疑に「国府は地方政権に過ぎぬ」と答弁したためアメリカ議会で反発が広がり，結局ダレスの助言に基づく「吉田書簡」がダレス宛に作成された．この書簡では，サンフランシスコ講和条約の骨子にそって台湾と日華講和条約を締結し，中国とは二国間条約を締結しないことを確言した[18]．

　米韓相互防衛条約（1953 年 8 月）によりアメリカは，韓国とその周辺に陸海空軍の配備権をもち，自国の太平洋地域もしくは韓国に外部からの攻撃があった場合，共通の危険に対処するよう求めた．同条約の批准に際して韓国の北進を懸念するアメリカ議会は，韓国防衛の義務は外部からの武力攻撃に限るという了解事項を付した．韓国軍の戦時作戦統制権は在韓米軍がもち，韓国軍は独自の作戦行動ができない．韓国は当初，軍事費を国家予算の約

30％も計上することとなり，経済発展が遅れた[19]．さらに独立以来1982年まで夜間外出禁止令が継続され，冷戦国家韓国は最前線の臨戦国家でもあった．同国の経済成長が顕著になるのは日韓国交正常化の1960年代後半からである．

　ちょうどその頃まで，北朝鮮は経済が発展していた．中ソから援助を受けていた北朝鮮は，1950年代末には毎年の工業生産が前年比50％増加し，「千里馬運動」で人民を鼓舞し，金日成は農民に対しては「社会主義とはコメと電化だ」と語った．南北の祖国統一は放棄しないものの，共和国の首都をソウルから平壌へ切り換えた．北朝鮮は中ソとは等距離自主外交を掲げたが，厳しい政治体制により人民民主主義国の中でも最も自由がなかった．

3. 冷戦から「冷戦後の冷戦」へ

(1) 北朝鮮の孤立と困難

　東西ドイツ同様，南北朝鮮は常に比較される運命にある．北朝鮮は1990年代後半，人口約2326万人（2019年は約2567万人），GDPはマイナス成長となり，国防費の対GDP比率が3割近くに達する歪つな国家運営を行っていた．国土こそ12万km^{2}で韓国の9.8万km^{2}より広く，その点は西独に対する東独と異なる点であった．

　第三次世界大戦勃発時に，西独が自国領内奥深くのライン川を防衛線とすることを想定していたのと同様，韓国も1970年代初めまでのシナリオでは，北の南進に対して，一旦ソウルを放棄し，アメリカ軍の増援をまって反撃する戦術とした．欧州の冷戦終焉後，ソ連による援助がなくなった北朝鮮では，天候不順等も重なり，極端な経済悪化に至った．それにもかかわらず，射程1000キロのノドンミサイルに始まり，テポドン1号（射程1500km），同2号（同4000km）の開発を急いだ．

　韓国の北方外交が1988年のソウルオリンピックを経て1990年9月のソ連との国交正常化，1992年の中国との国交樹立（台湾との断交）により，南北は国連に同時加盟したが，北朝鮮の孤立化を相対的に進めることとなった．

1998 年に誕生した金大中政権は,「太陽政策」を実行した. 北朝鮮は, 在韓米軍撤退と米朝平和協定締結を求めつづけた. 南北関係では, 韓国の金泳三政権時代の 1994 年に南北首脳会談が設定されたが, 金日成主席の死去により, その実現は 2000 年の金大中平壌訪問を待たねばならなかった. 日朝は, 金丸・田辺訪朝団 (1990 年) 等の試みをもとに, 2000 年に国交正常化交渉を再開し, 北朝鮮側は過去の補償, 文書による謝罪を求め, 日本側は日本人配偶者の帰国問題, 拉致疑惑をそれぞれ正常化交渉の課題・条件として提示した. この間, 北朝鮮は全方位外交に転じ, 2000 年にはイタリア, オーストラリア, フィリピンと国交回復し, ARF 加盟にいたった.

1990 年代は, 多国間枠組みが北東アジアで見られた珍しい時期であった. 北朝鮮の核開発疑惑問題をめぐり, アメリカはカーター特使の訪朝により KEDO (朝鮮半島エネルギー開発機構) を含む米朝基本合意 (1994 年) にこぎつけた. これは, ①北朝鮮が核施設を凍結・廃棄する代わりに 100 万 kW の原発 2 基を建設し, ②発電所が完成するまで代替エネルギーとして, 北朝鮮へ毎年 50 万トンの重油を供給する, とし日韓が軽水炉原発の建設費用を拠出し, アメリカは, 重油代金を負担するという現実的な枠組みであった. しかし韓国は 1997 年末の金融危機でウォン安となり, 韓国の経済負担が急増した. 軽水炉の起工式は, 1997 年 8 月に行われたが, 準備工事開始は日本の対北朝鮮制裁解除の翌年の 2000 年 2 月となった. 当初の 2003 年の完工予定は白紙となり, その間に北朝鮮は NPT 脱退宣言を発して核危機を再来させ, ミサイル開発・実験を繰り返し, 各国は北朝鮮に経済制裁を課した.

南北朝鮮に米中を加えた四者会談が開かれたものの失敗したのもこの時期であった. 1995 年, 金泳三の訪米時に四者会談を提案する予定であったが韓国内保守派の圧力で提案は延期された. その間に, 北朝鮮は中国抜きの三者会談 (米韓朝) 構想をアメリカに提案し, 1996 年 4 月のクリントン訪日時に訪韓オプションとセットで金泳三は四者会談に合意した. 1997 年 8 月, 4 カ国協議準備会談において, 米韓は休戦協定の平和協定への移行, 朝鮮半島の CBM, 南北対話主導を提案し, 北朝鮮は在韓米軍撤退問題を主要議題

にするよう求めた．CSCE でもみられた呉越同舟は連携外交によって収斂し，1997 年 12 月の四者会談の議題は，「朝鮮半島の平和体制構築と緊張緩和に関する諸問題」であった．北朝鮮にとっては，金正日の総書記就任と日本のコメ支援決定により協議再開を妨げる理由がなくなっていた[20]．その後 1999 年の第 4 回本会談では「朝鮮半島における平和体制の構築」「緊張緩和」の両分科会が設置された．しかし四者会談は失速したため，2000 年代にかけてロシア，日本を交えた 6 カ国協議の枠組みが形成される．2002 年と 2004 年の小泉訪朝と拉致被害者の帰国により日朝の対話は前進するかにみえたが，双方が硬化し 2021 年現在，停滞したままである．朝鮮半島をめぐる冷戦は，冷戦後の現在も冷戦のまま続き，「長い冷戦」となっている．

(2)　日本の冷戦国家化

①米ソと日本

　1945 年 7〜8 月のポツダム会談においては，米軍の本土上陸，ソ連対日参戦，天皇制維持による対日講和方針が確認され，九州上陸オリンピック作戦は同年 11 月 1 日に予定された．しかし原爆実験成功により，原爆の力を背景に講和方針がとられた．占領ドイツの厳しい現実を認識していた日本は，8 月 8 日（ないし 9 日）のソ連参戦に大きな衝撃を受ける．天皇を満州に移してでも対米英の徹底抗戦を続けるという主戦派の希望は，ソ連軍参戦によって潰え，ポツダム宣言受諾となった．

　当初，アメリカ政府内では在外日本人反戦主義者たちによる大山郁夫を首班とする「海外革命政府」の樹立が勧告されていた．すなわちポーランドのルブリン政権のような傀儡政権が，西側の日本にも誕生する可能性があった．しかし大山は，「人民の声によらない政府はいずれアメリカの傀儡政権になる」として拒否し，戦前からの政体は基本的に継続した[21]．

　占領政治はアメリカ主導で行われ，ドイツでみられたソ連の政治的介入は最低限に抑えられた．1942 年頃から，戦後の対日政策を研究していたアメリカ国務省内部では，今に至る中国派と日本派の路線が形成された．前者は，

中国の資本主義化を強めて，アメリカの良き市場にし，日本を弱体化させる．後者は，日本の潜在的工業力を評価して，アジア安定のために日本を復興させる．結果的に，米ソ冷戦の環境は日本派を強めた．冷戦はドイツと日本を救い，両国の経済復興と冷戦民主主義を強化した．

　1950 年の朝鮮戦争勃発により，日本の軍事的重要性が高まり，占領は長引くと解説されていた．しかし，アメリカは冷戦国家として日本を早期に独立させる道を選び，ソ連や中国を排除した片面講和に基づき日本は主権を回復した．冷戦とともに日本は再び独立したが，欧州の冷戦が終わった 1989 年以降も，北東アジアの緊張のため 1949 年の「非冷戦」の日本に回帰できず，緩急の波こそあれ冷戦民主主義が現在まで継続する．

　日本の対ソ外交は混迷を極めた．国連に加盟するためには安保理常任理事国のソ連の同意が必要であり，東西各国の一括加盟案が否決されたこともあった．冷戦下では国連加盟の途が厳しいと思われたが，鳩山政権の日ソ国交正常化（1956 年）と二島返還の期待を込めた日ソ共同宣言を契機として，ソ連の承認を得て国連に加盟できた．

　しかしアメリカのダレスは日ソの接近に懸念を抱き，冷戦国家として独立した日本の軌道修正にブレーキをかけた．その政治的道具となったのが北方領土問題であり，また時期尚早論が強かった東京オリンピック（1964 年）への開催支持であった．池田政権は，国後，択捉がサンフランシスコ条約で放棄した千島列島に入らずと表明する（1961 年）．もともとサンフランシスコ平和条約で 4 島の帰属を明確にしなかったのは，アメリカの意図的な日ソ離反工作ともいわれる．ソ連崩壊後も，クラスノヤルスク（1997 年）―川奈（1998 年）の日露首脳会談にかけての日露平和友好条約締結交渉をアメリカは警戒していた[22]．

②日本における理想主義と現実主義の論争

　日本では，平和憲法に基づき反戦平和を主張する勢力が「一国理想主義」「一国平和主義」として批判されることがあるが，用語法としてそれは間違

いである．現実主義と同様に，理想主義は世界的な理想主義である必要はない．たとえ一国でも政治的悪意をもって他国を攻撃しようとする国があれば，世界的な理想主義の実現はない．しかし政治的悪意をもつ国が自然に皆無になることはなく，そこには現実主義的理解とともに理想主義的な目標も必要なのである．

平和主義は，戦争を否定し戦争に反対する行動が暴力に訴えることなく行われる思想である．冷戦は，平和主義をスローガンとしては利用するが，現実に反戦的な政治体制ができることを好まない．レーニン主義の「帝国主義を内乱へ」というスローガンは，戦争を廃絶するための内戦はこれを支持するというジレンマに立たされる[23]．

日本の平和主義は，アメリカによる核爆弾投下，占領，日米同盟という現実を経て，反核運動と結びつき，政治的には反米となり，社会党は憲法9条の反軍主義に基づく非武装中立を求めた．社共両党が中立を掲げたのは，それまで日本が戦時に中立であった歴史が短いためでもあった．欧州諸国で中立がいかに厳しい試練に立たされたか，日露戦争では日露両軍による戦場となったのが中立国清国であったという歴史（→第3章）を垣間見れば，中立ゆえに無害であるとは限らない．それにもかかわらず冷戦下の日本では，社会党，共産党による中立化構想に基づく理想主義的外交案が出されていた．

これに対し，現実主義からの厳しい反論がなされていた[24]．1980年代前半に石橋・社会党委員長（非武装中立論者）は，「日本には他国からの侵略はない」と断言した．その理由は，①凶器を持って押し入ってくるのは，空き巣やこそ泥ではなく，強盗だ．強盗は，施錠されているか否かに関係なく，錠前を壊して侵入する．強盗にあったときの抵抗は，死を招く危険の方が強い（無抵抗，悲観論），②地方に行けば，いまでも戸締りをせずに外出している家が多い．隣近所の信頼関係が衰えていない証拠であり，信頼関係にまさる平和はない（無防備，楽観論）．以上が「戸締まり論」である．

「戸締まり論」に対する批判は，「日本は他国からの侵略はない」という絶対命題と関連している．ところが，侵略するかどうかは他国の意思であって，

日本の意思ではない．以下，批判点を原（2000）の主張にそって記す．

①無抵抗の論理と，無防備の論理は矛盾する．強盗がいるようなところでは，無防備をもたらす信頼関係はない．

②軍備がないほうがいいのは当然だが，警察も裁判所も税務署もないほうがいい．自由を奪われても抵抗しないのが，私たちの望む平和なのか．ナチスの侵略と戦った欧州のレジスタンス，日本の侵略に抵抗した中国の人民の行動をどう考えるべきか（荒畑寒村）．

③全か無かの二元論にすぎない．「ひとたび軍備を持てば以後必ず軍拡の道を辿り，必ず軍国主義化する」というのは，夢想主義の裏返しである．

それでは逆に非核地帯宣言，非核都市宣言は一国平和主義として価値が低いといえようか．こうした論争を表にしたのが，表 11-1 である．

総じて現実主義者は，日米安全保障を強化（日本側が軍拡等）して北朝鮮に「厳しい」対応をとる．これによって北朝鮮の認識を変えさせることを求める．新自由主義制度論者は，日米安保よりも東アジアの安全保障の枠組みをつくるほうが，北朝鮮の安全保障観を変えることに役立つと提案していた．しかし長期化している「冷戦後の冷戦」状況において，両者とも北朝鮮を変えさせることに失敗している．

③冷戦民主主義国の日本

冷戦民主主義国として独立した日本では，1947 年の新憲法で戦力の不保持を掲げた．当時の国際政治状況は冷戦の萌芽期であり，理想主義的憲法に期待があった．しかし朝鮮戦争により冷戦国家として再出発した日本が非武装平和の途を歩むことはなかった．またアメリカ同様に 1949〜50 年に日本でもレッド・パージが占領下で広がり，講和後も共産主義者への差別や抑圧が続いた．ここに日本の冷戦民主主義の課題がある．

日本では，この種の as if game（→第 9 章）が多く，単に言葉の変換に留まらない冷戦民主主義の本質がそこに内在している．例えば，「旧日本軍」という表現は，「新日本軍」の存在を連想させるが新しい日本軍は存在しな

表 11-1　日本国内の安全保障論の対立と

論点 ＼ 志向	現実主義的志向	理想主義・平和志向
冷戦後の日本をとりまく環境は？	依然として軍事的緊張が高い．中国や北朝鮮の軍拡政策が日本の安全を脅かしている	冷戦終結により中国や北朝鮮の軍事的脅威は相対的に低下した（軍事行動を誰が支持するというのか？）
東アジアのありうべき安全保障体制とは？	日米同盟を中心にした現在のハブ構造を維持することが東アジアの安定につながる	日米安保よりも多国間の安全保障体制を構築することのほうが東アジアの安定につながる 北東アジア非核地帯構想の推進
日米安保条約はどうあるべきか	新たな脅威に対応するべく体制を強化しなければならない（特に質的に）グローバルな役割を期待されている	A) 冷戦後の日米安保は日米関係の根幹をなしているが，経済的側面に中心を移すべきである B) 冷戦後の環境の変化により日米安保は縮小していくべきだ（例えば「常備駐留なき安保」） C) 日米安保条約がなくてもアジアの安定は確保される
1997 年ガイドラインについて	A) 強制力をもたせたレベルにしなければならない B) 「周辺」の場所を特定するべきだ（台湾を明確に含めるべきだ）	A) 東アジアの緊張緩和に逆行する B) 日本の防衛領域の拡大になる C) 第三国の紛争にまきこまれる
対北朝鮮政策の根幹	宥和政策を排する	建設的関与政策
北朝鮮はなぜミサイルを開発しているのか	日本やアメリカに脅威を与えることによって米朝国交正常化交渉や対日交渉を有利に展開しようとし，日米韓を分断しようとする試み	国際的な孤立が続く中で日本とアメリカは東アジア地域で以前と同様の軍事力を展開し（質的には拡大），日米 1997 年ガイドラインの合意にみられるように対北朝鮮包囲網ができつつあることに対する警戒から
北朝鮮はミサイルを現実に使うだろうか	使う説：日米韓の中で最も脆弱な日本に対して 3 国分断のために用いる可能性がある（アメリカを強く刺激しない程度に） 使わない説：ミサイルの開発や実験は威嚇のためであり外交交渉の手段にすぎない	使わない説：ミサイルの開発や実験はアメリカの軍事戦略に対抗するためのものであって，使う意図はない
北朝鮮は核開発をしているのか	核開発を試み続けている	核開発は断念している．もし核開発をしているとするならば，それはKEDO（朝鮮半島エネルギー開発機構）が停滞しているためだ

対北朝鮮政策の対立（1990 年代後半）

論点 ＼ 志向	現実主義的志向	理想主義・平和志向
北朝鮮に対してどのような政策をとるべきか	A）TMD を開発することで日本の軍事的脆弱性を縮小するべき，偵察衛星ももつべきだ B）新ガイドラインに基づいて日米安保体制を強化するべきだ（米軍主体，自衛隊後方） C）自衛隊の軍事力をもっと強化し有事の際は敵基地攻撃も考慮するべきだ（自衛隊主体） D）北朝鮮が核開発するならば日本も核武装するべきだしミサイルを保有するべきだ	A）平和憲法をもつ日本が北朝鮮の問題で軍事的な対応をとることはできないしするべきでもない B）北朝鮮の国際的孤立を解消するために米朝，日朝の国交正常化を急ぎ，かつ東アジアの安全保障体制を構築し，それと並行して CBM で合意，東アジアの偵察衛星を保有して情報の相互管理をするべきだ C）北朝鮮に刺激を与えている日米安保体制の強化を断念し，日米安保の役割を再検討するべきだ
日本は偵察衛星をもつべきか	A）国産の偵察衛星をもつべきだ B）アメリカの偵察衛星と情報共有すべきだ	A）不要であるし，もし有すれば北朝鮮を不要に刺激し，日米の軍需産業に利するだけだ B）もし必要ならば東アジア共通の衛星にして北朝鮮も日本も相互に利用できるようなものであるべきだ
根本的に，北朝鮮の政治体制についてはどうあるべきか	A）国民が飢餓に喘いでいるのならばそのような体制は打倒されうべきだ B）国民に対して自由を抑圧を続けている政治体制だから早く崩壊させるべきだ C）早期の崩壊は難民などの別の問題を生むので，ソフトランディングさせるよう周辺諸国で導くべきだ D）内政干渉はするべきでない	A）飢餓が蔓延しているのは食糧援助が不足しているからだ．体制とは無関係だ B）抑圧体制は確かにいいとはいえないが，当該国民が選択するべき性質の問題だ C）左に同じ D）今のままでよい（批判する立場にない） E）内政干渉はするべきでない
相互の立場への批判	戦争が勃発したら誰が日本の安全を守るのか．外交交渉は北朝鮮に猶予を与えるだけでしかない	戦争を前提にしていては本当に戦争しかなくなってしまう．戦争を回避するための外交交渉が必要だ

出典）著者作成．なおその後，偵察衛星については情報収集衛星として運用が開始された．

い．日本に入国する移民は実態として存在するのにもかかわらず，「外国人労働者」と呼ばれる．戦前の朝鮮半島や台湾は植民地ではなく，外地（国内法が必ずしも通用しない場所）と呼称された．海外でテロ事件と報道されたオウム真理教などの破壊的活動は「事件」として括られ，日本ではテロとして認識されることは少ない．戦後日本に陸上国境がないとはいえ空港ではボーダー・コントロールがなされる．他国のボーダー・コントロールについては（陸上国境に限らず）「国境管理」と和訳されるが，法務省は「出入国管理」という和訳をあてがう．日米安保条約は歴然とした軍事同盟であるにもかかわらず1981年の鈴木訪米まで同盟という言葉を政府が使わなかったのは，同盟という言葉に平和憲法との矛盾が内在するためである．軍という言葉さえ，否定的に理解されるため[25]，日露戦争のロシア軍捕虜を「ロシア兵（将兵）」と言いかえることさえある．

　戦争，軍，テロ，移民，国境，同盟といった主権国家の中心的機能や政策課題に関する言葉の使用を忌避する点に，日本の冷戦民主主義的制約がみられる．冷戦国家として西側陣営の安全保障体制に組み込まれているにもかかわらず，1947年憲法の理想主義的骨格を変えることができず，また2010年代に与党が両院の3分の2以上の議席を獲得したにもかかわらず憲法改正の発議ができないのは，国民の間にその政治的熱量が不足しているためである．それは第1に，現状の憲法の議論の前提となる理想主義的国際環境が1950年以降，日本周辺に存在しないにもかかわらず戦争に「巻きこまれる」ことがなかったこと，第2に冷戦民主主義による言論の硬直に馴化したためである．そのため as if game の要素を多分に含んだ日本の冷戦民主主義が，ドイツのように脱冷戦の欧州民主主義に転じることなく75年以上も続く．

　注
1）　以下，松岡完（1992），99頁，および柳沢（1985，Ⅰ）．
2）　山本吉宣（編）（1996）『国際関係研究入門』東大出版会，39頁．
3）　松岡（1992），98頁．
4）　『朝日新聞』1949年12月31日．

5)　高原明生「国民党と共産党の戦争と平和」『平和研究』25 号，2000 年.

6)　松岡（1992），101 頁.

7)　同，106 頁. 以下は *Newsweek*, November 13, 1950.

8)　同，107 頁.

9)　『毎日新聞』1999 年 5 月 15 日.

10)　IHT, 19 September 2011.

11)　『朝日新聞』1945 年 9 月 11 日.

12)　『国際政治経済資料集』15 頁.

13)　『愛媛新聞』1996 年 4 月 14 日.

14)　*Newsweek*, July 10, 1950.

15)　前掲注 5)，39 頁.

16)　松岡（1992），125 頁.

17)　《Советская россия》, 4 апреля 2000 г.

18)　『日本外交史辞典』. および佐藤栄一「冷戦とアジア・太平洋地域の安全保障」
　　　山本武彦（編）（1997），63 頁.

19)　松岡（1992），127 頁.

20)　『毎日新聞』1997 年 10 月 26 日.

21)　北澤新次郎ほか監修（1956）『大山郁夫傳』中央公論社，261 頁.

22)　『毎日新聞』1998 年 4 月 20 日.

23)　『国際政治経済辞典』（改訂版）697 頁.

24)　以下，原（2000），335-38 頁.

25)　戦争否定をパロディとして小説にしたものとして，小松左京（1974）『戦争はな
　　　かった』新潮文庫.

IV. 世界民主主義と第二次冷戦

第12章
「冷戦間期」から第二次冷戦へ

1. 冷戦間期

(1) 危機の二十五年

　1989年に北東アジア以外では冷戦が終わり，西側の盟主であったアメリカでは，1990年代のクリントン政権による多国間主義の下，安全保障環境の世界的安定に基づき，民主主義モデルを世界化する「世界民主主義」（第13章で詳述）にいったんは変質しつつあった．欧州の（西）ドイツのような冷戦民主主義国（→第9章）は，EU統合の外的正統性と経済成長という内的正統性に裏打ちされた欧州民主主義に進化していった．それは，東欧革命によって崩壊した東側の人民民主主義体制の受け皿となった．しかし2001年のアルカイダによる対米テロ攻撃とその後長期化した対テロ戦争，イラク戦争により，テロとの戦いを軸とした二項対立を基礎とする冷戦民主主義が段階的に復活した．その傾向は，敵視対象をロシアや中国の大国に転じつつ，2014年のロシアのクリミア占領で確定的となり，2016年アメリカ大統領選挙におけるサイバー攻撃，さらにその後の米中対立によって一層顕著となる．

　第一次世界大戦終結から第二次世界大戦までの戦間期は，「危機の二十年」と呼ばれた．そして第二次世界大戦後は冷戦期であった．キューバ危機にみられるように一触即発の危機が連続し，それは，核の「恐怖の均衡」を含む「危機の四十五年」であった．冷戦終焉後の1989年以降の世界が危機から縁遠いかといえば，北東アジアはもちろんのこと，ユーゴ内戦，コンゴの「ア

フリカ大戦」，アジア経済危機とリーマンショックが次々とおこり，別々の危機が連続した．2010年代には「アラブの春」の失敗，EUの難民危機とイギリスのブレグジット，大国ロシアの復活とクリミア占領，海洋領域や貿易における米中対立等，危機の存在は枚挙にいとまがない．この観点から，学界で現代を「危機の二十五年」「危機の三十年」と呼ぶ動きがある[1]．しかし米ソ冷戦の45年間の危機とは異なり，1990年代以降の危機は，戦間期の危機に類似して，前半に国際的な制度化の波が訪れ後半に制度化の限界が露呈するサイクルを見せている．そして2014年以降は米中の二大国化（G2）と米露の対立に特徴づけられる新たな冷戦期（第二次冷戦）に入ったと考えることができる[2]．地球は現在，氷河期と氷河期の間の「第四間氷期」である．それに倣うと，1989年から2014年までは「冷戦間期」（inter-cold war period，間冷戦期とも）と呼べる．むろん存在被拘束性（マンハイム）を前提に同時代史を眺望する限界があり，「冷戦間期」の呼称が定着するには時間を要する．

　この時代を展望した田中（1996）は，1990年代の世界を次のように整理した[3]．世界の支配的イデオロギーは自由主義的民主制，市場経済であり，相互依存の拡大を除けば，多種多様な主体の存在と唯一支配的なイデオロギーの支配という点で，当時の世界システムは中世のシステムに類似する「新しい中世」であるとした．具体的には，新中世圏：民主主義体制の成熟した先進産業諸国，混沌圏：サブサハラ，中央アジアなど内戦勃発地域，近代圏：新中世圏と混沌圏の中間地帯であり，東南アジア，中国が含まれ，3つの圏域に分けられた．

(2)　多国間主義の結実と協調的安全保障

　この時代は，上記の世界民主主義を秩序原理に，冷戦後の秩序形成が進んだ．アメリカではクリントン政権が多国間主義に舵を切り，EUとロシアの協調による安全保障，経済の秩序化・制度化が進んだ．2010年代後半からの対立と分裂を知る2020年代からみれば，1990年代は「古き良き時代」で

ある．安全保障から環境問題に至るまで，冷戦間期を特徴づける多くの国際制度がこの時期に形成され，国家間の政策協調が進み，世界秩序は新たな段階に入った．

　世界民主主義の下で協調的安全保障モデルが制度化されていったのもこの時期である（図12-1参照）．以下，具体的に検討する．

① OSCE（欧州安全保障協力機構）

　アメリカが打ち立てた新世界秩序はCSCE首脳会議でも議論され，1992年のCSCEヘルシンキ首脳会議（Helsinki-Ⅱ）では，1990年のパリ首脳会議に続いて冷戦後の欧州の指導原理が再確認された．東側のワルシャワ条約機構は自ら解体したものの，「民主主義の諸原則」に基づき設立されたNATOは敵を失っても解体されることなく，温存されさらに東方へ拡大した．NATOの東方拡大は，同盟空間の拡大に他ならないが，ロシアがNATOに政治的に加盟できない以上，NATOとロシアの関係の安定，またその中間地帯をめぐる安全保障の空白化の防止が求められる．軍事的安全保障のみならず，人的側面も含めた包括的安全保障を議論するフォーラムであったCSCEが協調的安全保障の制度としてOSCEと改称して再出発した背景にはNATOの限界がある．

　協調的安全保障とは，対立構造や脅威の性質が不特定，不確実，不透明な地域における，敵でも味方でもない国々の間の関係を安定させるのに有効だと考えられる方策である[4]．域内の全ての国が参加し，諸国の協調によって，域内の不特定の潜在的脅威や危険が顕在化して武力衝突に至ることを予防し，もし紛争が生じたときでもその規模を限定するための枠組みをつくるものである．そのために，対話の制度化，CBM等のアプローチがとられ，軍事的・非軍事的な強制措置は含まない．

　OSCEはCBMを進め，1990年代は首脳会議を多く開催した（図12-1参照）．しかしイスタンブール首脳会議以降，2010年のアスタナ首脳会議まで開催されず，政治的意思決定の場としての意味が薄れつつある[5]．ただし多

分野	1989	1991							1999

出来事

東欧革命　ソ連崩壊　　　　　　　ユーゴ内戦　　　　　　→NATO
　　　　　　　　　　　　　（クロアチア・ボスニア・コソボ・マケドニア）　ユーゴ空爆

マルタ会談で
米ソが冷戦終結宣言

核兵器

　　　　　　　　　　　　　　　1995
　　　　　　　　　　　　　　NPT 再延長

　　　　　　　　　　PTBT　　　　1995　　　　CTBT　　　1999
　　　　　　　　　　　　　　　　　　　　　　　　　　　　アメリカ議会
　　　　　　　　　　　　　　　　　　　　　　　　　　　　批准否決

非核兵器

　　　　　　　　　　　　　　　　1997　　　　　1999
　　　　　　　　　　　　　　　対人地雷禁止条約調印　発効

　　　　　　　　　　　1993　　　　　　1997
　　　　　　　　　　化学兵器禁止条約署名　　発効

環境

　　　　　　　　　　　　　　　　1997
　　　　　　　　　　　　　　　京都議定書

北朝鮮

　　　　　　　　1994　　1995　　　　1997-1999
　　　　　　　　米朝枠　KEDO　　　　四者会談
　　　　　　　　組合意

同盟・地域機構など

NATO拡大
　　　　　　　　　　　　　　　　　　　　　　1999
　　　　　　　　　　　　　　　　　　　NATO 第一次東方拡大

G8/G20
　　　　　　　　　　　　　　　　　　　1998
　　　　　　　　　　　　　　　　　　G7 から G8 に

ASEAN
　　　　　　　　　　　　　1995　　　　1997　　　　1999
　　　　　　　　　　　ベトナム加盟　ASEAN9　　ASEAN10

CSCE／OSCE（首脳会議）
1990　1992　　　　1994　1995　1996　　　　　　1999
パリ ヘルシンキ　ブダペスト　　リスボン　　イスタンブール
　　　　　　　　　　　　OSCE に

出典：著者作成．なお作成にあたり玉井雅隆氏ら多くの協力を得た．

図 12-1　1990 年代

2000　　2001　　　　　2003

イラク戦争　　　　　　2010
ブッシュ政権に　○─○────────●▶
9.11 テロ,　　　　　　　　　　　　　　　　　　　　　　2021 まで
対テロ戦争　　─────────────────────────▶

　　　　　　　　　　　　　　2008　　　2011
　　　　　　　　　　　　リーマン・　シリア内戦
プーチン政権に　　　　　ショック
○────────────────────────────▶

　　　　　　　　　　　　　　　　　2014
　　　　　　　　　　　　　　　　　○──────────────▶
　　　　　　　　　　　　　　　クリミア併合／占領

　　　　　　　　　　　　　　　　　　　　　2017　　　　2021
　　　　　　　　　　　　　　　　　　　　　○────────●
　　　　　　　　　　　　　　　　　　　　　TPNW　　　　発効

　　　　　　　　　　　　2008　　2010
　　　　　　　　　　　　○──○──────────────────▶
　　　　　　　　　　クラスター爆弾条約　発効

　　　　　　　2005　　　　　　　　　2015　　2016
　　　　　　　○──────────────○───○──────────▶
　　　　　　　発効　　　　　　　　　　パリ協定　発効

　　　　　　　　　2003　　2005　　　　　　　　　　　　2018　　2019
2003　　　　○───○　　　　　　　　　　　　○───●
北が NPT　　6 カ国協議　　　　　　　　　　　　米朝首脳会談
脱退

　　　　　2004　　　　　　　2009　　　　　　　　　　　　　　2020
　　　　　○──────────○────────────────────○
　　　　第二次東方拡大　　アルバニアと　　　　　　　　　　北マケドニア
　　　　　　　　　　　　クロアチアの　　　　　　　　　　モンテネグロの
　　　　　　　　　　　　　加盟　　　　　　　　　　　　　加盟

　　　　　　　　　　　　　　　　2014
　　　　　　　　　　　　　　　　○──────────────────▶
　　　　　　　　　　　　　　　G8 から G7 に

　　　　　　　　　2008
　　　　　　　　　○────────────────────────────▶
　　　　　　　　　G20

　　　　　　　　　　　　　　2010
　　　　　　　　　　　　　　○────────────────────▶
　　　　　　　　　　　　　アスタナ

以降の秩序形成

くのミッションを旧東側や旧ユーゴスラビアに設け，民族紛争の「凍結化」「低温化」を進めてきた．2014 年のクリミア危機において，東部ウクライナに OSCE が介在することとなり，危機の激化を現場で防いでいる．

② ARF（ASEAN 地域フォーラム）

　アジアにおける協調的安全保障モデルは，1991 年の中山外相の提案を起点としてオーストラリアによって翌年提唱された ARF である．1994 年に発足した ARF は，ASEAN にとっての域外脅威を課題とせず，中国という不安定要因を「内部」の観点から検討する場であった．紛争の源が顕在化しないように取り組む予防外交の場として機能し，例えば「南シナ海宣言」では，武力不行使原則とともに協調可能な分野の拡大も合意されている[6]．2001 年，ARF 閣僚会議では，ARF 議長の権限を強化し，紛争のおそれのある国に仲介する権利を与えた．また ARF は，ASEAN が人権問題を内政問題ととらえる観点からミャンマーの人権問題の議論を避けてきたが，これに対して「人権はアジア地域の安全促進のためには，欠くことのできないものである」[7]とアムネスティ・インターナショナルは訴える．

2.　軍備管理の成功と失敗

（1）　グローバルな核不拡散

① START（戦略兵器削減条約）

　米ソ（米露）は，冷戦終結後 START I（第1次戦略兵器削減条約）により，1990 年時点で世界にあった約 5 万発の核弾頭（そのうち米ソで 95 ％を占めていた）のうち，戦略核兵器（アメリカが 1 万 2000 発，ソ連が 1 万 800 発）について削減することで利害が一致した．もともと冷戦期の 1982 年から交渉を開始したが，SDI の議論をめぐって休止し，1991 年に START I として合意された．具体的には a) 運搬手段を 1600 基に削減（アメリカは 30 ％，ソ連は 36 ％の削減），b) 核弾頭総数を 6000 発に削減（アメリカは 43 ％，

ソ連は 41 ％の削減）するものであった．これに続いて，START II（第 2 次戦略兵器削減条約）は，米ロの戦略核弾頭をそれぞれ各 3000〜3500 に減らすもので，1993 年に調印，1996 年にアメリカ上院が批准した．対するロシア議会では履行期限が 2003 年と早かったことで審議は難航した．1 年間で SS18 などの MIRV ミサイルの大半を廃棄する作業を行い，またアメリカとの均衡を図るために単弾頭ミサイルを新たに製造する矛盾がそこにあった．ロシア議会は，ロシア共産党（野党）が議会選挙で議席を減らした 1999 年 12 月の選挙後，2000 年 4 月になって付属議定書にアメリカのミサイル防衛の行動を拘束する文言があることを理由に，ようやく批准した．

　ただし，ロシア議会は批准にあたって 2 つの付帯条件をつけていた．a）ABM からのアメリカの脱退，b）NATO 新規加盟国への核配備の 2 点が生じた場合には，START II から一方的に脱退する権利があると明記した．プーチンは「アメリカが ABM 制限条約に違反すれば，ロシアは START II だけでなく全ての戦略核合意から脱退する」と警告した．ところがアメリカ上院では「付属議定書は葬る」として，START II が締結される見通しが立たなくなった[8]．米露の対立はすでに 1990 年末に顕在化しつつあった．

　第三弾の START III は，冷戦時のピークから 8 割以上戦略核を削減（2000〜2500 発ずつ程度に）する構想であり，遅くとも 2007 年には交渉開始が予定された．軍縮攻勢をかけていたのは，ロシア側であった．ロシアはアメリカに対して，両国の核弾頭の数を 1500 まで削減することを提案したが，「核抑止力を損なわない核弾頭の数は，2000 から 2500」とする当時のアメリカの立場と相いれなかった[9]．共和党主導のアメリカ上院は，核弾頭の削減を先延ばしにする法案を可決した．さらにロシアは，2001 年，安保理常任理事国 5 カ国の核弾頭保有数を 2009 年までに 4000 発に削減する核軍縮案を提案した．アメリカは，削減交渉において弾頭の貯蔵を主張し，完全廃棄を求めるロシアと平行線をたどった[10]．2002 年 5 月，米露は START III の代わりにモスクワ条約（戦略核戦力削減条約）に調印し 2012 年までの 10 年間で，米露の戦略核弾頭を各々 1700〜2200 発に削減することで合意した．しかし，

核弾頭自体および運搬手段（ICBM，SLBM 等のミサイル本体，爆撃機等）の廃棄は義務付けられておらず，米露両国とも削減した弾頭の保管が可能であり，実際にはアメリカは 4000 発以上を保管していた．両国とも 2003 年に条約を批准し発効した．2010 年には新 START が米露間で締結され，2018 年までに各々 700 基，運搬手段を 800 基，弾頭を 1550 発に制限することとなった．その後中国が核戦力を増やしたため，トランプ政権では米中露の 3 カ国の枠組みでなければ安全保障上の意味がないとしてきたが，バイデン政権は 2021 年に新 START の 5 年延長で合意した．

②不均衡と相互再不信

米露の協調から対立への分岐点は，1997 年の NATO 第一次東方拡大から 1999 年のユーゴ空爆（本章第 3 項）までの時期にある．ロシアは，1999 年 4 月にユーゴ空爆に対応して戦術核拡充の大統領令を発令した．ソ連崩壊後の社会的混乱により世界民主主義化が急速には進まないロシアと急進的な民主化を求めた西側との間隙は拡がっていた．アメリカはブッシュ政権（子，43 代）時代に，1994 年以来の核体制の見直しに転じ，①戦略核を含む攻撃能力の確保，②ミサイル防衛などによる防御体制の強化，③テロや「ならず者国家」の脅威に柔軟に即応できる国防基盤の再活性化，を国防の三本柱とした．2002 年の段階で国防総省はイラク，北朝鮮，中国，ロシア，イラン，リビア，シリアを核兵器の使用対象として検討していた[11]．

当時の米露の議論では，核兵器の照準解除とその後の警戒体制解除，運搬手段からの核弾頭の撤去，という段階的なプロセスについての疑念も生じていた．警戒体制に戻すために弾頭が再装着される場合，相手方がその事実を察知できるだけの時間がかかる点は重要である．陸上配備ミサイルならこの措置は可能だろうが，潜水艦搭載ミサイルの場合，同じ潜水艦にミサイルと撤去した弾頭が搭載されるようでは警戒体制解除の意味がないため，ミサイルと弾頭を別々の潜水艦に搭載し，いざというときに 2 つの潜水艦が合わさる．それゆえにミサイルと弾頭が別々の潜水艦に搭載される検証方法や米露

の戦略核の非対称的構成の問題も示された.

　加えて, 核兵器の解体の技術とコストについても不均衡であった. アメリカは 1996 年に 1300 発の弾頭を解体したがロシアの処理能力はこれを下回っていた. 核兵器解体でとりだしたウランは, 拡散防止のねらいからアメリカ企業に安価で売却する協定 (1997 年) もあったが, ロシアはこれを破棄した[12].

③ NPT 延長と CTBT

a) NPT

　水平拡散防止, 垂直拡散防止, 平和利用の権利を 3 原則とする NPT (核拡散防止条約) が締結されたのは, キューバ危機後の 1968 年である. 米英ソで締結された NPT は, 締結時点で (中国, フランスを含む) 核兵器の保有国のみを「核兵器国」と定義し, 現状維持体制を明確にした. 後続の核武装国たるインド, パキスタンは自動的に NPT 体制の「核兵器国」から排除されることとなる. また核保有について「イエスともノーとも言わない」(NYNN) 政策をとるイスラエルなどは加盟していない. NPT は期限を迎えた 1995 年に無期限延長となり, 5 年ごとに再検討会議が開かれた. 不平等体制の性格を批判したフランスと中国は, 冷戦後の 1992 年に批准した.

　一方で NPT 推進国は, NPT 体制の不平等性を認めつつ, 核拡散による危険のほうが大きいとして, 現状維持的性格の利点を強調する. 他方で NPT 反対国は「核の傘に入っていない国の安全を誰が保障するのか」という問いを発し, 核先制不使用の課題を提起する. 例えば, 同盟国がない (非同盟の) インドの安全をどの国が保障するのか. インドが米露に核の傘の提供を求めたとき, 米露は自らの犠牲を覚悟でその意思を示すであろうか. アメリカの同盟国の日独は, アメリカの核の傘の下に長らく位置し, 核の傘が実質的な不拡散体制の一部になっている[13].

　核不拡散の肝は, 偶発核戦争の防止にある. 核保有国の数は核戦争の勃発可能性と関係があるかという問いに対して, ブリトおよびイントリリゲー

ター（1996：213）は次のように答える，

「核保有国の数が増えることによって明確に偶発的もしくは不注意による核戦争の蓋然性が増大するだろう．ところが計画的な核戦争の蓋然性が核保有国の数によって異なるかといえば，それは定かではない」[14]．すなわち核保有国の数が少ない方が偶発核戦争の危険は減る．しかし計画的核戦争の危険は変わらない．

　それでは，TPNW（核兵器禁止条約）以外の方法で，核問題の解決の現実主義的処方箋はあるのだろうか．

　核兵器はこれまで何度か重大な事故にみまわれ，核拡散防止の目的のために核兵器の重要性を低下させる必要性については合意済である．その一方で通常兵器の性能の向上がみられる．そこで仮想抑止（virtual deterrence）論が提示されたことがある．現在は，一般市民も核兵器の製造知識を入手可能な状態にあり，核兵器製造能力を全て廃棄することは現実的ではない．そこで全ての完成した，もしくは待機態勢にある核兵器の存在を禁止するレジームをつくり，核弾頭と運搬手段の分離，国際管理のもとで双方を別々に貯蔵・保有する．侵略行為を行う国家が現れた場合，既存の核保有国は核兵器を組み立て対抗できる．むろんここには，査察体制の難しさ，核兵器を組み立てるという行為が現在以上に恐怖を抱かせる可能性，そして核保有国にレジームにどのようにして参加させるか，という最も困難な課題がある[15]．

　核兵器禁止条約は，こうしたジレンマを規範設定で解決しようとするものであった．2017年7月に国連総会で採択され，2021年1月に発効した．しかしアメリカを含む核保有国や「核の傘」の下の日本は批准しておらず，大国抜きの小国連合による規範創設の限界を示している．

b）CTBT

　キューバ危機の翌年に合意された部分的核実験禁止条約（PTBT）が地下核実験を禁止対象外とし，米ソの核開発の推進を容認してきたことに対する批判が高まっていた．同時に米露核競争は，命中精度の向上よりも，従来の弾頭の改良と小型化が目標とされ，蓄積したデータで十分であるという事情

が地下核実験中止に踏み切れた背景にあった．冷戦間期の国際協調のもと，
CTBT（包括的核実験禁止条約）が 1996 年 9 月国連総会で可決されクリン
トンは署名した．条約発効には，核保有 5 カ国と核開発能力のある国をあわ
せた 44 カ国の批准が必要であったが，アメリカ議会は，1999 年 10 月に批
准延期動議を可決した．ロシアは 2000 年 4 月に議会が批准し，ABM に絡
めたアメリカへの国際圧力を狙ったものの，2001 年に発足したブッシュ政
権は，CTBT の議会再提案を行わず「死文化」をめざし，ブッシュ自身も
大統領選中に CTBT の検証措置の不足を批判した．それゆえ 168 カ国が批
准しているにもかかわらず，いまだ CTBT は発効していない（2021 年現在）．
また地下核実験とは異なり，コンピュータ上の臨界前核実験，すなわち核物
質を使うが，連鎖反応が始まる前で終了する実験を 1997 年 6 月からアメリ
カは実施し，ロシアもこれに追随し，核弾頭の新鋭化が進んでいる[16]．

③ NPT ／ CTBT 批判

　CTBT は採択後未発効のままであるが，その間，インドとパキスタンが
相次いで地下核実験を 1998 年 5 月に行った．インドの核実験直後に開催さ
れバーミンガム G8 サミットでフランスとロシアが経済制裁に消極的であり，
インドを非難するにとどまったことから，核実験の政治的コストを下げ，イ
ンドに対抗した同月末のパキスタンの地下核実験の実施を抑止できなかった．
パキスタンは，第三次印パ戦争で大敗（1971 年）したことがトラウマとなり，
核開発を進めていた．1978 年からカナダ，フランス，アメリカは，パキス
タンに核開発疑惑を理由に経済制裁を科していたが，中国が 1986 年から
「核エネルギーの平和利用に関する協定」に基づきパキスタンに技術援助を
続け，同国の核技術者のカーン博士のネットワークにより同国は核開発とミ
サイル開発を進めた[17]．

(2)　BC 兵器

① BWC（生物兵器禁止条約）

　1975 年に発効した BWC は，生物兵器の開発・生産・貯蔵を禁止し，保有する当該兵器の廃棄義務を定めたもので，多くの国が批准している．しかし小規模な施設で生産・貯蔵できる生物兵器に対して，条約には検証制度がなく，抜き打ち査察等の是非など検証方法をめぐる議論が続いている[18]．

　湾岸戦争前のイラクは，細菌（炭疽菌）散布用に改造した無人飛行機と長距離ミサイルを保有していた．イラクは，湾岸戦争前にポーランドから購入した農業用単発機にカメラとコンピューターを搭載し，炭疽菌を 1 トンまで運搬可能とした無人機に改造し，都市攻撃に用いれば数万人を殺傷できるといわれる能力を有した[19]．他方アメリカは，生物兵器禁止条約の運用検討会議で，「企業秘密が洩れかねない」として検証制度について法的拘束力をもたせることに反対した[20]．

②化学兵器禁止条約

　1993 年 1 月に署名，97 年 4 月に発効した条約で，アメリカ，中国も発効直前に批准した．全ての化学兵器の開発，生産，貯蔵，使用を禁じ，発効後 10 年以内（2007 年まで）に原則全廃するとした．化学兵器禁止条約機関（OPCW，ハーグ）による厳しい査察制度を設けた．これとは別に湾岸戦争に負けたイラクは，1998 年まで UNSCOM（国連大量破壊兵器廃棄特別委員会）の査察を受けた．しかしイラクはたびたび査察を妨害し，施設外で大気サンプルをとらせないなどの行為を繰り返し，国連安保理でも非難された[21]．1990 年代後半の度重なる米英の空爆にもかかわらず，イラクは国連の要求に応じなかった，対イラク経済制裁の効果は限定的であり，ブッシュ（子）は制裁が「スイスチーズのように，穴だらけ」と語るなど，2003 年のイラク戦争を導いた．

　化学兵器は，Human Rights Watch によると現実に，ボスニア・ヘルツェゴビナ内戦で使われたといわれる．セルビア人勢力は，包囲するムスリムの

街で，ムスリム系住民が飲用に取水する川に毒を混ぜた．水を飲んだ住民の多くは，約 1 時間後，高熱，幻覚，幻聴に陥り，発話もできずに昏倒した．そしてあたかもここが自由の地であるかのように徘徊しているところをセルビア人勢力に 82 ミリ弾で砲撃された[22]．

(3)　対人地雷[23]

　対人地雷全面禁止条約（オタワ条約）は，1999 年 3 月に発効した．イギリスのブレア政権は，対人地雷全廃を宣言し，これに欧州各国が続いた．当時，世界に約 1200 万個の地雷が埋まり年平均で 2 万 5000 人が触雷により死亡していた．さらに 8 万個が毎年除去されている一方で，200 万個が毎年埋設されていたといわれる．ノーベル平和賞を受賞した地雷禁止 NGO の ICBL（地雷禁止国際キャンペーン）が，禁止条約を促進し，軍事的中規模国のベルギーやカナダが推進国となって，合意形成が進んだ．1997 年 9 月から交渉が開始され，同年 12 月，日本も調印した．

　しかし，地雷を「防衛兵器」と位置付ける地雷大国の中国とロシアは加入せず，朝鮮半島での戦争の危険に直面するアメリカと韓国も参加しなかった．当初は日本も，「地雷は日本にとって防御兵器として有効かつ必要」との立場を維持していたが署名に転じた[24]．代替兵器開発を条件にアメリカは 1998 年 5 月に「2006 年までに署名」を決定していたが[25]，現在に至るまで実現していない．

3.　冷戦間期の欧州の安全保障の変化

(1)　PKF（平和維持軍）の失敗

　冷戦間期に安全保障概念の外延は広がり，人間の安全保障，健康の安全保障，グローバル安全保障など安全保障化が進んだ．領域の安全保障から国民の安全保障，国家の安全保障から諸個人の安全保障，軍備を通じた安全保障から発展を通じた安全保障という変化がみられる[26]．安全保障化は世界民主

主義と軌を一にする．しかしそこでは理念の大きさに比べ，軍事介入能力は限定的であった．現実の紛争防止においては，国連の X 国が主導する PKF の派遣地（Y 国）で国連部隊が巻き込まれる事例が多く発生し，X 民間人＞X 兵士＞Y 民間人＞Y 兵士という人の命の序列が発生している（カルドー 2011）．ソマリア，ルワンダでの失敗を経て，コンゴ紛争では，2000 年 2 月に安全保障理事会は大規模な PKF 派遣を決めておきながら，内戦が再開されると見送りを決めた．

　命の序列化は，国連に限らない．2000 年にマケドニアに派遣された NATO のイギリス軍の兵士（20 代）が，2001 年夏，地雷を踏み死亡した．彼の親はこう語る．「マケドニアに兵を出すべきではなかった．コソボと違い，ここは内戦だ」と悲嘆にくれた[27]．イスラエルのレバノン侵攻（1982 年）にともない，アメリカ海兵隊などが派遣されていたレバノンでは，1983 年 10 月に 241 名が自爆テロの犠牲になり，加えてフランス兵 77 名も爆死した．それについて，パウエル（元国務長官）は次のように回顧する．「私がペンタゴンの止まり木から見たものは，われわれが 1000 年も前からあるスズメバチの巣に手を突っ込んだありさまである．1991 年に，かつてのユーゴで，古くからくすぶっている人種間の憎悪が再び燃え上がり，善意のアメリカで『何か』をすべきだと考えたとき，ベイルート空港における海兵隊の散乱した死体が慎重論を主張する私の頭からは決して離れなかった．アメリカ人が生命を賭けなければならないことがあるのは確かである．外交政策においては，犠牲が見込まれるからといって手も足も出せないようなことがあるのは確かである．しかし，犠牲者の親や配偶者や子供と顔をあわせて，なぜ彼らの家族の一員が死ななければならなかったのかという問いに明確な答えが出せるまで，人命を危険にさらすことは控えなければならない．『シンボル』になるには，『プレゼンス』を保つだけでは充分とは言えないのだ」（パウエル 1999）．米軍もイギリス軍も「世界の警察官」ではないため，命の序列化を回避できない．

(2)　NATO のユーゴスラビア空爆の成功

　冷戦後も同盟機能を果たした NATO は，ロシアの約 20 倍の予算で軍事行動能力を維持した[28]．1999 年 3 月，コソボに展開していた OSCE は，NATO による空爆を前に撤退した．なぜ OSCE の予防外交は失敗したのか．1998 年 10 月の停戦協定で OSCE 検証団受け入れをふくむ停戦協定の合意後，コソボ検証ミッション（KVM）は派遣された．しかしその後も虐殺は続き，KVM の団長も国外退去処分となった．そして NATO は空爆実施権限をソラナ事務総長に委譲し，連絡調整グループは新たな和平案（ランブイエ和平案）を提示した．しかし，ユーゴスラビア側は，和平案にコソボの住民投票が含まれていたため，拒否せざるを得なかった．KVM は 3000 人に満たない要員とはいえ，協調的安全保障がジェノサイドには無意味であり，それを解決したのは NATO 空爆であった．コソボのアルバニア人が平和的な対話から KLA による武装闘争化を経てようやく（つまりテロリストになって初めて），米欧はコソボのことにを関心を持ち始め，ランブイエに紛争当事者を呼んだが，対話による解決には時すでに遅しであった[29]．

　コソボ空爆の前年の 1998 年 6 月，80 機以上の戦闘機がコソボと国境を接するマケドニア，アルバニアで軍事演習を展開しユーゴスラビアに対して圧力をかけたが，効果はなかった[30]．クリントンは，「道義的要請」をテレビ演説で語り 1999 年 3 月に NATO による空爆を開始した[31]．国務長官オルブライト（Madeleine Albright）による「マデレンの戦争」とも揶揄された．1999 年 3 月から 79 日間に及ぶ NATO の空爆は，その名も「同盟の力作戦」であり，NATO として初めての大規模な軍事行動であった．この武力行使の目的は，NATO 加盟国の防衛ではない．欧州における民主主義，人権，法の支配を指導原理とする世界民主主義の維持と拡大のために NATO が用いられたといえよう．しかし諸国は道義性の強調にもかかわらず当初は戦争後もユーゴスラビアの国家主権を認め，外交的にはコソボの独立を支持しなかった．また RMA のように軍事技術の優位が大きく戦争結果を左右したが，和平には空爆だけでは不十分であった．ロシア，EU，国連の仲介を経て，

1999 年 6 月 10 日にユーゴスラビアと NATO は和平合意に達した.

　ボスニア同様，コソボの教訓は，アメリカの意思と力が欧州の安全保障の基本であることであった．しかし同時に 78 日間で 3 万 7465 回の出撃を要し，NATO の軍事的勝利には即効性がなく，地上戦の可能性さえもあった．NATO は，空爆でユーゴ連邦（後のセルビア・モンテネグロ）大統領ミロシェビッチがすぐに降伏すると考えたがそれは誤りで，その間に中国大使館を含め誤爆も頻発した．開戦後 2 カ月半経った 6 月上旬にクリントンは地上軍投入の選択を迫られていたが，ミロシェビッチを屈させたのは，空爆の恐怖よりもロシア経由で伝わった「地上戦近し」との情報と発電所攻撃による停電を契機としたユーゴスラビア世論の政権批判のためだった[32]．

　しかし合意は，空爆を経なければ得られないような内容ではなく，ユーゴスラビアにとってはコソボの残留による領土の一体性が維持され，また期限を決めた住民投票（コソボ）が明記されたものでもなく，国際部隊の構成も NATO 中心とはいえロシアも含んだ形であった．ロシアは，「NATO の一方的行動は国際関係をきわめて不安定なものにした．空爆作戦の結果明らかになったことは，人権の侵害に対しては更なる攻撃や暴力で解決することはできないということである」と主張した．中国は「人道主義の名で行われたこの戦争は，実際には第二次世界大戦後のヨーロッパで最大の人道の破壊を誘導し，バルカンの平和と安定を傷つけた．民族問題はその国家の政府，国民によって正しい解決が選ばれるなかでそれに相応しいかたちで解決されるべきである」と非難した．ここに，二項対立の復活と人道的介入の難しさ，そして世界民主主義の限界がある．アメリカにとっては，内政干渉と軍事介入の二者選択であった．ユーゴスラビアにはどちらも受け入れられるはずもない[33]．一方，「力に裏付けられた正義」という理念はそう簡単に諦めるべきではない．正義を獲得することは難しいが，正義を反映できるならば国際法の改定も行われるだろう．空爆後，「ブルドーザー革命」の選挙で敗北したミロシェビッチが 18 億ドルの支援と引き換えに逮捕され（2001 年 4 月）[34]，ハーグに移送（2001 年 6 月末）されたことは，古い独裁者を新しい

独裁者が追放したとも評された[35].

　NATO の空爆は，冷戦間期の軍事行動の典型例となった．それは，a）二重の基準，b）国際法的根拠の薄さ，c）戦争時に短期的には人道的な結果をもたらない，d）地上戦を最大限回避，という特徴を有する．同時にそれらは世界民主主義が戦争を承認する政治的損失でもあった．a）1992〜1993年にクライナ・セルビア人共和国に対するクロアチア側の猛攻とジェノサイドに対して欧米が沈黙したのに対し，コソボではセルビアによる KLA 弾圧に沈黙しなかった事実は，二重の基準の適用である[36]．b）中露の拒否権を避けるため国連の明確な承認もなく，さらに NATO 域外の主権国家に対する攻撃であり，中国は「国連憲章違反」と批判した．これらの批判に備えるかのように NATO は急遽，「新戦略概念」（1999 年 4 月）において，集団的自衛権に基づかない危機管理任務を明確に位置付けた．c）空爆前の予想よりも空爆期間中のアルバニア系住民への迫害が急増し，難民は約 140 万人に増大した．d）地上軍投入のオプションは可能な限り排除し，人道目的といってもそれは自国の兵士の安全を優先したものであった．しかし戦争が開始されると，空爆の効果が上がらないことにいらだった欧米の世論では，地上軍投入支持が半数を超えた．

　NATO は，国際暫定統治機構（後の UNMIK，国連コソボ暫定統治ミッション），国際軍事プレゼンス（後の KFOR）の二本立てでコソボを統治する合意案を提案し，修正の後合意は受け入れられた[37]．コソボにおける KLA の成功は，カラシニコフ国家，すなわち銃による独立の機運を世界に拡げた．2001 年春から隣国マケドニアの緊張が増大し，アルバニア系の UCK（民族解放軍）がマケドニアに部隊を展開させた[38]．

　その 4 年後，2003 年のイラク戦争でも，安保理では開戦をめぐり意見の一致がみられなかった．アメリカ中心の有志連合は，国連の開戦承認をもはや必要とせずに戦争を終えた（停戦時に安保理決議を得た）．この一連の流れは，世界民主主義の拡大の失敗と冷戦民主主義への最初の回帰点として理解することができる．

（3） 非国家軍事アクターの増大

2001 年 9 月 11 日のアルカイダによるテロ攻撃と，それに対する「対テロ戦争」は，世界民主主義から冷戦民主主義への回帰をもたらした．当時「悪の枢軸」と名指しされ，アメリカ国務省の「テロ支援国家」指定をされていた北朝鮮でさえテロを批判した．アメリカを支持した国には，世界民主主義化した諸国に加え，ロシアや北朝鮮など国内のテロ対策に力を入れている国も多かった．911 テロを公式に賛美した国は，イラクのフセイン政権だけであった．ただし，潜在的にテロを支持した人々は多く，メディアではテロを賛美するパレスチナの民衆の映像が流された．

テロリスト・ネットワークとしてイラクやシリアでは IS（「イスラム国」）の支配が 2010 年代に拡大し，軍事的側面における非国家アクターの役割が増大した．内戦の時代に，国民軍は必要かという問いさえ提起された．例えばパプアニューギニアにおけるブーゲンビル島の独立闘争に対して，南アフリカを本拠地とする PMC（民間軍事会社）に雇い兵の派遣を政府側が依頼した[39]．アメリカもアフガニスタンのタリバンとの戦いにおいて民間軍事会社の協力を得ていた．

4． 第二次冷戦

（1） 中国の大国化とアメリカの対抗

21 世紀に入ってから，世界の力の分布は再び大きく変化している．2000 年代以降の中国の世界観では，「南北冷戦」「一超多強」といった用語が並び，1970 年代の欧米でみられた相互依存関係に注目した多国間主義ではなく，多極化したそれぞれの極の勢力均衡に着目した情勢観を有している．中国の多国間主義は，カザフスタン主導でつくられた CICA（アジア相互協力信頼醸成措置会議）と，中露の戦略的パートナーシップを政治的基礎とする SCO（上海協力機構）によってアジアで結実した．習近平は，上海で開催した CICA 首脳会議（2014 年）で，「アジアによるアジアの安全保障」を主張

し[40]，アメリカを牽制した．

　中国は，改革開放路線に転じてから経済発展の維持，地域の平和，対米協調を軸とし，天安門事件を経て米中関係が冷却化した後も，1995 年 10 月にクリントン・江沢民会談で関係修復に合意した．軍備管理，安全保障問題について中国の協力がアメリカにとって不可欠となり，また対中貿易や投資もアメリカ国内で多くの雇用を創出していた．アメリカの関与政策は，かつての宥和政策的な側面を有していたが，中国にとってアメリカは長らく最大の貿易黒字国であり，経済発展持続のために対米関係は維持せねばならず，同時にアメリカの軍事的プレゼンスを地域安定に利用したいとさえ考えていた．こうして米中関係は好転し，アメリカ議会は，2000 年に対中 MFN（最恵国待遇）の恒久化法案を可決した[41]．中国は，①平和と発展の時代認識に基づく全方位協調と，②「cold peace（冷和平）」「一超（アメリカ）多強（EU，中国，ロシアなど）」の現実主義的認識に基づき[42]，硬軟両面で世界におけるプレゼンスを拡大し，EU と共に世界のルールの守護者としての役割を果たすようになった．2013 年 6 月の習近平・オバマ会談では「新型の大国関係」がうたわれ，G8 を意識した G2 という言葉が生まれ，アメリカの対中関与政策はオバマ政権で最高潮に達した．しかしその後，米中貿易摩擦を契機とした関税の大幅引き上げ，香港，ウイグル等の中国をめぐる諸問題についてトランプ政権による対中批判（「現状変革勢力」）が急激に高まり，政治面における米中対立は，現在強まっている．米中の相互依存は国交正常化以降概ね上昇してきたが，相互依存は戦争可能性をゼロにするものではなく，安全保障体制が構築されない米中間での軍事的対立も懸念される．さらに今後は，中国による「一帯一路」への対抗，また中国に対する封じ込め政策としてアメリカのインド太平洋軍が第一あるいは第二列島線にミサイル防衛網を構築する PDI（太平洋抑止イニシアティブ，2020 年に議会によって承認）の本格的な開発と運用が予想される．同時に，インド＝太平洋を国際公共財にするという FOIP（自由で開かれたインド太平洋）構想が日本発の構想として広く検討されるようになった．2019 年以降外相会談が開催され，2021

年にはバイデン政権主導で首脳会議も開かれた QUAD（日米豪印戦略対話）
による４カ国連合の枠組みは，対中国境紛争を抱えるインド，コロナ禍以降
対中関係が悪化したオーストラリア，東シナ海をめぐり対立する日本，そし
て中国の拡大を抑えたいアメリカの期待が収斂する．しかしこれらが中国の
警戒を招き，米中間の緊張を高め，第二次冷戦と呼ばれる所以となってい
る[43]．

　この冷戦は，冷戦民主主義のまま発展してきた中国と，いったん世界民主
主義となったにもかかわらず対テロ戦争，クリミア占領，中国の台頭に反応
して冷戦民主主義化したアメリカを盟主とする二項対立的政治の復活をもた
らした．ただし，第一次冷戦と異なり，中国側の陣営は，集団的自衛権に基
づく軍事ブロックを形成せず，中露の戦略的パートナーシップは，両国の相
互依存を強めつつも中露同盟軍の形成までには未だ至らない．対して米欧関
係も，共通の敵ソ連に対峙した冷戦期の NATO と異なり，欧州空間から遠
く離れた北東アジアにおいて米欧同盟の果たす役割は相対的に小さい．それ
でも米ソ冷戦（第一次）と米露・米中冷戦（第二次）が比較可能であるのは，
超大国間で共通の利益を図るよりも二項対立的な政治が展開されており，緩
急の波はあれ根本的に対立しうる要素としての政治体制の違い（主権を超越
して世界民主主義にいつでも転じる西側の民主主義と，一国社会主義あるい
は主権民主主義のもと主権を壁に防衛する人民民主主義の対立）が基底に存
在するためである．ここには米ソ間（あるいは中ソ間）に見られた派手なイ
デオロギー対立はないが，バイデンの言う「専制対民主主義」のような潜在
的なイデオロギー対立は固定化されている（現実には中国は「専制」国家で
はなく，人民民主主義国である）．

(2)　ロシアと中国の冷戦民主主義

　冷戦民主主義ではイデオロギーによる政策的管理と二項対立的な政治的議
論が可能であったため，議会制民主主義において強力な指導者は現在ほど必
要ではなかった．冷戦が終わった 1990 年代の米欧の民主主義は，世界民主

主義化し，二項対立は不要であった．しかし再度冷戦民主主義となり，第一次冷戦のようなイデオロギー対立がない中で新しい争点化を推進するために強力な指導者が必要となってきた．トランプは，アメリカの民主主義を，冷戦民主主義から世界民主主義を経て，一国民主主義に転じたうえで米中対決を扇動して冷戦民主主義に回帰させ，支持を集めた．ドイツは世界民主主義を謳歌していたが，シリア難民問題やコロナ対策で政治的緊張を強いられ，長期政権のメルケルも窮地に陥った．日本の安倍は，第二次政権を長期政権とすることに成功し，二項対立的な野党批判を続け冷戦民主主義を温存した．しかしコロナ禍での政策の失敗に対する世論の厳しい批判は，冷戦民主主義が乗り越えられない限界を示している．

　中国は，冷戦をアジアで続けざるを得ず，経済改革を進めつつ政治的には冷戦民主主義を維持せねばならない．習近平は，その意味では，毛沢東や鄧小平のようなかつての中国の指導者と同様である．

　欧州では一旦冷戦が終焉したため，世界民主主義化が進んだ．1990 年代のロシアは経済の自由化が進み，政治的にも極めて自由な国家となった．国際 NGO の Freedom House によると当時のロシアは政治的権利，市民的自由とも「3」（0-7 段階で 7 が最悪）であった[44]．しかしプーチン政権は民主化を後退させ欧米に対する挑戦者として再びロシアを登場させた．中国と異なり，定期的選挙は実施されているが，立候補制限や投票不正等の指摘が OSCE からなされることが多い[45]．2020 年の Freedom House の報告では政治的権利「7」，市民的自由が「6」に悪化しスコアでは 20 点（100 点満点）とされた[46]．プーチンがかつてのソ連の指導者と異なる点は，たとえ多くの不正があろうとも「選挙王政」のとおり，選挙における一定の支持を得ている点である．彼の政治的強さの源泉は，健康，言葉，実行力である．ソ連時代の人民代議員の選挙が信任投票であったように，ロシアの大統領選挙が事実上信任投票化する危惧が表明されることもある．それでもソ連時代と異なり複数政党制は機能しており，選挙では複数の候補が出されている．このロシアの現状は，選挙王政という言葉以外では，競争的権威主義，新権威主義，

表 12-2　第二次冷戦における

指導者	個性と外交関心	任期中の政治経済的関心
トランプ, ドナルド (2017-21 大統領)	・強い信念, 気負いなし ・変節を厭わない ・保護貿易・単独行動主義 ・同盟よりも雇用	・非グローバル経済 ・壁の建設によるテロ・移民排除
プーチン, ウラジミール (2000- 大統領)	・西側に対する不信 ・情報戦重視 ・制裁に対する制裁 ・大国ロシアの復活	・資源輸出による外貨獲得 ・武器輸出による外貨獲得
習近平 (2013- 国家主席)	・多国間志向と中国の地位向上 ・一帯一路構想 ・Asian security by Asian	・「習近平思想」によるイデオロギー強化 ・「核心的利益」の防衛 ・新時代の中国の特色ある社会主義
メルケル, アンゲラ (2004-21 首相)	・粘り強さ ・難民に寛容 ・コロナに不寛容	・EU, NATO の強化 ・ユーロの安定化
安倍晋三 (2012-20 首相)	・戦後体制からの脱却 ・対露交渉 ・トランプとの関係重視 ・対中脅威論	・憲法改正の議論活発化

出典：本表作成にあたっては中川洋一，近藤佑哉各氏の協力を得た．本表作成にあたっては，
　　　年ロシア議会選挙：競争的権威主義における競争と統制」，World Bank，外務省，NHK，
　　　末の参考文献一覧参照）．なおトランプの発言は，就任前の 2015 年のものである．

権威的民主主義，主権民主主義等の用語を用いて説明されてきた．人民民主主義を民主主義の類型とする本書の立場からは，専制や軍政とは異なるという意味で，ロシアもまた広義の民主主義である．ただし第二次世界大戦時の戦時民主主義，冷戦期の人民民主主義とも，1990 年代の世界民主主義とも異なり，現在のロシアは第二次冷戦を闘うための冷戦民主主義である．

　第 6 章で記したように，戦争や危機に際して，独裁者との交渉は民主主義国の指導者にとって最初は不利である．そのため，第二次冷戦の民主主義においては，民主主義国の指導者は，独裁者のように強くふるまうことで，相

冷戦民主主義の「指導者」

政治的基盤	失業率（%，年）	代表的な嚇怒あるいは指導者個性のキーワード
議会　与党（共和党） 上院　52/100 下院　241/435（2016年） 支持率34-45%	4.7 → 4.0 （2017 → 2019）	アメリカがただで守ってやってるのに毎日何十億ドルも儲けている（サウジアラビアに対して）
議会（下院） 与党　343/450（2016年） 支持率67-70%	10.6 → 4.6 （2000 → 2019）	外国がロシアに侵攻したら「歯をへし折る」
共青団と太子党の対立	4.6 → 4.6 （推定） （2014 → 2019）	強起来（強くなる）
議会（下院） 与党　245/709（2017年） 支持率23-62%	10.7 → 3.1 （2014 → 2019）	他国に完全に頼ることができた時代は，幾分過去のものになった…我々ヨーロッパ人は自分の運命を本当に自分自身で引き受けなければならない
議会（衆・参） 衆与党　277/465 参与党　113/242 支持率37-62%	4.2 → 2.2 （2012 → 2019）	前進，加速

REUTERS GRAPHIC「2020年米大統領選開票速報」，天児慧（2021），永綱憲悟（2017）「2016『産経新聞』，衆議院・参議院資料，テレビ朝日，総務省統計局等のデータを参照した（詳細は巻

手国から自国の「足元」につけこまれないようにする．その戦端がいつ開かれ，危機がいつ高まるかは，相互不信のために予測困難である．準戦時体制のような冷戦は，危機の政治を継続させることで，独裁者的ふるまいが許容され，一定の支持を得る．独裁者的ふるまいをする民主的指導者は，再び冷戦期となった現在における民主主義国の対外的権力の源泉を，強い意思の発信力と国内政治基盤に基づく交渉力に求める．それを構成するのは，敵対を厭わない指導者個性，指導者を支持する一枚岩的な国内政治の醸成，指導者の正統性を担保する経済状況である．むろん独裁者的ふるまいは，対外政策

に対する国民（人民）の支持調達のためであり，民主的平和論の独裁者モデルにまでは達しない．そこに民主的平和論のモデルと冷戦民主主義の間隙がある．これらを整理したものが表 12-2 である．

(3) NATO 東方拡大と大国ロシアの復活[47]

①動物村の NATO

ソ連・ロシアをクマ，NATO を動物村にたとえた話がある[48]．森に住み，気まぐれで，しかも粗暴で煙たがられるクマには，子分のアナグマ，ビーバーがいた．動物村の村長はオオワシ（アメリカ）であった．オオワシは，卓越した力と強靱な意思によってオオカミやキツネを守ってきたと自負している．誰から守ってきたのか——敵はクマ村のクマであった．クマの冬眠の間に，アナグマやビーバーはクマ村から脱走し動物村に入村し，動物村の全員の賛成により，彼らは村民になった．冬眠明けのクマは，アナグマやビーバーに電話をかけたが，すでに引っ越しの後であった．クマは寂寥感にかられ動物村への入村の意思を伝えたが，動物村は拒否した．体格が大きく，粗暴なクマが仲間に入ると，寄り合いが混乱するという意見ばかりであった．「クマは森の動物だから」という名目で入村を拒否した．そこに，クマをよく知るオオカミやキツネは「クマを怒らせるのは拙い」と主張した．オオワシは，森の東はずれに住むトラや，南の砂漠に住むヘビ，ハイエナたちとクマが仲良くするのを恐れたため，「クマは寄り合いには入れないが，友達だ」としてクマを説得し，クマは納得した．

②拡大の効果

NATO は 4 回にわたって旧東側諸国と旧ユーゴ諸国等を加盟国として招請した[49]．東方拡大は，「防衛軍事同盟」から「欧州の紛争防止機能に寄与」に同盟の意味を変質させた．アメリカは，NATO 拡大が民主的で平和な欧州に適切な方向を示すとし，ロシアは欧州分断を促進すると批判した．しかしロシアに阻止する方途はなく，NATO の拡大意思決定過程である NATO・

表 12-3　　NATO 第一次拡大対象各国の世論調査　（数字は％）

	ポーランド	ハンガリー	チェコ
NATO 加盟賛成	65	32	28
NATO 加盟反対	5	23	21
EU 加盟賛成（別項目）	—	47	43

出典：『毎日新聞』（1997 年 7 月 11 日）の記事より著者作成.

ロシア理事会創設でロシアは渋々妥協した.

　1997 年 3 月の米露首脳会談（ヘルシンキ）では，NATO 拡大にともない，新規加盟国には核兵器を配備せず「戦闘部隊の追加駐留」を行わないことで米露は合意した. 同時に，アメリカは，ロシアのサミット G7 正式参加，WTO 加盟に努力することとされ[50]，それらは実現した. 第一次東方拡大ではポーランド，チェコ，ハンガリーの 3 カ国が加盟し，ルーマニア，ブルガリア，バルト三国，スロベニア，スロバキア等は 2004 年の第二次拡大にまわされた. ロシア自体の NATO 加盟には多くの国が消極的であり，なかでもドイツは，ロシアの加盟により米露が欧州の主導権をとり第 2 のヤルタ体制となること，ロシアからの攻撃を NATO が容認することを懸念していた[51].

　当の拡大対象国では，EU 加盟にも NATO 加盟についても世論は分裂していた. 第二次拡大の対象国であるリトアニアでは 1993 年には NATO 加盟賛成派が 65 ％を占めていたのに，97 年の調査では 36 ％に減少した[52]. 逆にハンガリーでは，表 12-3 のように世論は分裂していたが，国民投票（97 年 11 月）の結果，85 ％が賛成した.

　1997 年 12 月，NATO＋中立国（スウェーデンなど）＋ロシア・東欧の 44 カ国からなる欧州・大西洋協力理事会（EPAC）が，全欧地域へ展開する平和維持軍の創設へ向けて討議を開始し，NATO がロシアも含めた全欧集団安全保障機構へ変質するための過渡的枠組みと考えられた[53]. その後即応部隊が創設されたが，現在，ロシアと NATO の対立により，こうした動きは十分には進んでいない. 第二次拡大の前に 2002 年 5 月，NATO・ロシア理

表 12-4　冷戦間期のアジアと欧州の安全保障構造

	アジア	ヨーロッパ（北米含む）
政治的レジーム	ASEAN 朝鮮半島の四者会談	OSCE（欧州安全保障協力機構） NACC（北大西洋協力会議）
安全保障, 軍事的レジーム	ARF, CICA, SCO	NATO＋EAPC, PFP
経済的レジーム	ASEAN, APEC (緩い経済統合)	EU（強い経済統合実現）
法的共同体	なし 人権問題は二国間対話で討議	欧州審議会（Council of Europe） 人権問題は法的に対応
二国間 三国間	日米安保, 米韓相互援助条約, 米比同盟など CKJ サミット	ドイツの戦後処理をめぐる二国 間条約 ワイマール・トライアングル
対象となる紛争	領土紛争, 海洋紛争 南北朝鮮	民族紛争（旧ユーゴスラビア, 旧ソ連）
1.5 トラック	ミュンヘン安保会議	ウランバートル対話, シャング リラ会議

出典：著者作成.

事会が創設され，NATO とロシアは対等になった．1996 年までロシアは，コズイレフ外交のもと欧米一辺倒路線であった．96 年以降プリマコフ外交は全方位外交となり，いずれも NATO の東方拡大を止められなかった．当時の状況をアジアとの比較でまとめたものが，表 12-4 である．

(4)　NATO の東方拡大はロシアに影響を与えたか[54]

　まず，NATO 東方拡大が NATO を利するという肯定的考えをここで整理する．

　①ロシアの政治体制の悪化を抑止する．

　②ウクライナ，ベラルーシなどの国がロシアに脅かされることを妨げる．

　③NATO の「規模の軍事」（→第 8 章）により，加盟各国レベルでは軍事力を削減できる．

　また，NATO 拡大はロシア自身にとっても有益であるとする考えもあった．

④NATOが拡大しなければ，中東欧諸国は独自に安全保障を追求するようになり，ポーランド・ウクライナ紛争などがおこりうるため，ロシアにとって望ましくない．同様に，ドイツの影響力の増大による二国間同盟や四カ国協力などが再現されると，それはロシアにとって望ましくない．

⑤新規加盟国では，民主化が進むため，ロシアに対する敵対的な民族主義政権の誕生は考えにくくなる．またこれら諸国で文民統制が進む．

それでは拡大後約20年を経て歴史はどう進んだであろうか．前半の①，②は予想が外れている．後半の⑤については，ポーランドやバルト三国では反ロシア的政権が誕生しており，ロシアが懸念するところである．総じてNATOの東方拡大は，ロシアとの関係を改善することにはつながっていない．

次に，当時の拡大否定論とそれに対する反論を紹介しよう．NATO東方拡大不要論者は，ロシアが近隣諸国にとっての脅威になっていないと考えた．拡大するとロシアを脅かし，「安全保障のジレンマ」が発生する．ロシアの対抗措置があるならばNATO拡大と無縁になされる可能性が大きい（内発的要因，外発的要因などで）．またロシアが攻撃的になった後にNATOが拡大してからでも遅くない．ただしNATOは急には拡大に向けて対応できない（戦略，互換性など）．また新規加盟国がNATOを戦争に巻き込む可能性はあり，ロシアもその懸念を明確に示していた．しかしワシントン条約では即時動員を定めておらず，軍事力を使う必然的な義務もない．

そもそも冷戦後にNATOは必要だろうか．しかし日米安保と同様に，加盟国自身の問題にNATOは抑止的意味がある．すなわち加盟国たるトルコ・ギリシャの対立をNATO解体により放置すると両国間の紛争が拡大するであろう．また「ビンの蓋」論としてドイツを封じ込めるためにはNATOが必要であるという見方が説得力をもつ．

注
1)　小松志朗「危機の三十年——なぜ民主主義諸国は権威主義化の波を止められなかったのか」（2021年度日本比較政治学会大会報告），杉浦（2021）等の動向を参

照.

2)　例えば，吉村拓人（2021）「「新冷戦」の構造的分析——国際システムの観点から」『政策科学』29 巻 1 号.

3)　田中（1996）.

4)　植田隆子「欧州安全保障の変動と協調的安全保障構造——欧州安全保障協力会議・北大西洋協力理事会」『国際政治』100 号，1992 年，126-151 頁.

5)　玉井雅隆（2021）.

6)　添谷芳秀（1997）「米国のアジア太平洋政策における ASEAN——冷戦後安全保障への一視角」『国際政治』116 号，114-129 頁.

7)　アムネスティ・インターナショナルの資料より.

8)　NTI のウェブサイトより（2021 年 10 月 2 日アクセス）.

9)　『読売新聞』2000 年 4 月 15 日.

10)　NTI, op. cit.

11)　*Los Angeles Times*, March 9, 2002.

12)　『毎日新聞』1997 年 12 月 13 日，ほか.

13)　阪中友久ほか「国際情勢の動向と日本外交」『国際問題』1997 年 3 月号.

14)　Brito and Intriligator "Proliferation and the Probability of War: A Cardinality Theorem," *Journal of Conflict Resolution*, 1996, p.213.

15)　この点については，高橋杉雄「北東アジアの安全保障における TMD とアメリカ」『国際問題』1998 年 1 月，66 頁.

16)　ただしアメリカは 1992 年以降，核実験モラトリアムとして地下核実験を実施していない.

17)　『毎日新聞』1998 年 5 月 31 日.

18)　『毎日新聞』1998 年 5 月 29 日.

19)　『毎日新聞』1997 年 11 月 10 日.

20)　『朝日新聞』2001 年 12 月 9 日.

21)　UN Security Council, S/RES/1194, 9 September 1998.

22)　化学兵器はコソボ紛争でも用いられた. News Letter of Human Rights Watch, vol.10, no.9.

23)　本節については，安江則子「オタワプロセス」『平和研究』23 号，1998 年，長有紀枝（1997）『地雷問題ハンドブック』自由国民社，足立（2004）などを参考にした.

24)　『愛媛新聞』1997 年 8 月 31 日.

25)　『毎日新聞』1998 年 5 月 24 日.

26)　宮脇「冷戦後の安全保障概念の多元化」山本武彦（編）（1997），34-56 頁.

27)　*Times*, 29 August 2001.

28)　D.Lutz（1999），*OSCE Yearbook* 1999, p.14.

29)　D.Lutz（1999），p.13.

30)　*Le Monde*, 16 juin 1998.

31)　この過程については清嶋（2019）が詳しい.

32)　『愛媛新聞』2000 年 5 月 11 日.

33)　定形衛「コソボ紛争と NATO 空爆」『国際問題』2000 年 6 月.

34)　*Der Spiegel*, 27. April 2001.

35)　*Die Welt*, 30. Juni 2001.

36)　岩田（1999），定形，前掲注 33）.

37)　星野俊也「米国のコソボ紛争介入──その道義性・合法性・正当性」『国際問題』2000 年 2 月.

38)　IFSH Kolloquium, 5. Januar 2001.

39)　『毎日新聞』1997 年 3 月 19 日.

40)　http://www.china-embassy.or.jp/jpn/zgyw/t1158395.htm（2021 年 7 月 19 日アクセス）.

41)　議会は同時に人権問題を監視する特別委員会を設置し，実際に問題がおきた場合には，公的融資の凍結など経済制裁に踏みきる条件を付けた.

42)　『毎日新聞』1997 年 11 月 7 日，および同年 12 月 6 日.

43)　吉村（2021）が詳しい.

44)　https://freedomhouse.org/reports/publication-archives（2021 年 7 月 19 日閲覧）.

45)　OSCE の選挙監視については，玉井（2021）が詳しい.

46)　https://freedomhouse.org/explore-the-map?type=fiw&year=2021（2021 年 7 月 19 日閲覧）.

47)　本節については，広瀬（1995）などを参考にした.

48)　『毎日新聞』1997 年 5 月 13 日.

49)　NATO 加盟は，全加盟国の合意による招聘方式をとる.ワシントン条約（北大西洋条約）10 条では「締約国はこの条約の原則を促進し，かつ北大西洋地域の安全に貢献する地位にある他のヨーロッパの国に対し，この条約に加入するよう全員一致の合意により招請することができる」とされている.植田隆子（1995）「北大西洋条約機構の東方拡大問題」『国際法外交雑誌』.

50)　『毎日新聞』1997 年 4 月 1 日.

51)　『毎日新聞』1997 年 5 月 2 日，5 月 3 日，6 月 21 日.

52)　『毎日新聞』1997 年 7 月 12 日.

53)　『毎日新聞』1997 年 12 月 21 日.

54)　本節については，Christpher L.Ball "Nattering NATO negativism?," *Review of International Studies*, 24.1, 1998.

第13章
民主主義の戦争，独裁者の戦争

1. 民主主義国による戦争

　戦争主体が民主主義国であれ，専制や軍政の国であれ，戦争の形態や状況に大きな差異はない．戦場における非人道的な行為は，国際人道法上の争点となる．第二次世界大戦で，アメリカは軍事工場を狙った空爆に失敗し続けたため戦略爆撃による大空襲へと転換し，東京，大阪，名古屋をはじめとして日本各地を焦土にした．さらに広島にとどまらず，長崎へ原爆を投下しその後の投下計画も立案されていたことは，「味方の犠牲を少なく敵の犠牲を多く」というアメリカの戦争コスト観を物語る凄惨な事例である．イギリス軍もドイツに対して，2月にドレスデンの大空襲を丸4日かけて行った後，また港町ハンブルクにも1944年から45年にかけて大空襲を行い，約3万もの市民が死亡した．

　第二次世界大戦でドイツが降伏した5月8日（V-E Day）は，ドイツ占領下のチェコでは「ファシズムからの解放記念日」，スロバキアでも「解放記念日」，旧ソ連の多くの地域でも5月9日に「戦勝記念日」とされる．多くの犠牲を出した第一次世界大戦も，欧米各国に大きな爪痕を残している．第一次世界大戦の終戦記念日は（1918年）11月11日である．フランスは休戦記念日（Armistice 1918），ポーランドは独立記念日，そしてアメリカは退役軍人の日（Veterans Day）となっている．これらは冷戦民主主義の中で温存され，各国の戦後秩序を国家の時間政策として位置づけた．

冷戦間期に世界民主主義となったアメリカは，国益よりも商業利益，エスニシティの利益により依存する政治になった．すなわち外交政策の国内化である．ポーランド系アメリカ人のPAC（ポーランド系アメリカ人会議）は，NATO東方拡大を推進した．「国内問題の外交政策化」も温存され，クリントン外交のように国内の失業率低下を目的とする貿易摩擦は，同盟国関係であれそうでなかれ，焦点化されている．

　世界民主主義においては，各地の人道問題に無関心ではいられない．だが，能力とコミットメントの間の不均衡が生じていると批判される．冷戦期に，ソ連と共産主義はアメリカの安全保障とアメリカ的価値の双方に対する脅威であったが，アメリカの軍事力とアメリカのコミットメント（道徳・人権）は均衡していた．しかし冷戦後，能力過剰の「リップマン・サープラス」と呼ばれる状況に陥ったとハンチントンは語っている[1]．

2.　対テロ戦争と冷戦民主主義への回帰

（1）　二項対立の論争

　2001年9月11日のアルカイダによるテロ攻撃は，世界民主主義から冷戦民主主義への回帰の第2の契機となった．なぜなら再び二者択一の問いが政治・外交の基軸となったためである．民主主義社会にとって答えの定まらない倫理的な問い，すなわちテロはなぜいけないのかという問いについての諸人の回答と反論を整理する．

　①無実の人に危害を加えるため
　罪のない人間は，キリスト教の原罪の観点からは存在しない．もしいたとして，罪のある人間に対してならテロはよいのか．危害を加えることを断罪するならば，戦争こそが最初になくされるべきであろう．
　②自由に対するテロのため
　ロシアでも北朝鮮でもテロは起こっている．大きく報道されないだけであ

る．湾岸戦争後，アメリカはイラクでも反政府活動とテロを支援していた．
自由とテロとは対立するかもしれないが，それはなにも自由とだけ対立する
のではない．国家主義，軍国主義，ナチズムとテロとは全て対立しうるし，
共存もしうる．自由とテロも「自由を守るテロ」が論理的にありうる．

(2)　テロの背景と報復の連鎖

　それでは，次の問いに移ろう．なぜテロは生じるのか．
　①テロは，戦争と同様手段に過ぎない．911 テロの目的は，全米，全世界
のニュースの一面トップで今回の事件を報道させ，それにより人々をテレビ
にくぎ付けにさせ，震撼させ，怒らせることである．怒りはやがて私的復讐
（リベンジ）から報復に上昇して武力行使を生み，憎悪を増やす．憎悪と遺
恨の試合は，アメリカ大統領とテロリストを同じ土俵に立たせる．これこそ
がテロリストの狙いである[2]．
　②テロがなぜ生じるのか，その理由は，貧富の差，伝統と革新の対立，価
値観の衝突に根源がある．世界は，貧富の差を増大させ，価値観もうまく親
和しない．しかもそこには軍事力や経済力を備えた大国とそうでない小国と
いう違いに通じるものがある．強い者に嫉妬し，反感を覚えることにその感
情的源泉がある．
　報復の連鎖を止めることは一般に難しい．例えば，2001 年にはイスラエ
ル（シャロン政権）によるパレスチナのイスラム過激派の暗殺，それに対す
るパレスチナ側の報復テロ，それに対するイスラエル側の空爆と PLO の拠
点のオリエントハウスの占領（2001 年 8 月）と立て続けに報復の連鎖が続
いた．
　イスラエルはパレスチナ国家を破壊しようとする全面戦争をちらつかせ
「壁」を建設してきた．イスラエルのシャロン（首相）は，パレスチナ側が
テロリストをイスラエル側に引き渡さない限り一切妥協はしない，と主張し
てきた．
　パレスチナは，現状打破を欲する．彼らは，ユダヤ人と軍の入植地域から

の撤退や，自らの国家の発展を求める．もしパレスチナが攻撃を中止すれば，イスラエルは勝ったことになる．紛争が悪化し，アメリカがイスラエルに妥協を求めるまで，パレスチナにとっては暴力の対価はある．しかし，もしアメリカがこの地域で国益を危険にさらさない場合には，パレスチナはイスラエルの抑圧下にあり，イスラエル側が暴力を用いて報復する[3]．この構図は基本的に 1987 年の第 1 次インティファーダ（民衆蜂起）以来変わっていない．

1980 年代までの IRA（アイルランド共和軍）は，暴力，あるいは暴力の脅威に結びついた非妥協が，暴力の対価を得ることができることを証明してきた[4]．テロと対テロ戦争の無限のループにより，「第 2 のベトナム」の危険がアフガニスタンやイラクで現実となった．テロは暴力的で最も分かりやすいメッセージである．対してアメリカは戦争をする．戦争も無差別テロも，犠牲者のほとんどは民間人である．

冷戦民主主義の二項対立的性格は，その後，アメリカ対ロシア・中国の流れにおいて勢力圏争い（空間）を導き，国家間の報復連鎖をもたらしている（→本章第 5 節）．

3. 戦争と政治体制

(1) 民主主義国と非民主主義国の戦争と交渉

民主主義国家において，戦争に勝ったにもかかわらず指導者が選挙に敗れることがある．1938 年のミュンヘン会議でドイツに譲歩し一時の平和をもたらしたチェンバレンが英雄視されたが，翌年英独は開戦となった．チャーチルは戦争にこそ勝ったものの終戦直後の選挙で敗北した．ブッシュ（父，41 代）は，冷戦を終結させ，湾岸戦争に勝利したが，選挙で敗北した．「外交の成功は得票にはならないが，失敗は落選につながる」という諺は，戦争と民主主義の関係にもあてはまるのだろうか．

独裁者との交渉は民主主義国の指導者にとって，序盤は不利である．ラ

セットが示すように，独裁者は民主主義国の指導者の「足元」をみて，付け込もうとする．民主国の指導者は，独裁者との交渉に民主主義の構造や文化が不利である点に気付くと一転して強気になり，強硬策を考え始める．

　それでは戦争の遂行に際しては，政体によって指導者の判断は変化するであろうか．

　日露戦争は，立憲君主制の日本（1890年に最初の制限選挙）と専制ロシア（第1回ドゥーマ［議会］は戦争終盤にようやく召集）の争いであった．ロシア皇帝ニコライ2世は，ロジェストヴェンスキー提督の意見を無視して，旅順陥落にもかかわらず，当初の目的に固執してバルチック艦隊を東進させた．一般に専制者ないしは独裁者はなぜ，諫言や提案をより退けるのか．そこには，権力集中と無謬性に基づく権威の神聖化があり，それが戦時において一層，不合理な決定を導く．

　20世紀に入ってからの大衆は，多くの場合，一旦戦争が始まると戦争に勝利することを政府に求めてきた．国民への負担が大きくなるにつれ，国民の要求は過大になった．普通選挙権が広がる前の日露戦争時の日本では，ポーツマス講和に反対する声が大きく，当時の政党政治も，好戦的であった．日露講和の前，1905年6月時点では，二大政党は，樺太全島割譲のみならず，20億円の賠償金，豆満江付近の割譲等を求めていた[5]．また講和反対論は，国内メディアからもあがっていた．長崎の新聞社の決議を以下に紹介しよう．

　　　決議
　　　今回我政府が露国と締結せる講和条約は宣戦の大詔に悖り戦捷の効果
　　を没却し東洋の平和を殆くし君国の大事を誤るものなり吾人は速に屈辱
　　の講和を破毀し閣臣をして処決せしめんことを期す
　　　　　　　　9月12日舞鶴座で市民大会，各新聞社主催[6]

　ルーズベルトは，第二次世界大戦の終結を待たずして1945年4月12日に病死し，副大統領のトルーマンが大統領となった．ヒトラーは，カリスマ的

支配によりドイツを率いていたため，自分が死すとドイツが戦意喪失するのと同様に，ルーズベルトの死の折にはアメリカも戦意喪失すると思っていたが，その予想は的外れであった．民主主義国においては，権威と権力は別であり，民主主義国の戦争はより組織的なのである．

　ソ連のスターリンは，独裁者にありがちな失敗を犯している．1956年のスターリン批判としてフルシチョフが挙げた批判の1つは，スターリンがヒトラーと結んだ1939年の秘密協定を過信し，ドイツのソ連侵攻はありえないと信じ込み，対ドイツ国境の前線からの警告を無視したことであった[7]．

　敗戦を回避するため，独裁者は強気に出ることとなり進言の進取を減らす．そして，民主主義国の指導者も世論の戦勝への期待や圧力にさらされ，「独裁者と対等な指導力」を求める．それゆえに，戦争の終結は，両者にとって困難となる．

　戦争に類して冷戦の開始時にも，指導者は強気に交渉に臨んだのであろうか．ポツダム会談の前に，スターリンは心臓の病のためと思われる理由でチャーチルやトルーマンよりも1日前に到着した．スターリンは，墜落の危険を恐れて空路移動を避け列車でモスクワからベルリンに移動した．途中，1kmごとに最大15名の兵士を線路沿いに配備させていたという．対するトルーマンは，上院議員の経歴はあったものの外交は未経験であり，しかも副大統領としてもわずか82日間しか在職していなかった．交渉に長けた指導者に対して，憲法により任期が期定され，かつ経験の浅いアメリカ大統領という構図は，その後もフルシチョフ対ケネディ，ブレジネフ対カーター，エリツィン対クリントン，プーチン対オバマのようにアメリカの民主党大統領に付きまとった構図であった．「道徳主義型」（→第9章）として登場する民主党大統領は，共和党に比べて外交理念や目標を高めに掲げることが多く，老練なソ連・ロシアの指導者との交渉や駆け引きは，困難を極めた．トルーマンはソ連との対立を深めて冷戦を始め，ケネディはキューバ危機に陥り，カーターはアフガニスタン侵攻に直面した．クリントンはユーゴ空爆でロシアとの対立を招くこととなり，オバマはクリミア占領を招いた．アメリカの

民主党大統領はなぜ，ソ連・ロシアとの対立を深めたり，付け込まれるのであろうか．そこには民主党外交の理念重視の伝統がある．すなわち民主党大統領は共和党大統領よりも，道徳主義型で外交理念（換言すればイデオロギー）に拘束され，現実主義的解決に関心が薄いため，相手国から「足元」を見られ結果的に「覇権型」へと変化する．

　中でも，ポツダム会談でのトルーマンのソ連に対する無警戒は際立っていた．ソ連膨張主義に警鐘を鳴らしつづけたチャーチルは，焦慮にかられてトルーマンに電報を打ち，欧州駐留の軍事力を利用してソ連に圧力をかけるよう企図し，またアメリカ軍が占領していたエルベ以東の地域から撤退しないよう求めた[8]．さらにチャーチルは，三大国会談の場所がソ連占領下のベルリンに設定されていたことにも反対したが，米ソは，戦災で破壊されたベルリンから郊外のポツダムに場所を変更しただけであった．ポツダムはソ連占領地域であり，ポツダム会議の準備や段取りは全てソ連が行い，ソ連の意向が大きくにじみ出ていた．ポツダム会談の最中の 7 月 25 日にチャーチルは選挙のために帰国した．だが彼はこの選挙で敗北し首相を辞任することとなり，後任の労働党のアトリーがポツダムに来るまでの間，会議は中断した．皮肉にもソ連の膨張主義をいち早く見抜いた現実主義者チャーチルを，イギリス国民は支持しなかったのである．

　続くモスクワ外相会議（1945 年 12 月 16 日～27 日）では総じて三大国は協力し，三大国の協調がこのまま永遠に続くとさえ思われていた．外相会議の決定事項は，民主化を条件に東欧諸国の政権を承認するものであったが，スターリンはその後決定事項をすべて無視した．バーンズ国務長官の帰国後，トルーマンは「ソ連を甘やかすことに飽きた」と決定に反発した．膨張主義に警鐘を鳴らしたケナン論文（後述）を経て，トルーマンがスターリンに警戒を抱き米ソ冷戦が本格化するわずか 1 年たらずの間に，中部ドイツからバルカン半島にかけての戦略的に重要な地域を西側はみすみす喪失した．ここに，独裁者との交渉に長けないアメリカ外交の脆弱性の要素をみることができる．同時に，ソ連に対する強い不信に基づく西側の冷戦民主主義の基礎が

ここに形成される．チャーチルのように，現実主義的な観点から勢力分割が可能であったならば，イデオロギー対立は双方に必然ではなくなり，欧州冷戦は歴史とは違った流れになったことであろう．

　『フォーリン・アフェアーズ』（1947 年 4 月号）に掲載されたアメリカ外交官ケナンの匿名論文（X 論文）「ソ連の行動の淵源」では，封じ込め政策こそがソ連の膨張傾向に対する長期の対策であり，ソ連が掲げる平和攻勢はまやかしであり，敵として捉えるべきことを主張する．ケナンは，独裁者への対抗策として，力には力を用いて強く封じ込めることがアメリカにとって重要であることを示した．

(2) 「正義」の独裁と「正義」の戦争

　独裁は専制政治と異なり，大衆の支持が不可欠である．独裁には正統性が必要である．これは，シュミット（1983）の正統性と合法性の議論に通じる論点である．

　前述のように，独裁政権は無謬性を基礎とするため，政策決定の誤りを正す客観的議論を軽視し，代わりにプロパガンダを用いて取り繕う言説を創造する．自国の経済危機を他国の陰謀のせいにすることは容易である．それゆえ独裁政権の政策はすべて「正しい」こととなる．もちろんそれは管理されたプロパガンダ空間においてである．現実の世界では，〈as if game〉化が進行するため，肌感覚としては政策の合理性や政権の正統性は厳しく指弾されうる．ただし密告社会となるにつれて「正しい」独裁の政策は美化される．それは戦争においても同様である．もちろん，専制政治と異なり，大衆が全く求めていない政策を実施することはない．大衆の支持調達は独裁にとって重要な力の源泉であり，ましてや戦争であれば動員の必要性にかんがみ，戦争支持の合理性が求められる．ナチズムよりも人民民主主義国の方が大衆（人民）への説明が求められる．そこで戦争に「正義」が必要となる．

4.　軍と政治，戦争と経済

(1)　クーデタと民主主義　軍人の政治力

　政治と軍の関係を政軍関係と呼ぶ．軍は一般的に政治の決定を実行する力の組織であるが，逆に政治を左右することもある．政軍関係では，軍事力等を用いて政権を転覆するクーデタ（coup d'Etat，国家転覆）が重要な研究対象となる．日本では，五・一五事件，二・二六事件といった失敗例が年表にならぶ，他にも終戦詔勅前後の陸軍によるクーデタ未遂も近年研究が盛んである．1945 年 8 月 14 日深夜から 15 日未明の近衛部隊のクーデタ（皇居占領，玉音レコードの奪回作戦）未遂の直後，日本は 15 日正午にいわゆる玉音放送により「非常の措置をもって時局を収拾せむと欲し」，ポツダム宣言を受諾した．

　しかし世界的には多くのクーデタの成功例がある．「微笑みの国」のタイでは数度クーデタが成功し，2014 年のクーデタでも再び軍政となった．「アラブの春」で民主化したエジプトでは，民主的に選ばれた政権の政治的混乱に乗じて 2013 年にクーデタが成功し「アラブの冬」が訪れた．第二次世界大戦後の冷戦期のクーデタ成功例（軍事政権の樹立例）は，イラン，インドネシア，韓国，パキスタン，ミャンマー，チリなど少なくない．冷戦民主主義のアメリカは，これらのクーデタの多くを支持し，あるいはイランやチリのように実質的に支援さえしていた．冷戦間期に入り世界民主主義のアメリカは，クーデタに厳しい姿勢をみせていた．しかし再度冷戦民主主義に回帰したアメリカは，親西側のアウン・サン・スー・チー率いる多数派の政権を排除したミャンマーのクーデタを除き，クーデタを実質的に容認する姿勢に戻った．冷戦民主主義は，異なる陣営に対しても同じ陣営に対しても，民主化要求を優先せず，むしろ敵対陣営に冷戦的に勝利するための地歩固めとして考える向きがある．1961 年 5 月の韓国のクーデタは，目的の 1 つが反共産主義体制の再構築にあったため，ケネディはそれを容認せざるを得なかっ

た．チリは西半球でアメリカの伝統的な勢力圏内にある．1973年に民主主義のチリが合法的に選んだ社会主義政権（アジェンデ政権）よりも，アメリカのCIAはピノチェト軍事政権を望んだ．

クーデタという手段は非民主的であり，軍事政権は冷戦民主主義とは呼べない．しかし，上記の諸例と異なり，クーデタの遂行者が民主主義を疎ましく考えているとは限らない．軍隊が保守的というイメージは，軍隊が国家のものであり，政府にコントロールされているという前提である．しかしクーデタは，時の政権に不満がある軍内部の勢力によるものである．二・二六事件は，不況のもとで経済的格差に目を向けていた革新的な青年将校によるものである（陸軍の皇道派）．ポルトガル海軍将校が1974年に起こした「カーネーション革命」は，欧州最長の独裁体制を終わらせた無血クーデタであり，左翼的でさえあった．政権掌握後，変遷をへて軍人出身の大統領が誕生し，民主化を推進した．つまり，軍隊が保守的とは限らず，民主主義を推進する政治的指向性を有することがある．

軍は，民主制では文民統制のもとにおかれているとはいえ，行政組織の中では特殊である．松本（2005）は，近代国家の常備軍が一般社会における身分，財産，教育等に基づく階層差を越える平等原理に立ち，内部に固有の階級制と団体精神を生み出し，そうした部分団体として，しばしば国家の命運を左右し，中世の教会と類似する点を指摘する[9]．民主的平和論が想定する軍の政治的中立は，冷戦や戦争の遂行のために発言力を高める余地がある．キューバ危機において若きケネディは，空爆を主張する軍の圧力に屈しそうになった．ソ連も，中国も，軍の政治的発言力は小さなものではなく，いかに軍を党の指導下におくべきか腐心している．軍と同様にCIAやKGB（現在のFSB）も大きな政治力を有し，1991年8月のソ連のクーデタ（失敗）はKGBの立案ともいわれる．

（2） 戦争経済と国民

日本は，第一次世界大戦や朝鮮戦争において特需に沸いた．第二次世界大

戦のアメリカも同様である．そのため，戦場にさえならなければ戦争で経済が良くなるという楽観的な言説がある．もしそうであれば，他国の見ず知らずの人々の生命よりも，自国の自分の財産を増やす方が合理的になる．ただし，それが成立しうるのは，一国民主主義のみである．その一国民主主義でさえも戦争特需について次のような陥穽を抱えている．

　そもそも自国本土が戦場になるかどうかは戦争終結まで確実なことではない．戦争の帰趨によって，焼け野原になることもあれば回線遮断によるブラックアウトになることもある．核戦争もあればバイオテロもある．

　実際に，日露戦争の事例をみてみよう．日露戦争は日露両国に大きな経済的負担を強いた．多くの戦債が国内外で発行され，日本では今に至る相続税が新設された．貿易にも大きな悪影響が表れ，ウラジオストクを根拠地とするロシア太平洋艦隊のために戦争序盤において日本近海の商船（日本籍以外のものも含む）が撃沈され，蔚山沖海戦後に制海権を掌握してからも日本の主力輸出産品であった石炭の輸出はたびたび禁止された（日本海海戦で勝利するまで）．このため海上保険の保険率が引き上げられることとなった．日本海海戦でロシア海軍がほぼ無力化されてようやく，保険料は引き下げられた．それでも中立船のほうが保険料は安く，たとえば北米ホノルル航路の場合，中立船は25銭，日本船は50銭であった[10]．

　例年冬ごもりのために長崎に来泊するロシア東洋艦隊は，日露戦争中に長崎についに姿を見せなかった．対露貿易は激減し，開戦前に比して長崎で輸出1万2000余円（当時，以下同じ），輸入4万5000余円を減じた．対露貿易で栄えていた長崎では，開戦直前に鎮南浦，ウラジオストク，上海航路が閉鎖となった．要塞地帯区域の長崎は，臨戦地域として開戦直後の2月15日に戒厳令が敷かれた．長崎駅，出島のほか，各地に検問所を設置，夜間船舶の出入りを禁じ港口の一部を閉鎖した[11]．このように貿易環境は悪化し，経済もおおむね厳しかった．厳しい経済や自由制限にもかかわらず，先述のように国民は好戦的であり，政府の講和方針に反して，犠牲の対価としての戦勝を最後まで求めた者が市井には多かったのである．経済的な逸失利益を

嘆く声よりも犠牲の怨嗟に基づく報復的感情が高まっていた.

　第一次世界大戦は，主戦場が欧州であり，日本が参戦した青島等での戦闘は小規模であった. 7万人を超えたロシア兵捕虜たちと同様に，数は少ないが4年以上日本に滞在したドイツ兵捕虜たちも多くの文化を日本に伝えた[12]. 大戦初期は，日本経済は一旦不況に陥ったものの，欧州での戦争が長期化したことにより特需が発生した.

　このように戦争が特需をもたらすとは限らない. また，戦争により経済が疲弊しても犠牲を払った人々が終戦を求めるとは限らない. 第4章で述べた通り，相互依存が戦争可能性を減らすとしても無にはならないのと同様，戦争が経済を好転ないし暗転させても，一旦始まった戦争で払った犠牲に対する報復がなされるまで，国民は戦争遂行を求めることがある.

5. 冷戦民主主義の平和

　本書で示した冷戦期，冷戦間期の事例は，ラセットの命題についての1つの回答をもたらすであろう[13]. 冷戦民主国家間の平和は，同盟，抑止力，民主主義によって正に作用する. 非民主国家間の戦争可能性もまた，同盟，抑止力によって可能性を減じる. 冷戦民主主義のような政治的拘束は，敵の存在を前提としており，大戦がなくとも対立や緊張は永続的である. しかし1990年代からの冷戦間期は，世界民主主義が世界各地の人道問題に関心を強め，能力を超えたコミットメントを行うことにより，小さな紛争が逆に拡大することを物語っている. 21世紀以降の冷戦の再来は，先述のリップマン・サープラスを減らし大戦の危機に脅える一方で，アメリカがアフガニスタンから撤退し中国に力を集中するように，小さな紛争を減らす.

　ここで冷戦民主主義・世界民主主義と戦争の関係について再度整理しよう.

(1)　冷戦民主主義

①冷戦民主主義の再定義

　冷戦民主主義とは，冷戦という状況のもとで，二項対立的政治により民主主義の機能を戦時のように制限する民主主義である．二項対立は政党の数とは関係がない．アメリカの二大政党の1つの民主党は左翼政党ではないし，ソ連には右翼政党はむろんなかった．しかし冷戦に勝利する（少なくとも敗北しない）という国家の使命を上位とする状況において，西側の議会制民主主義は二項対立を埋め込み，共産主義政党の進出を最低限にとどめてきた．東側は，人権運動が拡大してきても階級の敵を利する結社の自由を認めなかった．敵対陣営を利するような政策は，たとえ国民の福祉や自由につながろうとも，あまり認められなかった．冷戦に敗北するか，核戦争で犠牲になるか，すなわち共産化か死か，あるいは占領か死かをつきつめる冷戦における民主主義が冷戦民主主義である．それゆえ政治システムとしては戦時民主主義と異ならない．しかし民主主義が「冷戦的」に運営され，それは明文化されていないがゆえにマッカーシズム，レッド・パージ，FBI による盗聴，KGB や CIA による工作，スターリン主義や政治犯の収容や国外追放のように，極めて恣意的に，横暴に繰り広げられ，両陣営ともに民主主義や自由は制限され，粛清（パージ）も日常的にみられた．

　そもそも民主主義は，王政，専制政治，貴族政，軍政などと同様に一国家の政体（民主制）である．それゆえ民主主義にモデルはあっても統一的な支配原理にはならないはずであった．ナポレオンの時代を例外として，軍事力で他国に政治理念を伝導するようなことは，ロシア革命まで皆無に等しい．現代とは異なりアメリカも，他国の政権を転覆することはあっても，第一次世界大戦まで他国の政体自体について干渉することはほとんどなかった．

　しかし，社会主義の登場によるプロレタリア独裁，後の人民民主主義の政体の成功は，議会制民主主義の外的条件を大きく変えた．議会制民主主義は，王政復古や帝政さえなければ永遠のものと思われていたが，ロシア革命以降，安泰ではなくなった．オルタナティブとして登場した新しい政体は，階級格

差を解消し，平等を実現し，唯物史観によるといずれ革命が世界で成功し，最終的には国家さえ不要となるとするマルクス主義的理解に基づいていた．同時期に軍政やナチズム等の選択肢も広がりをみせ，ドイツやイタリアでは全権委任による議会制民主主義の実質的否定がみられた．このように議会制民主主義の外的条件は変化した．その存続のためには外交も動員された．米欧が 1920 年代にソ連という新国家を長らく国家承認しなかった本質的理由の 1 つはそこにあった．すでに戦前において，議会制民主主義は，存続のために国際政治に関心を向けねばならなかった．英仏蘭などと独伊の闘いとして開始された第二次世界大戦に，アメリカは，第一次世界大戦同様，ヨーロッパの勢力均衡を維持するため初期段階で劣勢であった連合国側に加勢した[14]．その反面，戦争序盤で欧州で勢力を拡大したのは，第一次世界大戦においては帝政ドイツであり，第二次世界大戦においては第三帝国のドイツであった．アメリカの参戦により戦争は民主主義国と独裁国家との戦争として宣伝され，その自己同定に冷戦期のアメリカ政治は自縛されていく．

②冷戦と議会制民主主義の変容

　1940 年代後半に始まった冷戦は，西側の議会制民主主義を変質させた．第二次世界大戦中は，連合国においても民主主義や人権は一定の制限を受けた．戦後，それらは「平時への復帰」により解除されるかにみえ，いくつかは実際に平時に戻った．しかし，冷戦がすぐに到来してしまったため，戦時民主主義の構造が残ったまま冷戦民主主義に移行した．二項対立を軸とする冷戦民主主義においては，マッカーシズムのように二項対立の冷戦型思考が加速した．マッカーシズムのような過激さは表舞台から消えたのちも国内保安法による FBI の日常的盗聴のように基底化していった．冷戦民主主義国間の軍事同盟は，共通の価値観を有するのみならず，共通の敵を有するため，強化されていく[15]．対外的には，友敵関係に基づく対立と協調の図式が繰り広げられ，米ソ間では危機と緊張緩和が繰り返され，相互核抑止と MAD による国民の人質化が確立していった．専制政治であれば核の使用を厭わない

指導者の登場が核戦争の危機を高めるが，冷戦民主主義においては核戦争が政治体制の崩壊につながるためそれは回避される．もし限定核戦争の意図として開戦されたとしても被害が「限定」的かつ冷戦民主主義である限り，ポーツマス講和に反対した民衆やメディアのように，戦争継続や一撃講和論が強く主張されうる．開戦後の民主主義が平和を志向する保証はない．

　西側の民主主義，すなわち議会制民主主義は，選挙で左翼政党の挑戦を受け，冷戦期にイギリスの労働党，フランスの社会党，西ドイツの SPD が政権の座についたが，東側の民主化を軍事的に支援しなかった．ニクソンは諸外国の民主主義の問題を重視しないと言明し，ゾンネンフェルト・ドクトリンは欧州における現状維持を最優先した．ブラントの東方外交は，接近による変化をめざし，CSCE の精神に結実したが，同時に東側の人民民主主義を承認し東ドイツとも基本条約を締結した．西ドイツの「緑の党」に属し後に外相となるフィッシャーは，冷戦期に東ドイツの SED を訪問し，人権侵害を極めたホーネッカーと握手した．

　日本やフランス以外の西側では，政治体制自体や安全保障政策について大きな不一致には至らなかった．それは，冷戦開始時にソ連による現実主義的な外交や軍事戦略のため，アメリカが冷戦に出遅れたわずかな期間に多くの地域をその勢力下においたこと，ソ連の急迫と地理的喪失に西側が気づき，議会制民主主義の外的条件の変化を認識したうえでそれを意識的に防衛したためであった．一方で日本は，終戦間際の僅かな期間に「予想なく」ソ連と交戦し大戦敗を喫したにもかかわらず，主権国家として温存された占領下で軍国主義を否定する政治体制への移行で精一杯であった．ソ連の現実的脅威にドイツや欧州ほど接していなかったため，理想主義者は，軍国主義さえ消え去れば世界は平和になると楽観的に考えた．戦後日本の政治体制は，アメリカによって冷戦化されたが，主権国家としての観念的成立（あるいは復活）は不完全なままであり，「戦力」が憲法上「ない」国にもかかわらずアメリカと軍事同盟を結ぶ不完全国家となった[16]．この特殊な安全保障体制と不完全国家が憲法的矛盾を抱えながら存続しえたのは，冷戦のおかげであっ

た．他方でフランスは，戦時中の確執に起因して西側に留まりながらもド・ゴールが全方位外交，そして独自の核戦力をうたい，NATO の軍事機構から脱退した（冷戦後に復帰）．

③冷戦と人民民主主義の存続

　戦後の東側の人民民主主義は，ロシア革命を嚆矢として社会主義体制の政治システムとして運用されてきた．議会制民主主義が階級闘争を隠蔽するという批判により，労働者階級が支配する独裁体制に基づき民主主義を運用するというこのシステムは，冷戦のもとで「階級の敵」「人民の敵」が壁の向こう側にいるというプロパガンダをともなって，共産党による一党制の統治を長期化させた．人民民主主義から脱するハンガリーやチェコスロバキアの自由化・民主化運動は，ソ連軍によって鎮圧され，ポーランドの自由を求める労働者運動は戒厳令で解散させられた．西側からの軍事介入はなく，民主化運動は軍事的には見捨てられ，民主化の状況は運動の失敗によりむしろ悪化した．東西間の軍事介入は核戦争の危機を招くという冷戦環境のおかげで，人民民主主義体制は長く持続できた．東欧革命までの 40 年間は，民主主義の歴史において十分に長い期間であり，それが実質的に民衆の声をいかに反映していなかったとしても，専制や貴族政とは異なる民主制という広義の民主主義として自己理解されていたことに変わりはない．ハンチントンも，アメリカ，イギリス，ソ連の政治体制に「国民の圧倒的合意」を得た政府による統治という共通点を見出した[17)]

④冷戦民主主義と戦争

　東西の政治体制は，冷戦民主主義という意味では共通する．双方とも相互を敵と考えることで持続し，抑止戦略にとどまらず勝利戦略として核戦略が議論されていた（→第 9 章）．それにもかかわらず冷戦期に一触即発の危機に至りながらも大戦争が勃発しなかったのは，勢力均衡，核の恐怖，人類の叡智など，多くの説明が可能であるが，何よりも冷戦民主主義が第三次世界

大戦後に政治システムとして機能停止することを自ら恐怖したためである．つまり，第三次世界大戦の場合，核戦争となる可能性が高く，政治的犠牲は史上最大となる．第二次世界大戦の戦勝国では国土が荒廃した西欧諸国に左傾化の波が訪れたように，（もし政党のような組織化が可能なほどの社会が残っていたとして）次の大戦の勝者も左傾化に脅えねばならない．東側の人民民主主義とて従来の政治経済システムは放棄される．東西ともに秩序のとれた軍政空間と無秩序空間に分化するにせよ，いずれも民主主義とは異なる．

　ラセットのいう民主主義国と非民主主義国との対置による命題は，ここでは機能しなくなる．冷戦民主主義においては，東西各陣営内では同盟が構築されているため戦争が生じることはなく，また東西間は戦争の危機に陥っても上記の理由で戦争は最終的に回避される．もしあるとすれば意図的な核戦争ではなく，偶発核戦争であるが，前章で見た通り，核保有国の数を限定するNPT体制がある限り，その可能性は小さい．

　幸いにして第三次世界大戦は回避され，冷戦に西側が闘わずして勝利した．東欧革命により敵を失った西側の民主主義は，世界的な好機として民主化を促進するようになった．ただし，南北朝鮮など，冷戦が続くアジアにおいては，人民民主主義の中国も議会制民主主義の日本も，冷戦民主主義のまま現在に至るまで経済を発展させた．「冷戦」から「冷戦後の冷戦」にかけて変化した点を観察すれば，世界冷戦の崩壊により日本では非武装中立を唱えた社会党が解体されたことであり，二項対立は国内政治の中で少しずつ埋め込まれていったことで，他の西側諸国に近づいてきた．日本ほどではないが韓国では北朝鮮との関係をめぐって国内世論は分裂したままであり，二項対立が国内政治において大きな争点のまま継続している．

　冷戦期に戦争を防ぐ要因として機能したのは，相互核抑止と，実態が伴った同盟の2つである．キューバ危機以降のソ連の核軍拡は，相互核抑止をもたらし，MADのもとで開戦のハードルは高くなった．同様に，同盟が機能する場合には，双方とも相手国の子分国への介入を躊躇した．ただし同盟が実質的に機能しなかった場合には，相手側から戦争を容赦なくしかけられた

（例えば，アチソンラインから外された韓国は 1950 年 1 月に米韓軍事協定を締結していたが，米軍は駐留していなかった）．

　本書では詳述を省いたが，東西間の貿易や人的交流は，東西間の危機と緊張緩和の影響を受けて大きく上下した．これは東側の貿易が管理貿易であり，国境管理や出国許可が厳しかったためである．1970 年代からソ連はアメリカから小麦を大量に輸入していたため，アメリカの小麦ビジネスは，アフガニスタン侵攻に対するソ連への経済制裁に反対した（→第 9 章）．ソ連からのガスパイプラインの延伸により西欧（大陸のみ）とソ連は，エネルギーと外貨の交換に基づく相互依存状況に入った．しかし，これらは 1980 年代前半の中距離核戦力の配備をはじめとする緊張の激化を抑制する要因にはならなかった．相互依存が戦争可能性を低めるとしても，戦争原因を無にする絶対的要因ではない．

(2)　世界民主主義

　カント的な世界，すなわち権力政治を永久に制限した自由で平和で繁栄した世界という理想は，2 つの基本的命題に基づいている．第 1 は，国際政治における権力闘争というものは，偶然の歴史であって，本来非民主的政府によるものであり，世界中で民主主義が勝利すれば消えさる運命にある．第 2 は，その結果，民主主義国と非民主主義国との間の紛争は，互いの利益のための権力闘争としてではなく，善悪の闘争であり，善が完全に勝利して悪が地上から一掃されるほか終結しようがない，というものである[18]．1990 年代の民主主義論は，それまで 2 つ存在した民主主義のうち，人民民主主義を民主主義の世界から追放し，独裁，専制，軍政と同列の範疇に押し込んだ．残った民主主義は，市場経済，法の支配と同様に世界の指導原理の 1 つとして世界的に推進された．それは，クリントン政権の多国間主義の外交政策と親和性があり，ブッシュ政権時代でさえも UNDEF（国連民主主義基金）が設けられた．この世界民主主義の時代においては，非民主国家と民主国家間の戦争可能性を論じたラセットの命題があてはまる可能性が高い．その検証

例とするべき NATO のユーゴ空爆やイラク戦争は，ラセットの 2 つの制約への反証とはならず，むしろラセットのモデルの正しさを明らかにしている．ただしこれらの事例自体が冷戦民主主義の再来への転換点であるため，評価を難しいものとしている．ほぼ唯一の事例として考えられるものとして，アメリカのパナマ侵攻（1989〜1990 年）が挙げられる．パナマの民主化を大義名分として掲げて侵攻したが実際には麻薬や運河管理をめぐる理由であった．当時の指導者ノリエガ将軍は麻薬関連の罪状でアメリカ軍に逮捕され，アメリカに移送され後に有罪判決を受けた．民主国と非民主国の戦争において，ラセットの 2 つのモデルに対する反証は多くないと思われる．

　現実主義的な対立構図は，冷戦をいち早く終えたはずの欧州でみられた．旧ユーゴ紛争の処理は NATO を用い，結果としてロシアと近い関係にあったセルビアを一方的な悪者にした．同時に NATO の拡大によりロシアは NATO と境界を接することとなったにもかかわらず，ロシア自体が NATO の正式加盟国として将来も招かれることはない．同盟の拡大と民主主義の拡大は，全く異なる理由から始まっているにもかかわらず，アメリカが盟主という一点に始まり，地理的に軌を一にした結果をもたらした．つまり NATO 加盟国は民主化が進み，旧東側諸国の非加盟国で加盟申請をしない国は，民主化が逆行した．こうして世界民主主義は欧州で限界を示した．しかし民主化と同盟は，もともと無関係というわけではない．民主主義を世界中に広め維持するためには，同盟関係であることが最も容易な方法である．世界民主主義国同士は，同盟関係を構築しやすい．逆に，同盟国同士の政治体制が共通であることは，同盟を一層強化すると考えられる．日独伊三国同盟や，米英同盟はその例である．むろん 1980 年代までの韓国，現在までのサウジアラビアのようにアメリカと同盟を結んだ国が民主化するとは限らない．それはアメリカ自体が，北朝鮮やイランといった「敵」との関係を優先してきた結果である．

　その後も民主化の波は，旧ソ連，台湾に，そして 2011 年に第 4 の波と呼ばれる「アラブの春」に到達したが，その後セットバックに突入している．

アラブの春の多くは失敗か後退を余儀なくされ，アフガニスタンでは民主的に選ばれたガニ大統領が2021年のアメリカ軍撤退と共にタリバンに追われた．欧州でもベラルーシを筆頭に一旦民主化した国々の権威主義化が進んでいる．これは数年単位や数カ国規模の一時的，地域的な現象ではなく，もはや長期的かつ世界的な現象である．ここに，冷戦民主主義が米中のみならず世界化する余地がある．世界民主主義においては，民主化のための戦争はおきやすい．民族浄化を行ったセルビア人武装勢力に対して，非民主的なイメージを照射したのはアメリカであった．対テロ戦争ではアフガニスタンで自由選挙が実施されればテロは根絶されると考えられ，イラク戦争ではイラクを民主化することが中東の平和につながると宣伝されていた．

　世界民主主義が急速に収束してしまったのは，対テロ戦争とイラク戦争の泥沼化と混乱，経済成長を遂げリーマンショックを早く脱した人民民主主義中国が「民主主義は1つではない」と主張し続けたこと，アラブの春の挫折，主権民主主義を掲げるロシアによるクリミア占領により，西側諸国が民主化の波が止まったことを直視し，トランプが外交的に冷戦民主主義に回帰し世界民主主義を放棄したためである．

　この時期に戦争を防ぐ要因となりえたのは，当事国双方の同盟と双方の民主主義である．イラク戦争もユーゴ空爆も，対象国には同盟国がなかった．セルビアに対してはロシアが政治的接近を図っていたが，軍事同盟を形成することはなかった．ノリエガのパナマも同様である．イラクもパナマも当時民主主義国とは言い難い状況であった．ただしイラクでもユーゴスラビアでも（不正はともかく）憲法上規定された選挙は実施されており，政権運営が独裁的であったと理解されるべきであろう．

（3）　冷戦民主主義の回帰

　911のテロ攻撃，中国の台頭，ロシアのクリミア占領は，欧米に世界民主主義の脆さを気づかせた．現在は，「西」「東」の双方で二項対立的な，善悪論的な政治が復活しつつあり，プロパガンダやフェイク・ニュースの占める

割合が高まった．中国の一帯一路構想や大国化に触発され，アメリカが冷戦民主主義となると，QUAD をはじめ対中包囲網を西側は検討しはじめ，対立の構図が形成されていった．第二次冷戦においては，第一次冷戦と異なり，移民・難民，福祉と負担，人種差別，環境などの争点は，冷戦の文脈に回収されない場合が多い．逆に，サプライ・チェーン，5G などの技術，貿易ルール，宇宙開発などに対立は及んでいる．これは，第一次冷戦と第二次冷戦の性格の差異に起因する．また第一次冷戦のイラン・イラク戦争のように，米ソの代理戦争ではない地域紛争は生じる．第二次冷戦のナゴルノ・カラバフ戦争はその一例である．

　冷戦民主主義は，米中露とも自己認識としては「民主主義」であるが，対他認識としてはアメリカはロシアや中国を「民主主義」とは認識せず，ラセットの提示した従来の民主主義対独裁国家の対立のままである．ただし王政や軍政と異なり，人民民主主義も選挙王政も支持基盤である民衆の支持なくしては冷戦に勝利する（敗北しない）ことはできない．その意味では，冷戦民主主義国間としての米中露関係は，ラセットの民主国家同士の構図として拡大的に理解することは排除されない．同時に，米露の相互核抑止が成立している現在，ロシアの報復核戦力を含めた（より大きな）「核の傘」が中国に明確には及ばないとしても，危機のエスカレーションがもたらす双方の体制への打撃の大きさに鑑み，危機が回避される可能性は高い．戦争を何らかの形で限定して開始する，例えば通常兵器に限定した開戦は，核保有国間では「宝の持ち腐れ」を回避するため限定核戦争に突入しかねない．限定核戦争もまた，第一次冷戦期同様に国民の報復要求を政治が抑え込む必要があり，限定のまま終戦させることが難しい．

　ただし冷戦民主主義に反して，クーデタ等の過程を経て戦争当事国が「軍政」となれば，国民の人質化の戦略性は小さくなるため，開戦のハードルは下がる．軍政は，明らかにラセットの非民主主義国の範疇に入るため，民主制と軍政との戦いは，同盟や抑止にかかわらず勃発しやすくなる．

　独裁者との交渉は，従来の民主主義国の指導者にとって最初は不利である．

ラセットが示すように，交渉に民主主義が不利である点を覆い隠すために，民主主義国の指導者は強硬策を求められ，それが政治的アピールとして必要となる．二項対立の図式のもと，非妥協の姿勢が高く評価されるため，対立を辞さない強い指導者が期待される．トランプはまさにその典型であった．

　冷戦民主主義の再来により，相互核抑止に加えて戦争回避に大きく作用するもう1つの要因は，（第一次冷戦，世界民主主義の時期と同様に）自動参戦を伴った同盟である．クーデタを契機に内戦化したイエメンにサウジアラビアはGCC諸国の支援のもと軍事介入し，対抗勢力はイランの支持を得て反撃した．しかしイランはイエメン側に軍事援助をしたものの，同盟関係ではない．すなわち，イエメンが敗北してもイランの敗北にはならない．それゆえこの内戦は継続しえたのである．2010年代もまた多くの内戦が勃発したが，国家間戦争は数えるほどしかない．例外として2020年のナゴルノ・カラバフ戦争は，アルメニアとアゼルバイジャンという民主主義国同士の領土紛争である．この戦争では6000人以上が戦死したといわれ，両国とも同盟国の公式の参戦はなかった．米露の代理戦争ではないため，相互核抑止は問題とはならなかった．逆に言えば，もし双方とも米露の対立する「陣営」に明確に入っていれば相互核抑止が作用するため，戦争はおこりえなかった．唯一の懸念は，中露間で同盟関係が未だ確立せず，米中の核の不均衡により米中対立がエスカレートする可能性である．

　第一次冷戦の米ソ貿易の貧弱さと異なり，第二次冷戦における米中の相互依存度は高く，むろんこれは戦争可能性を減じる要因である．環境分野でも米中露は，おおむね共通の利益を有する．そして再び，「議会制民主主義の平和」は戦争を回避する唯一の条件ではなくなる．その間に，各国の議会制民主主義制度が劣化しようとも，ロシアの選挙王政が進化を遂げようとも，ハンチントンのいう国民（人民）が支持する政府による統治という意味で民主主義制度が基底にある限り，そして相互核抑止と同盟によって，冷戦民主主義国の間の平和は，緊張と緩和の波動を経ながらも維持されよう．歴史が繰り返すのであれば，この「恐怖の平和」は，第二次冷戦の終焉まで続く．

注

1) Samuel Huntington（1997）"The Erosion of American National Interests," *Foreign Affairs*, Vol. 76, No. 5.

2) 宮坂（2002）．以下は『読売新聞』2001年8月16日などを参照．

3) IHT, August 11-12, 2001.

4) Ibid.

5) 『愛媛新報』明治38年6月29日．

6) 長崎市（1959）『長崎市制65年史』後編，長崎市，344頁．

7) 『フルシチョフ回想録』590-591頁．

8) チャーチルはトルーマンに数日おきに米英ソ会談（ポツダム会談）を催促する電報をうったが，対ソ外交の切り札である原爆実験成功の報を待つトルーマンは会談開催を引き伸ばしていた．またチャーチルは，明文化された協定に即する外交をしたトルーマンに，ソ連の膨張を止めるために，英米軍の占領していたチューリンゲン，ザクセン，メッケンブルクから撤退しないように説得するが，失敗した．

9) 松本礼二（2005）「民主主義国は戦争をしないか――トクヴィルの戦争論・軍隊論の視点から」『政治思想研究』(5)，1-16頁．

10) 『京都日出新聞』明治38年6月4日．

11) 前掲注6)，338頁．

12) ロシア兵捕虜については，例えば宮脇（2005），ドイツ兵捕虜については例えば，田村一郎（編）（2006）『どこにいようと，そこがドイツだ――板東俘虜収容所入門』鳴門市ドイツ館．

13) ラセットのDP論については，第6章で述べたため再掲しない．

14) モーゲンソー（1951=2021）（原著6頁）．

15) 冷戦と同盟については数多くの先行研究がある．例えば，菅英輝編（2014）『冷戦と同盟：冷戦終焉の視点から』松籟社．

16) この点については，日本政治の特殊論として，虚飾の国家論，偽装国家論などの言説と通底するものである．

17) Samuel Huntington（1968）, *Political Order in Changing Societies*, Yale University Press, p.1. なお人民民主主義については，ソ同盟科学アカデミヤ研究所（1953）『人民民主主義国家の機構と政策』三一書房，が詳しい．

18) モーゲンソー（1951=2021）（原著12頁）．

主要参考文献・ウェブサイト

主要な参考文献・ウェブサイト等を著者名／編者名（発行年），題名，出版者の順に記した．

Ⅰ　単行本（外国語，邦訳書があるものは基本的にはⅡに記す）

Deutsch, Karl（1970）*Politics and Government*, Houghton Mifflin.

IFSH（1999）, *OSCE Yearbook*. Nomos Verlag.

Schuman, Frederick（1958）International Politics, Mc Graw-Hill（長井信一訳『国際政治』東京大学出版会）．

Shinoda, Hideaki and Ho-Won Jeong（2004）*Conflict and Human Security: A Search for New Approaches of Peace-building*, Institute for Peace Science.

Steinbruner, John（1974）*The Cybernetic Theory of Decision*, Princeton University Press.

Ⅱ　単行本（日本語）

天児慧（2021）『巨龍の胎動：毛沢東 vs. 鄧小平』講談社学術文庫．

アリソン，グレアム（1971＝1977），宮里政玄訳『決定の本質』中央公論社．

有賀貞，佐藤英夫，山本吉宣ほか（編）（1989）『講座国際政治』1-5 巻（初版），東京大学出版会．

有賀貞（編）（1992）『アメリカ外交と人権』日本国際問題研究所．

足立研幾（2004）『オタワプロセス：対人地雷禁止レジームの形成』有信堂高文社．

足立研幾（2015）『国際政治と規範：国際社会の発展と兵器使用をめぐる規範の変容』有信堂．

アンダーソン，ベネディクト（1983＝1997），白石さや・白石隆訳『想像の共同体』NTT 出版．

磯村早苗，山田康博（編）（2004）『いま戦争を問う』法律文化社．

市川ひろみ（2007）『兵役拒否の思想：市民的不服従の理念と展開』明石書店．

井出重昭（1971）『西ドイツ』NHK 出版．

入江昭（1986）『20 世紀の戦争と平和』東京大学出版会．

岩崎正洋，工藤裕子，佐川泰弘，B. サンジャック，J. ラポンス（編）（1999）『民主主義の国際比較』一藝社．

岩崎正洋，植村秀樹，宮脇昇（編）（2000）『グローバリゼーションの現在』一藝社．

岩崎正洋（編）（2021）『議会制民主主義の揺らぎ』勁草書房．

岩田賢司（1989）『ソ連の内政力学と外交』東信堂.

岩田昌征（1999）『ユーゴスラビア多民族戦争の情報像』御茶ノ水書房.

ウィーラマントリ，C. G.（1987）（原善四郎訳）『核兵器と科学者の責任』中央大学出版部.

ヴェーバー，ヘルマン（1991）（斎藤哲，星乃治彦訳）『ドイツ民主共和国史』日本経済評論社.

上村雄彦（2009）『グローバル・タックスの可能性：持続可能な福祉社会のガヴァナンスをめざして』ミネルヴァ書房.

ウェルシュ，ジェニファー（2017）（秋山勝訳）『歴史の逆襲』朝日新聞出版.

ウォルツ，ケネス（2010）（河野勝・岡垣知子訳）『国際政治の理論』勁草書房.

臼井実稲子（編）（2000）『ヨーロッパ国際政治システムの展開と変容』南窓社.

臼井久和，高瀬幹雄（編）（1997）『民際外交の研究』三嶺書房.

浦野起央（1997）『国際関係理論史』勁草書房.

円藤裕之（2002）『ガンダム「一年戦争」』宝島社文庫.

大畠英樹（2001）「国際関係学の現在」原彬久（編）『国際関係学講義［新版］』有斐閣.

大矢根聡（編）（2016）『日本の国際関係論』勁草書房.

小此木政夫，赤木完爾（共編）（1987）『冷戦期の国際政治』慶應義塾大学出版会.

長有紀枝（1997）『地雷問題ハンドブック』自由国民社.

カー，E. H.（1952）『危機の二十年』岩波現代叢書.

片岡寛光，奥島孝康（編）（1994）『アメリカの政治』早稲田大学出版部.

加藤朗（1993）『現代戦争論』中公新書.

加藤朗（1997）『戦争：その展開と抑制』勁草書房.

鴨武彦，山本吉宣（編）（1988）『相互依存の理論と現実』有信堂.

鴨武彦（1993）『世界政治をどう見るか』岩波書店.

カルドー，メアリー（2003=2007）山本武彦ほか訳『グローバル市民社会論』法政大学出版局.

カルドー，メアリー（2011）山本武彦ほか訳『人間の安全保障論』法政大学出版局.

ガルトゥング，ヨハン（1991）高柳光男ほか訳『構造的暴力と平和』中央大学出版部.

カント，イマニュエル（1795=2014）宇都宮芳明訳『永遠平和のために』岩波書店.

吉川元（1994）『ヨーロッパ安全保障協力会議』三嶺書房.

吉川元（1999）「積極的平和」臼井久和，星野昭吉（編）『平和学』三嶺書房.

吉川元（2007）『国際安全保障論』有斐閣.

吉川元（2015）『国際平和とは何か』中央公論新社.

吉川元（編）（2000）『予防外交』三嶺書房.

木下郁夫（2009）『大使館国際関係史』社会評論社.

清嶋友喜（2019）「米国外交政策の争点形成モデル」宮脇編『国際政治の争点』志學社.

ギャディス，ジョン．L.（1987=2002）（五味俊樹，坪内淳，宮坂直史ほか訳）『ロング・ピース　冷戦史の証言』芦書房.

クラズナー，スティーブン（1983=2020）（河野勝監訳）『国際レジーム論』勁草書房.

クレスマン，クリストフ（1995）『戦後ドイツ史 1945-1955』未来社.

高坂正堯（2012）『古典外交の成熟と崩壊』中央公論新社.

高坂正堯（2014）『国際政治』中公新書.

高坂正堯著作集刊行会（編）（1998-2000）『高坂正堯著作集』都市出版.

コヘイン，ロバート・O.，ジョセフ・S. ナイ（1989=2012）（滝田賢治監訳）『パワーと相互依存』ミネルヴァ書房.

坂井昭夫（1984）『軍拡経済の構図』有斐閣.

坂井昭夫（1998）『国際政治経済学とは何か』青木書店.

坂本義和（1982）『軍縮の政治学』岩波新書.

佐藤英夫（1989）「政策決定論」『講座国際政治』2 巻，東大出版会.

佐藤英夫（1989）『対外政策』東京大学出版会.

佐藤英夫（編）（1990）『国際関係入門』東京大学出版会.

サドリア，モジュタバ（1994）『検証 現実主義　国際関係のおとし穴』中央大学出版部.

ザートマン，I. ウィリアム（編）（碓氷尊監訳）（2000）『多国間交渉の理論と応用』慶応義塾大学出版会.

下斗米伸夫（2004）『アジア冷戦史』中公新書.

下村恭民，中川淳司，斉藤淳（1999）『ODA 大綱の政治経済学』有斐閣.

ジャストロウ，ロバート（1985）河野勝訳『SDI は核を無力化できるか』草思社.

シルジェン，ロバート（2007）（賀川豊彦記念松沢資料館監訳）『賀川豊彦』新教出版社.

シュミット，カール（1983）『合法性と正当性』未來社.

庄司真理子・宮脇昇・玉井雅隆（編）（2021）『新グローバル公共政策』（改訂新版）晃洋書房.

進藤栄一（2017）『アメリカ帝国の終焉　勃興するアジアと多極化世界』講談社.

杉浦功一（2021）『変化する世界をどうとらえるか』日本経済評論社.

杉田米行（編）（2007）『アジア太平洋地域における平和構築』大学教育出版.

鈴木一人（2011）『宇宙開発と国際政治』岩波書店.

鈴木基史（2000）『国際関係』東京大学出版会.

鈴木佑司（1988）『東南アジアの危機の構造』勁草書房.

スチーブンスン，R. W.（1989）（滝田賢治訳）『デタントの成立と変容』中央大学出版部.

多胡淳（2020）『戦争とは何か』中公新書.

田中明彦（1989）『世界システム』東京大学出版会.

田中明彦（1996）『新しい中世』日本経済新聞出版.

田中明彦（2000）『ワード・ポリティクス』筑摩書房.

田畑茂二郎（1988）『国際化時代の人権問題』岩波書店.

玉井雅隆（2014）『CSCE 少数民族高等弁務官と平和創造』国際書院.

玉井雅隆（2021）『欧州安全保障協力機構（OSCE）の多角的分析』志學社.

玉井良尚（2021）『制水権』国際書院.

永井清彦（1984）『現代史ベルリン』朝日新聞社.

中川洋一（2020）『ドイツはシビリアンパワーか，普通の大国か？』法律文化社.

野崎孝弘（2012）『安全保障の政治学』国際書院.

長谷川雄一，高杉忠明（編）（1998）『現代の国際政治 4』ミネルヴァ書房.

ハーヴェマン，ロベルト（1980）『私は亡命しない』朝日新聞社.

花井等・須藤眞志（編）（1992）『新比較外交政策論』学陽書房.

原彬久（2000）『戦後史の中の日本社会党』中央公論新社.

ビオティ，ポール・R., マーク・V. カピ（1993）『国際関係論』（第 2 版）彩流社.

広瀬佳一（1995）『ヨーロッパ変革の国際関係』勁草書房.

平野義太郎（編）（1967）『レーニン　国家・法律と革命』大月書店.

フェイト，フランソワ（1973）『スターリン時代の東欧』岩波書店（岩波現代新書）.

フクヤマ，フランシス（1992）『歴史の終わり』三笠書房.

プレシャコフ，コンスタンティン（2010）（稲葉千晴訳）『日本海海戦　悲劇への航海』日本放送出版協会.

ホルスティ，カレヴィ（1972）（宮里政玄訳）『国際政治の理論』勁草書房.

本間浩昭（2019）「北方領土『残留』を選んだ日本人の軌跡」『日本ネシア論』藤原書店.

松岡完（1992）『20 世紀の国際政治』（初版）同文舘.

松村史紀（2011）『大国中国の崩壊』勁草書房.

升味準之輔（1990）『比較政治』（1，2）東京大学出版会.

丸山真男（1957）『現代日本の思想と行動』未來社.

丸山真男（2015）『超国家主義の論理と心理』岩波書店.

三浦瑠麗（2019）『21 世紀の戦争と平和：徴兵制はなぜ再び必要とされているのか』新潮社.

宮坂直史（2002）『国際テロリズム論』芦書房.

宮脇昇（2003）『CSCE 人権レジームの研究』国際書院.

宮脇昇（2005）『ロシア兵捕虜が歩いたマツヤマ』愛媛新聞社.

宮脇昇・玉井雅隆（編）（2012）『コンプライアンス論から規範競合論へ』晃洋書房.

モーゲンソー，ハンス（1951=2021）『国益を守る』（仮）志學社（刊行予定）.

モーゲンソー，ハンス（1972=1998）『国際政治』福村出版.

最上敏樹（1996）『国際関係論』東京大学出版会.

安江則子（2007）『欧州公共圏』慶應義塾大学出版会.

柳沢英二郎（1985, 2002）『戦後国際政治史』 I 〜IV，柘植書房新社.

山本武彦（1982）『経済制裁』日本経済新聞社.

山本武彦（1989）「技術革新と軍備拡張競争」大畠英樹・原彬久編『現代国際政治のダイナミクス』早稲田大学出版部.

山本武彦（2014）『安全保障政策』日本経済評論社.

山本武彦（2020-2021）『国際関係論』（山本武彦著作選集）1-4 巻，志學社.

山本武彦（編）（1997）『冷戦後のアジアの安全保障』大蔵省印刷局.

山本武彦（編）（1999）『国際安全保障の新展開』早稲田大学出版部.

山本吉宣（1989）『国際的相互依存』東京大学出版会.

山本吉宣ほか（編）（1996）『国際関係研究入門』東大出版会.

山本吉宣（2008）『国際レジームとガバナンス』有斐閣.

ラセット，ブルース（1993=1996）（鴨武彦訳）『パクス・デモクラティア』東京大学出版会.

ラパポート，アナトール（1972），坂本義和訳『戦略と良心』岩波書店.

リンス，ホアン（1995）（高橋進監訳）『全体主義体制と権威主義体制』法律文化社.

レッシング，ゲルト（1971）（佐瀬昌盛訳）『ヤルタからポツダムへ』南窓社.

レーニン，ウラジミール（1917=2011）『国家と革命』講談社.

渡邊啓貴（2018）『アメリカとヨーロッパ』中央公論新社.

III　回顧録・演説集（日本語）

タルボット，ストローブ（編）（1972）『フルシチョフ回想録』タイムライフブックス.

IV　報告書・資料集・辞典類・文献解題など（外国語）

Calvocoressi, Peter（1997）*World Politics since 1945*, Seventh Eedition. London: Longman.

Cole, Robert, ed.（1998）*International Encyclopedia of Propaganda*. Chicago: Fitzroy Dearborn Publishers.

Levy, Peter B.（1996）*Encyclopedia of the Reagan-Bush Years*. Westport: Greenwood Press.

McCauley, Martin（1997）*Who's Who in Russia Since 1900*. London: Routledge.

Minority Rights Group, ed.（1990）*World Directory of Minorities*. London: Longman.

Palmer, Alan（1996）*Who's Who in World Politics, From 1860 to the Present Day*. London: Routledge.

Schwartz, Richard A.（1996）*The Cold War Reference Guide: A General History and Annotated Chronology, with Selected Biographies*. Jefferson, NC: McFarland.

V　報告書・資料集・辞典類（日本語）

猪口孝他（編）（2000）『政治学事典』弘文堂.

猪口孝，田中明彦，恒川恵市，薬師寺泰蔵，山内昌之（編）（2005）『国際政治事典』
　　弘文堂.
外務省外交史料館（1992）『日本外交史辞典』山川出版社.
川田侃，大畑英樹（編）（1993）『国際政治経済辞典』東京書籍，同（2003）（改訂版）.
キンダー，ヘルマン，ヴェルナー・ヒルゲマン（1985）『カラー世界史百科』平凡社.
国際法学会（編）（1995）『国際関係法辞典』三省堂.
田沢五郎（1990）『ドイツ政治経済法制辞典』郁文堂.
広島市立大学広島平和研究所（編）（2016）『平和と安全保障を考える事典』法律文化
　　社.
細谷千博監修，滝田賢治，大芝亮（編）（1999）『国際政治経済資料集』有信堂.
松原正毅，総合研究開発機構（編）（1995）『世界民族問題事典』平凡社.

VII　定期刊行物（外国語）（紀要などは省略）

Советская Россия
Die Welt
Foreign Affairs
Human Rights Watch
International Herald Tribune（IHT と略記）
International Organization（IO と略記）
Известия
Le Monde
Los Angeles Times
New York Times
Der Spiegel
U.S. Congressional Record
Washington Post
Wall Street Journal

VIII　定期刊行物（日本語）（紀要などは省略）

『朝日新聞』
『愛媛新聞』
『外交フォーラム』
『国際問題』
『四國新聞』
『週刊金曜日』
『毎日新聞』
『読売新聞』

IX　データベース・ウェブアーカイブ

総務省統計局「労働力調査 長期時系列データ」〈http://www.stat.go.jp/data/roudou/longtime/03roudou.html#hyo_1〉（2021 年 7 月 17 日閲覧）．

政策研究大学院大学・東京大学東洋文化研究所「日本政治・国際関係データベース」（2021 年 7 月 10 日閲覧）．

Freedom House　https://freedomhouse.org/reports/publication-archives（2021 年 7 月 10 日閲覧）．

NTI（Nuclear Threat Intiative）〈https://www.nti.org〉（2021 年 9 月 7 日閲覧）．

World Bank〈https://data.worldbank.org/indicator/SL.UEM.TOTL.ZS?locations=RU&name_desc=true〉（2021 年 7 月 17 日閲覧）．

X　ウェブサイト（主要なものに限る）

Ethnologue〈https://www.ethnologue.com〉（2021 年 7 月 7 日閲覧）．

REUTERS GRAPHIC「2020 年米大統領選開票速報」〈https://graphics.reuters.com/USA-ELECTION/RESULTS-LIVE-US/dgkvljawovb/〉GALLUP "Presidential Approval Ratings -- Donald Trump "〈https://news.gallup.com/poll/203198/presidential-approval-ratings-donald-trump.aspx〉（2021 年 7 月 17 日閲覧）．

U. S Bureau of Labor Statistics. "Labor Force Statistics from the Current Population Survey "〈https://data.bls.gov/timeseries/LNS14000000〉（2021 年 7 月 17 日閲覧）．

Statista "Do you approve of the activities of Vladimir Putin as the president（prime minister）of Russia?〈https://www.statista.com/statistics/896181/putin-approval-rating-russia/〉"（2021 年 7 月 17 日閲覧）．

外務省「ドイツ基礎データ」〈https://www.mofa.go.jp/mofaj/area/germany/data.html〉（2021 年 7 月 17 日閲覧）．

NHK「メルケル首相 12 年の軌跡」〈https://www3.nhk.or.jp/news/special/german-election-2017/angela-merkel/〉（2021 年 7 月 17 日閲覧）．

衆議院・参議院「会派名及び会派別所属議員数」〈https://www.shugiin.go.jp/internet/itdb_annai.nsf/html/statics/shiryo/kaiha_m.htm〉〈https://www.sangiin.go.jp/japanese/san60/s60_shiryou/giinsuu_kaiha.htm〉（2021 年 7 月 17 日閲覧）．

テレビ朝日「内閣支持率推移グラフ」〈https://www.tv-asahi.co.jp/hst/poll/graph_naikaku.html〉（2021 年 7 月 17 日閲覧）．

XI　その他

Haas, Ernst B.（1953）"The Balance of Power", *World Politics*, 5, pp.458-477.

Jervis, Robert（1978）"Cooperation under the Security Dilemma," *World Politics*, Vol. 30, No. 2.

Putnam, Robert（1988）"Democracy and Domestic Politics" *IO*, Vol. 42, No. 3.

Snyder, Glenn H.（1984）"The Security Dilemma in Alliance Politics".

World Politics, Vol. 36, No. 4, pp. 461-495.

浦野起央（1995）「ポスト覇権世界における国際協調システムの視点とその機能」『政治研究』32 巻 2 号.

初瀬龍平（2000）「平和研究の課題と展望」『平和研究』25 号.

広田秀樹（2016）「レーガン政権の対ソ核外交『ファーストステージ』の展開」『現代社会文化研究』62 号.

おわりに

　本書が数ある国際政治学の類書の中で世に貢献できるとすれば，冷戦の対立史と 1990 年代の秩序形成史を理論的に民主主義と戦争の観点から縫合した点にあろう．前任校で冷戦期の国際政治史を教授したことが本書の 1 つの軸となった．冷戦終結を宣言した米ソ・マルタ会談から 10 年を経ない当時，冷戦を歴史として教えることへの懐疑を学会の諸氏から頂いた．1990 年代には，冷戦に関する新たな史料や証言が毎日のように現れ，隠覆されていた「史実」の上塗りが激しい時期であった．それでも歴史は 1989 年に間違いなく 1 つの区切りをつけた．

　私が専門としてきたのは冷戦史以降である．同時代的な，存在被拘束的な見地から時代を眺めることは，誰しもたいへん心地よいことである．未来予言とまではいわないまでも，時代の先見性を誰しも欲している．その先見性が危ういものであっても，言論として消費されたころには，時代は変容する．日本の戦国時代や欧州のナポレオン戦争を議論するときのフリーハンドは，冷戦史にはない．

　しかし，言語化できない空気を吸った身体的感覚は貴重な財産である．第二次世界大戦の艱難辛苦を乗り越えた世代とはまた違った感覚が私の世代にはある．戦場からはるか遠くともみな戦時を経験したのと同様，冷戦の後衛にあってもみな冷戦を経験したのである．ある者は口角泡を飛ばし，別の者は中立を装い，時には熱く時には無為でエンドレスの対立を生き抜かねばならなかった．むろん「昨日の心で昨日をみることの難しさ」すなわち「時代の価値観，当事者の内面を理解できずに状況の再現や理解はできない」（小此木政夫ほか 1987）という金言を肝に銘じたい．本書では，東側も人民民主主義という別の民主主義を名乗ったことを議論の出発点とし，西側も東側

も冷戦下で民主主義体制を運用したという同時代性，そしてその遺産が今に残り復活さえしていることを示そうとした．「民主主義は1つ」という冷戦後の肌感覚とは異なる，当時の肌感覚を本書は併せ持つ．戦後の教科書が黒塗りになったように冷戦後の教科書や言説が人民民主主義を一夜にして否定したことを疑問に思うようになったのは，著者にとっては2010年代以降のことであり，存在被拘束性の強さをあらためて感じ，研究者として恥じ入らねばならない．

　私の研究者としての守備範囲をさらに拡げることとなったのが，稲葉千晴先生（名城大学教授）を通じた日露戦争の捕虜研究との出会いである．1945年以降ばかりだった私の書棚の一角は，百年前の戦史や手記で占められるようになった．当時の地方紙を読み漁るうちに気づいたことは，人間の悲喜こもごもとした生活は連綿として続いているということである．1905年の新聞広告をみると，頭痛薬，胃腸薬，皮膚薬などが多い．紙面構成も政治，文化，経済で分かれている．感情表出や言説のパターンも，現代とさほど変わらないといえば歴史家のお叱りを頂戴することとなるであろうか．

　これまで私は国際レジーム論を用いてきたため，現実主義者や構成主義者の世界の先端を歩む開拓者ではないことを読者諸氏にお断りしたい．単一の理論ですべてを説明できることはなく，複数の理論であっても同じことを各々別の言葉で語っているに過ぎない場合もある．特に日本の社会科学は，普遍化よりも事例や地域に重きをおき，理論と歴史のハイブリッド研究の居場所は少なかった．歴史における偶然性の重視と同様，事例の比較の基礎となる共通性の理解により，乱雑な物体が散乱する世界も，規則性を帯びて整然として輝くのである．そこに社会科学が「科学」を名乗る数少ない根拠があろう．本書が，歴史書としても飛び石であり，計量を用いないことで科学の真似事に過ぎないとすれば，二兎を追う者の宿命として諦観するほかない．それでも，理論と事例の双方をもって初めて，本書の主題である戦争と民主主義に接近することが可能であることに疑いはない．各方面からの御叱正は覚悟して，各所に不充分な，今後の考究を待つところの多い本書を，ここで

世に問うこととした．御叱正と共に，御寛加を乞いたい．

　本書は，前任校から現在に至る私の講義ノートにも依拠している．そのため事例は，冷戦期から1990年代の事例に重きを置いている．1990年代は史料が未公開のものも多く，またインターネットの初期の時代のため結果的に新聞等の情報に多く依拠している．本書で，紙媒体の情報源の比重が大きいのもその時代の研究の表れとしてご海容願いたい．

　「冷戦間期」が終わった現在，クリミア占領（2014年）までの国際政治について再度見直しが始まっている．その一方で，冷戦研究や1990年代の脱冷戦期の研究は長足の進歩を遂げている．冷戦間期の世界秩序の多くは，本書第12章で論じたとおり，1990年代に確立した．これは米露協調と世界民主主義によるものである．当時「世紀間」の国際政治についての議論が進んだことをふまえ，今あらためて冷戦と冷戦間期の世界を展望し，冷戦民主主義の意味を共に問い直したい．

　本書執筆にあたっては，多くの方々の協力と貴重な助言を得た．私の指導教授である山本武彦先生（早稲田大学名誉教授）には，1992年から公私にわたりご指導ご鞭撻を賜った．私が教えを初めて受けた当時の山本先生のご年齢を私が超えたにもかかわらず，私の研究は当時の先生の研究の足元にも及ばない．当時も現在も，山本先生の偉大さを感じている．

　鈴木佑司先生（日本ユネスコ協会連盟理事長）には，国際政治学の基本的世界像を教授いただいた．冷戦末期に鈴木先生の国際政治学の薫陶を受けたことは，私のその後の研究者としての軌道を定めることとなった．

　冷戦研究では近藤敦先生（立命館大学講師）をはじめ，多くの知見を得た．国際政治に目覚めた高校時代から，大学，大学院と多くの知己と共に冷戦や戦争を考え論じる機会に恵まれていた．知己諒友と時代の恵みに感謝したい．前任校でも現在の本務校でも，また海外の研究滞在先で，多くの同僚の方々から日々温かいご指導をいただいた．そのおかげで，私は研究者として仕事を続けられている．今日まで多くの学生たちに講義を通じて本書の内容を語ってきた．彼らの存在がなければ本書はなかった．また本書は，立命館大

学地域情報研究所および国際地域研究所のプロジェクトの成果の一部である．研究・教育両面から，大学関係者のみなさまにこの場を借りて感謝申し上げたい．

　本書執筆にあたっては，吉川元先生（広島市立大学広島平和研究所教授），玉井雅隆先生（東北公益大学准教授），坪内淳先生（聖心女子大学教授）とともに CSCE 研究会から大いなる知的刺激を受けた．また推敲にあたり吉川元先生，加藤朗先生（桜美林大学教授），玉井良尚先生（立命館大学講師），中川洋一先生（同），大学院生の清嶋友喜，吉村拓人，稲澤拓郎各氏，ほか多くの若手研究者，院生・学生諸君の協力を得た．一人ひとりの名前をここに挙げることができないが，私の我が儘に黙って付き合ってくれた諸氏に，あらためて謝意を表したい．

　そして本書を世に問うことができたのは，他ならぬ岩崎正洋先生（日本大学教授）のご尽力による．岩崎先生には，私が院生の頃から温かい励ましの応援をいただいた．日本の比較政治の学知を牽引される岩崎先生より，私の研究生活 25 年目に単著を出す貴重な機会をいただいたことを深謝したい．

　最後に，日本経済評論社の清達二氏，梶原千恵氏には，遅々として進まない著者に対して，温かく執筆を見守っていただいた．ようやく刊行を迎えることとなり，これまでのご尽力に深甚の謝意を表したい．

　　　2021 年 11 月 2 日　　　　　　　　　　　　　　　　　　著者

索　引

著者紹介

宮脇　昇（みやわき　のぼる）

立命館大学教授，イラク・バグダッド生まれ，早稲田大学大学院政治学研究科修了，博士（政治学）．松山大学助教授，立命館大学准教授を経て，2011 年 4 月から現職．2000 年にハンブルク大学付属平和研究・安全保障政策研究所客員研究員，2001 年に OSCE プラハ事務所現地研究員，2009 年にジョージ・ワシントン大学客員研究員，2017 年にモンゴル国立大学客員研究員．
専攻：国際公共政策，国際政治史，資源地政学
日本シミュレーション・ゲーミング学会優秀賞受賞（共同，2020 年）
著書に，『CSCE 人権レジームの研究　ヘルシンキ宣言は冷戦を終わらせた』（国際書院，2003 年）『ロシア兵捕虜が歩いたマツヤマ』（愛媛新聞社，2005 年）．編著に，庄司真理子・宮脇昇・玉井雅隆編『新グローバル公共政策』（晃洋書房，2021 年），宮脇昇編『国際関係の争点化』（志學社，2019 年），近藤敦・豊田祐輔・吉永潤・宮脇昇編『大学の学びを変えるゲーミング』（晃洋書房，2019 年），稲垣文昭・玉井良尚・宮脇昇編『資源地政学』（法律文化社，2020 年），ナンジン・ドルジスレン・玉井雅隆・玉井良尚・宮脇昇編『コロナに挑む内陸国』（志學社，2021 年）．主要論文に，“Japan and the CFSP,” in Hans-Georg Ehrhart（Hrsg.），*Die Europäische Sicherheits- und Verteidigungspolitik: Positionen, Perzeptionen, Probleme, Perspektiven*, Baden-Baden: Nomos Verl. -Ges., 2002, S.181-192. “Without Sea: Can Landlocked Countries Hope Economic Security?,” *Journal of Policy Science*, 2018, pp.49-55.

戦争と民主主義の国際政治学

［シリーズ政治の現在］

2021 年 11 月 15 日　第 1 刷発行

定価（本体 3000 円＋税）

著　者　　宮　脇　　　昇

発行者　　柿　﨑　　　均

発行所　　株式会社　日本経済評論社

〒101-0062 東京都千代田区神田駿河台 1-7-7
電話 03-5577-7286／FAX 03-5577-2803
E-mail: info8188@nikkeihyo.co.jp

装丁・渡辺美知子　　　　　　藤原印刷／根本製本

落丁本・乱丁本はお取替いたします　　Printed in Japan
© MIYAWAKI Noboru 2021
ISBN 978-4-8188-2598-7　C1331

グローバル・ヒストリーと国際法

C.H. アレクサンドロヴィッチ著／D. アーミテイジ・J. ピッツ編
大中，佐藤，池田，幡新，苅谷，千知岩，周 訳　本体6500円

政党システム

岩崎正洋　本体2600円

新版 現代政治理論

W. キムリッカ
［第7刷］訳者代表 千葉眞・岡﨑晴輝　本体4500円

[シリーズ政治の現在]
自治のどこに問題があるのか：実学の地方自治論

野田遊　本体3000円

変化する世界をどうとらえるか：国際関係論で読み解く

杉浦功一　本体3000円

公共の利益とは何か：公と私をつなぐ政治学

松元雅和　本体3000円

戦争と民主主義の国際政治学

宮脇昇　本体3000円

〈以下続刊〉
自由を考える：西洋政治思想史

杉本竜也

日本経済評論社